Markus Gabriel | Gert Scobel

Zwischen Gut und Böse

Markus Gabriel | Gert Scobel

ZWISCHEN GUT UND BÖSE

Philosophie
der radikalen Mitte

Edition
Körber

Bibliografische Information der Deutschen Nationalbibliothek

Die Deutsche Nationalbibliothek verzeichnet diese Publikation in der Deutschen Nationalbibliografie; detaillierte bibliografische Daten sind im Internet unter http://dnb.d-nb.de abrufbar.

Umschlag: Groothuis, www.groothuis.de
Covergestaltung und Illustration: Ralf Nietmann | www.ralfnietmann.de
Herstellung: Das Herstellungsbüro, Hamburg | www.buch-herstellungsbuero.de
Druck und Bindung: CPI – Clausen & Bosse, Leck
Printed in Germany

ISBN 978-3-89684-287-9

www.edition-koerber.de

»Thoughts don't come from ›within‹; neither do they come from ›without‹. They emerge ›between‹.«

Bayo Akomolafe, »These Wilds Beyond our Fences«

Inhalt

Vorwort

Denken, darin waren und sind sich Philosophinnen[1] von Platon bis Hannah Arendt einig, geschieht als Dialog – mit sich selbst, aber in erster Linie im Gespräch mit anderen Menschen. In einer der frühesten Bestimmungen des Denkens in der westlichen Tradition verweist Platon in *Gorgias* darauf, dass selbst derjenige, der als Einer für sich selbst denkt, stets mit sich selbst im Kontext anderer denkt. Philosophie entsteht daher, wie alles Denken, aus und in Gesprächen. Wer philosophiert, tritt, wie die Wissenschaften oder die Politik, in einen Raum gemeinsamen Lebens. Zu philosophieren bedeutet Teil einer Lebensform zu sein. Eine ihrer Spielregeln ist es, die Wirklichkeit möglichst gut zu erfassen. Dabei setzt man sich im Denken wie übrigens auch im alltäglichen Handeln sowohl mit anderen Menschen als auch mit sich selbst auseinander. »So wie ich mein eigener Partner bin, wenn ich denke«, schreibt Hannah Arendt in ihrer Analyse des Bösen, »bin ich mein eigener Zeuge, wenn ich handle. Ich kenne den Täter und bin dazu verdammt, mit ihm zusammenzuleben.«[2] Einer, der denkt oder handelt, bleibt nie »schlicht Einer«. Er oder sie steht im Zusammenhang des Ganzen und ist mittendrin. Niemand kann sich aus der Wirklichkeit herausnehmen. Damit ist einer der Kerngedanken dieses

Buches expliziert. Wir sind mittendrin, mitten in der Wirklichkeit. In dieser Wirklichkeit mit all ihrer Komplexität geschieht unter anderem moralisches Handeln. Als moralisches steht es in einem Spannungsverhältnis *zwischen Gut und Böse*. So wie das logische Denken zwischen verschiedenen Denkmöglichkeiten oszilliert, um ihre Wahrheitswerte zu erschließen, ereignet sich Denken als Gesamtprozess, als ein an Sprache gebundenes Geschehen zwischen Menschen. Allerdings geschieht dies, anders als Nietzsche suggerierte, nie *jenseits von Gut und Böse*. Es gibt nichts außerhalb des Wirklichen. Auch das Jenseits wäre, wenn es existierte, Teil *einer* Wirklichkeit und insofern Diesseits. Entsprechend gibt es auch keinen transzendenten Maßstab. Denken und Handeln ereignen sich zwischen Gut und Böse, nicht jenseits davon. »Gut« oder »Böse« zu ermitteln, bedeutet daher, inmitten der Wirklichkeit zu urteilen, vollständig eingebunden in ihre Vielfalt ebenso wie in ihre Verbundenheit.

Das Gespräch über das, was ist, und das, was sein soll, erfordert, viele Stimmen zu hören. Unser Buch hat diese Einsicht ernst genommen. Es ist entstanden als gemeinsames »Fließen von Worten«. Die Gedanken dieses Buches sind in Gesprächen entstanden und wollen ins Gespräch führen. Denn dies halten wir für die primäre Form, in der Philosophieren geschieht: als gemeinsames Denken, um Wirklichkeit (besser) zu verstehen. Denken ist Dialog, ein Sich-mit-sich-und-anderen-Unterreden.

Eine solche Unterredung kann sich aus jedem Ereignis ergeben, schreibt Arendt. Insbesondere kritische Lagen wie die, in der wir uns gegenwärtig mit der Klimakrise, einer Pandemie und zunehmenden Spannungen in Gesellschaften weltweit befinden, stellen Anlässe dar, sorgsam zu denken und gut und verantwortungsvoll zu handeln. Das Böse setzt für Hannah Arendt deshalb hier an. Denn »Böses tun heißt, diese Fähigkeit beeinträchtigen«.[3]

Das vorliegende Buch verdankt sich dieser Tradition des freien Gesprächs, das weit in die Geschichte zurück- und über den westlichen Kulturkreis hinausreicht. Es knüpft damit auch an David Hume an, den Autor der *Untersuchung über die Prinzipien der Moral*. Wie die Gegenwart in Form einer Zunahme an Spaltungserscheinungen, Verschwörungstheorien und Gewalt zeigt, die keineswegs allein Wirkungen der Pandemie sind, können gerade Gespräche über Fragen der Moral »besonders ärgerlich« sein, weil sie zwischen Menschen stattfinden, »die einen hartnäckigen Eigensinn in ihren Prinzipien beweisen«, wie Hume formulierte.[4] Insofern sind Gespräche über Moral nicht nur besonders geeignet, ärgerlich zu sein: Sie sind auch in hohem Maße schwierig, weil man sich zwischen die Stühle und Meinungen setzt. Unserer Überzeugung nach muss sich insbesondere die Philosophie solchen Schwierigkeiten bewusst aussetzen und bereit sein, sich mutig zwischen die Stühle zu setzen. Am Ende lebt nicht nur die Philosophie, sondern jede offene Gesellschaft und insbesondere demokratische Lebensformen, denen wir uns verbunden fühlen, von Kommunikation, Streit und der gewaltfreien Auseinandersetzung realer Menschen miteinander. Gespräche verdanken sich wie Demokratien der Einsicht, dass Menschen nur im Plural existieren. »Der« Mensch ist eine Fiktion. Wird versucht, »den« Menschen zu bestimmen und ihn zu fixieren, gleich, ob er zum Objekt der Wissenschaften gemacht wird oder in Form eines Narrativs, bringt die Fixierung statt der erhofften Klärung im Gegenteil meist Unglück – zumindest für die- oder denjenigen, die oder der nicht der einmal gefundenen und festgelegten Definition dessen, was oder wer »der« Mensch sei, entspricht.[5]

Für Hume wie für uns stand daher nicht nur fest, dass der Dialog im Zentrum ethischer Reflexion und Urteilsfindung stehen sollte; sondern auch, dass mit der Anerkennung unterschiedlicher Menschen auch unterschiedliche Standpunkte, unterschiedliche Einteilungen der Wirklichkeit sowie unterschiedliche Handlungsweisen gegeben sind. Doch es ist die eine Realität, um die es den Wissenschaften, aber auch der Ethik oder der Politik geht, deren besonderes Interesse einer guten Entwicklung dieser Realität gilt. Ein guter Ausgang all dieser unterschiedlichen Bemühungen ist unter den gegenwärtigen Bedingungen keineswegs sicher. Tatsächlich hat die Anzahl der autokratischen, antidemokratischen politischen und sozialen Systeme in den letzten Jahren auch in Europa ebenso zugenommen wie die Anzahl der Probleme, die nahelegen, dass wir im

Anthropozän in die Nähe einiger Kipppunkte gelangt sind, die zu einer radikalen Veränderung unserer Leben führen könnten.

Zwischen Gut und Böse verdankt sich einem Gesprächszusammenhang, der sich über Jahre entwickelt hat. Aus diesen Gesprächen und einem gemeinsamen Anliegen ist das entstanden, was wir hier skizzenhaft *Philosophie der radikalen Mitte* nennen. Diese Philosophie ist im Wesentlichen jener Fluss der Gedanken, den das Buch in Ausschnitten dokumentiert. Die aufgezeichneten Gespräche fanden im Oktober und November 2020 sowie im Januar 2021 statt. Einwände gegen die Darstellung einer Philosophie als Gespräch sind nicht neu. In seinem posthum 1779 erschienenen Buch *Dialoge über natürliche Religion* bemerkte Hume, »daß die Dialogform, obschon die antiken Philosophen die meisten ihrer Lehren in dieser Darstellungsweise vorgetragen haben, in späterer Zeit wenig Anwendung fand«. Als Grund führt er an, dass sie »denen, die sich darin versuchten, selten gelang … Es erscheint wenig natürlich, ein System in Form eines Gesprächs vorzutragen; und wer in Dialogform schreibt, möchte seinem Werk durch Verzicht auf die direkte Schreibweise ein freieres Ansehen geben und den Anschein des Verhältnisses von Verfasser und Leser vermeiden … Selbst wenn es ihm gelingt, das Gespräch durch Einstreuung vielfältiger Themen und durch Wahrung eines angemessenen Gleichgewichts zwischen den Gesprächspartnern auf natürliche und aufgelockerte Weise verlaufen zu lassen, so verliert er doch oft so viel Zeit mit den Vorbereitungen und Überleitungen. Es gibt jedoch einige Gegenstände, für welche die Dialogform besonders angemessen und der direkten und einfachen Darstellungsweise immer noch vorzuziehen ist.«[6]

Wir hoffen, mit dem vorliegenden Buch einen solchen Gegenstand behandelt zu haben und zu weiteren Dialogen anzuregen. Denn wie Hume bemerkt: »Jede philosophische Frage, die so *dunkel* und *ungewiss* ist, dass die menschliche Vernunft sie nicht mit Bestimmtheit zu entscheiden weiß, scheint – wenn man sie denn überhaupt behandeln will – ganz natürlich zum Dialog- und Gesprächsstil zu führen. Man darf vernünftigen Menschen unterschiedliche Meinungen dort gestatten, wo niemand vernünftigerweise eine definitive Position beziehen kann.«

Kurzum, wir sind davon überzeugt, dass im Leben wie in der Philosophie der Satz gilt: »It needs two to tango.«

APORIE

»Triff eine Unterscheidung. Laß einen Zustand, der durch die Unterscheidung unterschieden wurde, markiert sein durch eine Markierung ⏋ der Unterscheidung.«

George Spencer Brown,
»Laws of Form«, 1969

Anfangen

GERT SCOBEL: Fangen wir mit dem Sprechen und Denken an. Die Form, in der wir über Ethik nachdenken wollen, erscheint ein bisschen ungewöhnlich, weil es eine dialogische Form ist. Statt mit Leitsätzen oder Prämissen zu beginnen, die wir vorher ausgeknobelt haben, lassen wir uns auf einen nicht planbaren Vorgang des Denkens ein.[7] Nur der Anfang ist immer schon gemacht: dadurch, dass wir jetzt hier sind. Denn wir können immer nur »mittendrin« anfangen, inmitten einer komplexen Wirklichkeit.

MARKUS GABRIEL: Genau das war unsere Idee, uns zu treffen und einen echten philosophischen Dialog zu führen, dessen Ziel es ist, nicht Annahmen, die wir ohnehin schon mitbringen, in einen Vergleich zu setzen, sondern gemeinsam einen Weg zu gehen, der so noch nicht gegangen wurde, allerdings natürlich mit dem Ziel, uns darüber zu verständigen, was das überhaupt heißt, ethisch zu denken, und wie man zu guten ethischen Urteilen kommt.

GERT SCOBEL: Deshalb mündet unser Buch in drei Kapitel, denen wir jeweils ein Symbol und einen Begriff zuordnen. Das erste ist ein logisch-mathematisches

Symbol, das von Spencer Brown stammt und die Operation des Unterscheidens charakterisiert. Das zweite ist das klassische Symbol der Differenz: das griechische *Delta*, das sich etymologisch auf das Nildelta bezieht und damit auf das fruchtbare, von der Wüste begrenzte Gebiet. Das dritte ist das chinesische Zeichen für Mitte, *Zhong*, welches dann die eigentliche These unseres Buches mehr in den Vordergrund rückt, nämlich dass Ethik mit der Radikalität der Mitte zu tun hat. Wir betten Ethik also in einen Zusammenhang des Lebens und der Erkenntnis ein.

MARKUS GABRIEL: Und wir sind uns einig, dass wir die Ethik nicht einfach, wie man so sagt, auf ein neues Fundament stellen müssen, sondern dass wir in der Ethik mit einer spezifischen Form von Unsicherheit zu ringen haben, die in anderen Teildisziplinen der Philosophie nicht in derselben Weise instanziiert ist. Aristoteles hat vielleicht als einer der Ersten – in dem Kontext, in dem er überhaupt das Wort Ethik geprägt hat, nämlich in der *Nikomachischen Ethik* – den Gedanken geäußert, es gehe in der Ethik darum, unter endlichen Zeitbedingungen, das heißt unter niemals hinreichend idealen Bedingungen, dennoch die *richtigen* Entscheidungen zu treffen. Das ist ein Gedanke, von dem wir uns, glaube ich, auch leiten lassen: der *phronêsis* bei Aristoteles, der besonnenen Abwägung in komplexer Lage.

GERT SCOBEL: Dazu fallen mir zwei Dinge ein. Das erste: Die Komplexität der Wirklichkeit ist die Ausgangslage und letztlich auch die Grundbedingung allen Nachdenkens. Wenn du anfängst nachzudenken, stehst du ja bereits mitten im Leben. Das heißt, es gibt bereits gewisse Voraussetzungen, die einfach da sind, zunächst unhinterfragt. Du hast eine Sprache erlernt, du bist in einer Lebensform groß geworden. Das ist ein Grundproblem: Die Frage, womit man den Anfang der Wissenschaft machen sollte, wie Hegel sich ausdrückt, kommt immer zu spät. Daher das Nach-Denken. Im Fall der Ethik kommt noch hinzu, dass es eben nicht nur um das Denken oder um Logik geht, sondern auch darum, dass ich mich in der Welt unter anderem mit Hilfe von Denken mir selber und anderen gegenüber verständige und dann auch noch richtig handle. Das zweite betrifft die Folgerungen, die sich aus der Komplexität des *Jetzt* ergeben. Die Wirklichkeit ist immer noch komplexer als jede Erwartungshaltung oder Prognose, die wir gebildet haben, um uns in ihr zurechtzufinden. Die Ethik kann deswegen niemals in ein finales System moralischer Prinzipien gegossen werden. Sie bleibt ebenso beweglich wie kontingent.

MARKUS GABRIEL: Erst einmal sollten wir vielleicht festhalten, dass jedes Denken und Urteilen eine Art von Handlung ist, mithin etwas, was jemand tut und das dadurch zurechenbar ist. Die Gedanken, die ich habe, sind mir zurechenbar, und deine dir. Alles Urteilen ist Handeln, es gibt keine reine Theorie, aber auch keine reine gedankenfreie Praxis. Bei den Handlungen, bei denen ethische Fragen eine Rolle spielen, sind das Gute, Böse oder Neutrale Eckpfeiler beziehungsweise Werte eines Spektrums. Wir werden uns über das Spektrum noch ausführlicher unterhalten. Jedenfalls gibt es Extrempunkte, an denen sich die Ethik orientiert. Damit befinden wir uns bereits in den hochgradig ausdifferenzierten Urteilspraktiken, die uns überliefert sind. Und schon sind wir mittendrin, auch im ethischen Urteilen. Bei den Fragen, bei denen ethische Überlegungen eine Rolle spielen, ist es auf eine bestimmte Weise erheblich weniger gleichgültig, sich zu täuschen, als in den sogenannten theoretischen Fragen. Wenn ich in ethischen Fragen das Falsche denke und im Ergebnis auch das moralisch Falsche tue, tue ich im Extremfall das Böse, und wer das Böse getan hat oder vielleicht systemisch im Bösen festsitzt, der ist zu Revisionen in seiner eigenen Lebensform genötigt, kommt in andere Verhältnisse – auch existenzielle –, anders als jemand, der lediglich ein falsches Urteil in einer x-beliebigen neutralen Angelegenheit fällt.

Gert Scobel: Ein Fallstrick wäre es jetzt, zu folgern: Denken ersetzt Handeln. Natürlich ist auch Denken ein Handeln – aber es kann nicht an die Stelle des Tuns treten, welches man mit einem ethisch verantworteten Verhalten erst einzuleiten gedenkt. Man kann nicht anstelle eines im Moment notwendigen Handelns – zum

Beispiel jemandem zu helfen – sagen: Ich denke jetzt erst mal darüber nach.

Du hast gesagt, dass sich Aristoteles' Ethik als ein Nachdenken unter Bedingungen endlichen Wissens und endlicher Zeit versteht. Das klingt extrem modern. Heute sprechen wir in Entscheidungstheorien von Komplexitätsbewältigung unter Bedingungen begrenzter Rationalität, der *bounded rationality*.[8] Die Frage ist daher, ob wir Rationalität heute nicht entsprechend neu verstehen müssen. Lange Zeit war meine Auffassung von Aufklärung diese: Wenn du und ich uns über ein ethisches Thema streiten, legen wir alle Argumente auf den Tisch und wägen mit Hilfe eines rationalen Diskurses, das heißt mit den Mitteln der Logik auf der einen Seite, mit Kenntnis der Fakten auf der anderen, diese Fakten und deren logische Interpretation gegeneinander ab; und wenn wir das lang genug machen, kommen wir beide oder eine Gruppe von Menschen, letztlich in der Demokratie sogar eine ganze Gesellschaft dazu, vernünftige Entscheidungen zu treffen und vernünftige Regeln zu verabreden. Das Motto würde lauten: Alle Widersprüche, alle Konflikte lassen sich am runden Tisch der Vernunft lösen. Meine Erfahrungen, speziell mit Corona, aber auch mit vielen anderen Diskussionszusammenhängen, sind jedoch völlig andere. Ein Beispiel ist die Frage: Ist die Atomkraft eine gute Antwort auf unsere Probleme des Klimawandels? Wenn man diese Diskussion mit Leuten führt, die bereits gut informiert sind und die die Fakten kennen, ist man nach zehn Minuten so weit, dass beide Seiten, Pro und Kontra, alle strittigen Argumente vorgebracht haben. Jetzt müsstest du auf eine Metaebene gehen, das heißt, du müsstest in ein übergeordnetes rationales Verhältnis zu diesen Argumenten treten. Von dieser Warte aus müsstest du dann ebenfalls rational entscheiden können: Was ist jetzt als das Richtige zu tun? Mir scheint, dass die Aufklärung lange Zeit über angenommen hat, diese Art von Verfahren anwenden zu können, um auf diese Weise zu einer eindeutigen, klaren Lösung zu kommen. Wir müssen uns aber heute eingestehen – und das ist eines unserer aktuellen Probleme –, dass dieses Verfahren nicht funktioniert. Warum? Weil es die Metaebene nicht gibt. Das Verfahren des Diskurses alleine reicht also nicht aus. Und jetzt sagst du: Das hat sich Aristoteles eigentlich von Anfang an so gedacht.

MARKUS GABRIEL: Genau, das ist der Grundgedanke der aristotelischen Ethik, den er gegen Platon ins Feld führt. Platon setzt, wenn man so will, stark auf die Algorithmizität der Ethik. Das heißt, Platon ist der durchaus richtigen Meinung, dass es unter maximal idealen Bedingungen keine Fehlbarkeit mehr geben kann, sondern quasi-mathematische, strenge philosophische Beweise. Deswegen hat Platon in der Akademie, soweit wir wissen, tatsächlich formale mathematische Kalküle zur Berechnung des Guten angeboten, karikiert von ihm selbst – ich halte das bewusst für eine Karikatur – in der berühmten Hochzeitszahl in der *Politeia*, wo darüber gesprochen wird, unter welchen Bedingungen wer mit wem verheiratet sein muss. Wir haben zum Beispiel das Gefühl, dass politische Entscheidungen ab einem bestimmten Prozentsatz rechtspopulistischer Vertretungen in Landtagen zu einer moralischen Katastrophe führen. Auch da glauben wir an die eine genaue Zahl, und ab dieser Zahl müssen wir nervös werden. Oder wir fordern eine Studie über Rassismus in der Polizei, und wenn sich dann ein Prozent der Polizisten als Rassisten herausstellen, sind wir noch beruhigt, bei 23 Prozent werden wir langsam nervös.

GERT SCOBEL: 50 COVID-19-Infektionen auf 100 000 Einwohner in einer Woche. Wenn es 51 sind, sind wir sehr nervös.

MARKUS GABRIEL: Das ist Platonismus in der Ethik: Man glaubt, es müsste doch eine Zahl auffindbar sein, an der sich ethische Entscheidungen orientieren müssen. Die gibt es aber nicht.

GERT SCOBEL: Und die Zahl bildet ja eigentlich nichts anderes als ein klares digitales Verhältnis ab, nämlich eine scharfe, eindeutig umrissene Grenze, wie die zwischen 0 und 1. Dazwischen gibt es in der digitalen Logik nichts. Im Bereich der Mathematik kann ich jedoch unendlich viele Zahlen zwischen 0 und 1 konstruieren. Aber so funktioniert unsere digitale Logik ja gerade nicht. Weshalb Soziologen, wie zum Beispiel

Armin Nassehi, darauf hinweisen, dass die Digitalisierung der Gesellschaft nicht etwa mit den Computern Einzug hielt, sondern die Wurzel viel älter ist, zumal wir seit Jahrtausenden bereits messen und vermessen.[9] Warum? Weil wir versuchen, gesellschaftliche Verhältnisse mit einer 0/1-Logik zu messen und Grenzen zu bestimmen, etwa von Einkommen, Lebensalter …

MARKUS GABRIEL: Bruttoinlandsprodukt …

GERT SCOBEL: Schon ist das, was später die Maschinen übernehmen, weil sie viel mehr Daten sammeln und verarbeiten können, im Grunde genommen präformiert. Die Digitalisierung der Gesellschaft ist demnach keine neue Entwicklung. Platon ist derjenige, wie du gesagt hast, der behauptet: Ich kann das Gute und das Böse eindeutig wie 0 und 1 voneinander unterscheiden, und weil ich das kann, kann ich logische Argumente konstruieren, die im Grunde genommen digitalisierbar sind und eins zu eins in die Logik eines regelbasierten Computersystems übersetzt werden können.

MARKUS GABRIEL: Genau. Platon hat eben nicht nur – Stichwort: Höhlengleichnis – das Kino erfunden, sondern auch das Internet. Wenn man Internet ins Altgriechische übersetzen möchte, wäre eine gute Übersetzung *symplokê*, was von *syn* (zusammen) und *plékein* (flechten) kommt. Die *symplokê* ist das Zusammengeflochtene. Platon spricht im *Sophistes* vom Gebiet der Ideen, dem reinen logischen Raum als einer Verflechtung der Ideen, was natürlich über das derzeitige Internet weit hinausgeht, das leider keine logische Verflechtung der Informationen, also keinen gut strukturierten allumfassenden Zusammenhang, sondern eine Verwirrung der Ideen anbietet. Jetzt kommt Aristoteles, der erstens gewisse Kritikpunkte an der Ideenleere im Allgemeinen anzumelden hat, aber – und das ist jetzt viel interessanter – den man so lesen kann, dass er sagt: Selbst wenn es im platonischen Sinne das objektiv Gute gäbe, nämlich das Gute als Maximalobjekt, heißt das natürlich noch lange nicht, dass ich weiß, wie es beschaffen ist, wenn ich unter Zeitdruck handele. Und, so Aristoteles, ich handele immer unter Zeitdruck. Für keine ethisch relevante Entscheidung habe ich jemals genug Zeit. Deswegen kann das Gute als Maximalobjekt in der Entscheidungsfindung nicht angemessen in Rechnung gestellt werden, sodass es auch nicht als Orientierungspunkt dienen kann. Das ist ein echtes Problem, denn es gilt für alle Fakten, die man kennen muss, um eine ideale Rechtfertigung für seine Entscheidungen zu treffen. Die Frage lautet also, wie man unter endlichen Bedingungen das Richtige tun kann, wenn das Gute selbst keinen Leitfaden zu seiner Entdeckung anbietet.

GERT SCOBEL: Meine Lebenszeit ist endlich. Also ist alle Erkenntnis, auch die in der Ethik, gemessen an der faktischen Komplexität der Wirklichkeit endlich, begrenzt und weniger komplex. Das heißt, wir haben es eigentlich mit zwei Formen von Unbestimmbarkeit oder Unsagbarkeit zu tun. Die eine ist die Unbestimmbarkeit, die es in der Wirklichkeit gibt, weil wir zum Beispiel Zeitreihen nicht unendlich laufen lassen können. Das heißt, wir haben es bei der Bestimmung dessen, was Tatsache ist, immer wieder mit Ungewissheiten zu tun. Das ist die *erkenntnistheoretische* Unbestimmtheit. Darüber hinaus gibt es noch eine zweite Form, die sich auf das bezieht, was gut für uns ist, was gut in unserem Handeln ist oder was eine »gute Qualität« unseres Handelns ausmacht. Auch dieses »Gut-Sein« bleibt auf eine zweite, nämlich *praktische* Art, unbestimmt. Wir haben also eine Unbestimmbarkeit der Meinungen und Urteile, der *dogmata* – und wir haben eine Unbestimmbarkeit unserer Lebensbedingungen und Lebenshaltung, der *pragmata*.

MARKUS GABRIEL: Im Allgemeinen gilt: Wenn ich Wissen über irgendetwas beanspruche, zum Beispiel zu wissen, dass wir gerade in Bonn sind, dann muss ich dafür Gründe haben. Meine Gewissheit, in Bonn zu sein, gründet darin, dass ich heute Morgen in Bonn aufgewacht bin, den üblichen Weg zu dem Ort genommen habe, an dem wir uns gerade unterhalten usw. Das sind die Gründe, die ich anführen kann. Wenn du mich also fragst, »Woher weißt du, dass du in Bonn bist?«, kann ich dir darauf solche Gründe nennen. Jetzt wirst du mich aber vielleicht fragen, »Woher kennst du deine Gründe?«, und dann wird es philosophisch interessant:

»Woher weißt du denn, dass du heute Morgen in Bonn aufgewacht bist?« Dann kann ich sagen: »Ich erinnere mich daran, heute Morgen in Bonn aufgewacht zu sein.«

GERT SCOBEL: Erinnerst du dich genau? Weißt du, dass du dich genau erinnerst?

MARKUS GABRIEL: Und überdies: Woher weißt du, welche Bedeutung das Wort »Erinnerung« hat oder das Wort »Grund«? Du hast vorhin mit dem Hinweis begonnen, dass wir uns in dem Augenblick, in dem uns ethische Fragen überhaupt wichtig sind, bereits in einer komplexen Lage vorfinden, die wir nicht selbst herbeigeführt haben. So haben wir die Staatsverfassung, in der wir uns befinden, nicht selbst geschrieben. Uns hat man natürlich nicht zum Grundgesetz befragt, denn wir existierten noch nicht. Die Grundlagen unseres Handelns und Urteilens werden überliefert, und wir modifizieren sie dann durch unsere Lebensvollzüge, also durch weitere Denkakte sowie ethisch relevante Handlungen.

GERT SCOBEL: Wir haben die Sprache, die wir sprechen, nicht selber gemacht. Wir haben viele der Lebensbedingungen, in denen wir uns befinden, nicht hergestellt. Die technischen Geräte, mit denen wir jetzt aufzeichnen, die gesamte Infosphäre, die ich nur sehr eingeschränkt überblicke: All das existiert bereits.

Markus Gabriel: Jeder versteht diese Zusammenhänge nur bedingt. Das fängt alles freilich schon auf einer viel elementareren Ebene an. Nehmen wir den Tisch, der vor uns steht. Ich möchte das Folgende mal behaupten: Es ist uns im striktesten Sinne unmöglich, herauszufinden, wo der Baum stand oder die Bäume, aus denen dieser Tisch gezimmert ist. Obwohl man denken würde, das müsse doch entdeckbar sein. Ich bin mir nicht mal mehr sicher, ob ich noch genau weiß, wo ich diesen Tisch gekauft habe. Ich glaube, bei einem Händler, ich meine noch zu wissen, wo der mal war, und ich glaube, er wurde durch ein Reisebüro abgelöst. Wie hieß der Händler noch mal? Lebt der Mensch noch? Und selbst wenn ich den finde, gilt, dass ich den Tisch als eine Antiquität gekauft habe, sodass auch der Händler womöglich nicht weiß, wo er genau herkommt, geschweige denn der Baum stand, aus dem er gemacht ist.

Gert Scobel: Selbst so etwas Einfaches können wir nicht bestimmen.

Markus Gabriel: Wir können nicht herausfinden, woher dieser Tisch kommt. Und das gilt für die allermeisten Dinge, die uns umgeben.

Gert Scobel: Dennoch glauben wir zu wissen, wir könnten genau bestimmen, erstens, aus welchen Gründen wir uns so und nicht anders verhalten, zweitens, welche Motive wir haben, genau dies zu tun. Aber auch diese Bestimmung lässt sich erweitern, wenn ich etwa eine Psychotherapie mache und meine Motive vielleicht auf einer anderen Ebene hinterfragen kann. Die Idee der Aufklärung, mit der ich groß geworden bin, fordert uns jedenfalls heraus, alles radikal und bis zum Ende zu klären. Und wenn du es nicht radikal bis zum Ende klären kannst, bleibst du mir oder bleiben wir uns etwas schuldig. Aber wir beide sind jetzt bereits zu dem Schluss gekommen, dass es völliger Unsinn ist, das verlangen zu wollen. Es ist unmöglich, das ethische Urteilen in einen finalen Zustand der vollständigen Ersetzung unserer Freiheit durch einen Algorithmus oder ein großes Prinzip zu überführen, sei es die Goldene Regel, der Kategorische Imperativ oder irgendein utilitaristisches Kalkül-System.

MARKUS GABRIEL: Bei Kant muss man schon vorsichtig sein, denn er hat immer auf die Grenzen der Erkenntnis verwiesen und versucht zu zeigen, dass wir uns selbst nicht kennen können, weil wir eine intelligible Seite haben, die außerhalb unseres Zugriffs liegt. Deswegen sagt Kant ja: Ich kann nicht wissen, ob ich jemals aus den richtigen Motiven, also gut gehandelt habe. Das Einzige, was gut genannt werden kann, ist ein guter Wille, aber ob ich jemals einen im Kant'schen Sinne guten Willen hatte, sagt Kant, kann ich nicht wissen. Das heißt, eigentlich ist die Aufklärung Kants auf unserer Seite, weil er die Komplexität der Anwendungsbedingungen seiner universalen Regeln berücksichtigt. Kant glaubt gerade nicht, dass wir faktisch die Art von Klarheit herstellen können, die in der Aufklärung in Frankreich von Denkern wie dem Marquis de Condorcet als mathematische Kalküle entwickelt wurden. Die französische und auch die britische Aufklärung haben zu dem Gedanken geführt, Denken sei letztlich eine Art Rechnen, Vernunft sei, wie Thomas Hobbes gesagt hat, »nothing but reckoning«, also letztlich durch eine Maschine ersetzbar. Gegen solche Gedankenexperimente hat sich Kant gewendet, aber auch andere Aufklärer wollten den Gedanken verabschieden, wir könnten berechnen, was wir tun sollen. Das wäre nämlich mit dem Gedanken der Freiheit unvereinbar.

Gert Scobel: In England und Frankreich wurde ja damals vor allem die Wahrscheinlichkeitsrechnung entwickelt.

Markus Gabriel: Theoreme des Marquis de Condorcet oder von Thomas Bayes, der die Grundlagen der heutigen Wahrscheinlichkeitstheorie entwickelt hat, aber auch andere Rationalitätstheorien der frühen Aufklärung, etwa bei Adam Smith, neigen zu dem Gedanken, wir könnten Ethik durch Statistik ersetzen. Das ist, wie mir scheint, der Versuch, Platon und Aristoteles zu überbrücken. Doch das ist ein Fehler. Aristoteles hat zu Recht gedacht, dass der Bereich menschlichen Handelns qualitativ ist und nicht quantitativ. Also, ein bestimmter Typ der Aufklärung, der Ethik durch Kalküle ersetzen möchte, was etwa im Utilitarismus gipfelt, ist das Problem, das in eine Sackgasse führt, nicht hingegen der Gedanke der Aufklärung im Allgemeinen, dass wir eine Rationalitätstheorie benötigen, um uns selbst als Vernunftwesen zu verstehen, die zu höherer Moralität durch ethische Einsicht fähig sind.

GERT SCOBEL: Was wir doch sagen können, ist: Wir brauchen Rationalität. Das, was unserem Nachdenken über Ethik vorangeht, ist ja bereits ein Nachdenken, das immer schon angefangen hat. Das heißt, wir müssen eigentlich – und das ist ein Weg, den traditionell die Ethik nicht immer beschritten hat – über das Denken nachdenken, ist es doch das »Medium«, in dem sich ethische Reflexion überhaupt abspielt. Folglich müssen wir die Operation des Denkens klären. Wir haben ja das Spencer-Brown'sche Symbol der Unterscheidung gewählt, weil es den Prozess fortschreitender Unterscheidungen deutlich macht. Das, was man gerne Anfang nennt, liegt immer schon hinter uns und hat sich bereits ins Spiel gebracht. Statt diesen Anfang zu suchen, beginnen wir inmitten des Geschehens, jetzt. Das ist in unseren Augen der beste Ansatz, um überhaupt zu erklären, was Denken ist. Denken bedeutet, eine Unterscheidung ins Spiel zu bringen. Das heißt, ich unterscheide diesen Tisch von allem anderen, was nicht dieser Tisch ist. Damit bleibt der Tisch selbst natürlich zunächst unbestimmt. Jetzt besteht meine Aufgabe deshalb darin, zu sagen: Ja, gut, was aber ist dieser Tisch? Worin unterscheidet sich dieser Tisch von allem anderen, das existiert? Da sind wir mitten in einem ganzen Haufen von Problemen, von denen eines die Frage ist, ob ich wirklich ganz streng benennen kann, was diesen Tisch von allem anderen unterscheidet, denn wie du schon gesagt hast, sein Holz ist irgendwo gewachsen. Und es findet sich wahrscheinlich auch in irgendeinem anderen Stuhl oder Tisch. Somit hat dieser Tisch eine Gemeinsamkeit mit irgendeinem anderen Gegenstand. Und nicht nur diese eine, unzählige Gemeinsamkeiten! Schließlich sind all die Atome des Tisches in irgendwelchen Fusionsprozessen in Sternwolken und Sonnen entstanden. Auch das ist eine universale Gemeinsamkeit aller Dinge.

MARKUS GABRIEL: Es gibt keinen Anfang! Das Denken in Anfängen, nennen wir das ruhig die Archäologie, ist letztlich immer falsch. Auch wenn wir den Tisch jetzt auf Atome zurückführen, ist da kein Ende, weil wir dann weiter fragen werden: Woher kommen die Atome? Heute können wir zwar auf noch kleinere Elementarteilchen verweisen, doch diese kommen ihrerseits irgendwoher, sie sind Produkte von Prozessen, die mit dem Urknall zusammenhängen, der eine Erkenntnisschranke darstellt. Wir werden also immer die »Woher kommt denn X?«-Frage stellen. Stellen wir die Frage so, dass wir glauben, relevant zu wissen wäre, woher die Atome des Tischs kommen, also glauben wir, dass die Mikroebene von Bedeutung ist, stoßen wir da an die Grenzen des physikalischen Wissens, die spätestens bei der Singularität unüberwindbar sind. Und selbst wenn wir sie eines schönen Tages überwunden hätten, wenn wir also auf die andere Seite der Firewall des Universums schauen könnten, wären da ziemlich sicher irgendwelche Überraschungen. Also die alten Fragen »Warum ist überhaupt etwas und nicht vielmehr nichts, warum ist alles so und nicht anders?« sind unsinnig und schlicht nicht zu beantworten. Ich kann nur sagen, warum jenes so ist und dieses anders, aber der Gedanke, dass es einen Punkt gibt, auf den alles zuläuft, ist immer falsch. Es gibt keinen Punkt, von dem alles ausgeht, und auch keinen Endpunkt aller Entwicklungen. Nirgends, auch nicht im Denken und auch nicht in der Ethik. Wir befinden uns in radikal offenen Situationen. Die Wirklichkeit ist immer noch bunter und heterogener, als man es einmal dachte. Komplexität eben, wie du sagen wirst.

Unterscheiden

Gert Scobel: Genau das ist Komplexität: eine Vielzahl unterschiedlicher Elemente, die auf lineare, vor allem aber auch nicht lineare Weise miteinander verknüpft sind und Netzwerke bilden. Interessanterweise besteht ja auch das Denken selber darin, diese Unterscheidung etwa der Elemente immer weiter zu verfeinern und dabei andere Unterscheidungen ins Spiel zu bringen, feinere Unterscheidungen beispielsweise, sodass man sagen kann: Denken ist das, was uns in immer weitere Unterscheidungen treibt. Das ist einer der Gründe, warum das griechische Wort *krínein* sowohl für Unterscheiden als auch für *krísis* steht, das unserem deutschen Wort »Krise« verwandt ist und ursprünglich auch »Beurteilung« und »Entscheidung« bedeutet. Wenn sich das fortgeführte Unterscheiden zuspitzt, kann es uns, indem es in Aporien mündet oder Voraussetzungen, die wir gemacht haben, im Nachhinein problematisch erscheinen lässt, in eine fundamentale Krise stürzen. Eine solche Krise fordert unsere Urteilskraft heraus: Wir müssen aufgrund neuer Argumente ein gutes Urteil fällen und zu einer Entscheidung kommen, die wiederum für unser Handeln im Allgemeinen und für das ethische Handeln im Speziellen von Bedeutung ist.

MARKUS GABRIEL: Die Zeit, in der wir leben, können wir als die *Krisenzeit* bezeichnen. Und selbst wenn wir jetzt diese eine globale virale Pandemie bewältigen, sind viele andere Krisen noch da. Dann fällt uns vielleicht auf, dass wir uns in vielen Pandemien befinden, in vier weiteren Coronavirus-Pandemien, in einer AIDS-Pandemie, in einer Rotavirus-Pandemie etc.

GERT SCOBEL: Darüber hinaus haben wir ein Armutsproblem, ein Hungerproblem, ein Ungerechtigkeitsproblem.

Markus Gabriel: Ein Klimaproblem. Ein Digitalisierungsproblem, ein Problem der liberalen Demokratie usw. Alle diese Probleme werden heute als »Krisen« angesprochen. Und sie haben kein Ende …

Gert Scobel: Eine endlose Pluralität von Krisen?

Markus Gabriel: Ich nenne das *Stapelkrise*. Wir stecken in einer völlig chaotischen, hochdynamischen Stapelkrise, das heißt in einer Verschachtelung unzähliger Krisen und damit in einer Krisenzeit ohne Ende. Wir haben Haufen von Problemen, und jedes einzelne Problem erscheint uns schon gesondert als Krise – als Zeit, die uns zum Denken herausfordert. Man könnte sogar positiv sagen, die Krisenzeit, in der wir uns befinden, ist eigentlich eine Denkzeit, wir denken jetzt, ob wir wollen oder nicht. Und dabei stellen wir alle auf jeweils verschiedene Weisen fest, wie ungeübt wir darin sind. So bringt einem eine noch so gute Ausbildung in Logik und damit im Denken über das Denken nicht allzu viel, um eine adäquate Einstellung zur Corona-Pandemie zu gewinnen, weil diese viel zu irrational verläuft, um logisch erfasst zu werden. Die Logiker kommen hier nicht voran, auch Virologen nicht und auch nicht Politiker, keiner, den man anrufen könnte, der die Lösung kennt. So ruft man viele an und erkundigt sich, um ein Bild der Sachlage zu erstellen, doch das verschiebt sich ständig, und zwar für alle. Niemand kontrolliert die Krise derzeit, auch nicht die Bundeskanzlerin oder die Bundesregierung, die sind ebenso irritiert und schockiert angesichts der Komplexität, woraus die Überforderung, die Widersprüche, der Aktionismus, die Hoffnungen und Enttäuschungen resultieren, die wir alle seit Monaten erleben müssen. Als die Kanzlerin laut Medienberichten in einer Konferenz jüngst gesagt haben soll: »Das Ding ist uns entglitten«, hatte sie nur halb recht: Wir hatten es nie in der Hand! Niemand kontrolliert eine virale Pandemie, das Infektionsgeschehen ist in niemandes Hand, das ist Teil des Traumas, das wir gerade gemeinsam durchleben.

GERT SCOBEL: Und das, finde ich, ist in hohem Maße paradox oder auch verstörend, weil Aristoteles seine *Nikomachische Ethik* mit dem Hinweis auf die verschiedenen Zünfte in der Polis beginnt. Übersetzt in die Gegenwart: die Zunft der Statistiker, der Virologinnen, der Biologen oder der Medizinerinnen, die noch mal einen anderen Standpunkt vertreten, oder die der Pflegerinnen und Menschen in systemrelevanten Berufen. All die Zünfte zählt Aristoteles gleich in den ersten Abschnitten seiner Untersuchung auf und sagt dann: Wer muss denn nun über unser richtiges, über das gute Leben in der Polis entscheiden? Die einzelnen Gruppen haben natürlich ihre je eigenen und unterschiedlichen Interessen. Seine Antwort lautet: Die Politik entscheidet. Die Frage für uns ist aber: *Wie* entscheidet die Politik? Und was bedeutet in dem Zusammenhang »verantwortliche Entscheidung«, wenn doch, wie wir gesehen haben, der Prozess der Verantwortung nicht abschließbar ist, weil es kein erstes Prinzip, keinen absoluten Anfang gibt, von dem alles ausgeht? Ist der Vorgang des Entscheidens tatsächlich eine rationale Entscheidung, die man bis zum Ende begründen kann? Nach dem, was wir bis jetzt überlegt haben, kann das nicht der Fall sein. Wie kann aber dann Politik entscheiden, außer dezisionistisch oder willkürlich? Das kann zumindest in einer Demokratie nicht unsere Spielregel sein.

MARKUS GABRIEL: Und dieses tiefe Entscheidungsproblem ist fatal, weil komplexe Prozesse der Arbeitsteilung als solche nicht auf eine perfekte Lösung, das Gute, zielen, es darauf aber ankommt, herauszufinden, was wir jetzt als Menschheit, also aus universal gültigen Gründen tun sollten, um die Krisenlage zu bewältigen. Das Gute im ethischen Sinne kann nichts anderes sein als etwas, das objektiv gut ist.

GERT SCOBEL: Es muss für uns alle gut sein.

MARKUS GABRIEL: Richtig. Ein Gutes, das nur gut für einige ist, ist kein moralisch Gutes, sondern allenfalls ein moralisch irrelevantes Gut. Das heißt, wenn es in der Ethik um irgendetwas geht, dann um etwas, was alle betrifft. Das ist ja der besondere Appeal auch der Ethik. Deswegen interessieren sich die Menschen, was Philosophie angeht, eher für Ethik als – sagen wir mal – für Metaphysik oder Philosophie der Mathematik. Jetzt aber, inmitten der Krise, scheinen wir zu glauben, die Rationalität der politischen Entscheidungen ließe sich an eine andere Rationalität delegieren, die die Probleme endgültig löst. Einerseits hören wir bei der Politik auf – das ist unser Regress-Stopper –, so wurde ja in der Pandemie dauernd argumentiert, das müsse die Politik entscheiden. Und die Politik delegiert weiter an die Forscherinnen und Forscher am Robert-Koch-Institut. Da wird eine Behörde aufgerufen, und wenn die nicht weiterkommt, werden die wissenschaftlichen Akademien gefragt, die den Ball möglichst schnell an die Politik zurückspielen, um sich die Finger nicht schmutzig zu machen, mit Triage-Empfehlungen und dergleichen mehr.

GERT SCOBEL: Runden mit Expertinnen und Experten.

MARKUS GABRIEL: Genau, da kommen Expertenrunden, in der Form eines argumentativen Zirkels.

GERT SCOBEL: Die hat Gerhard Schröder damals öffentlichkeitswirksam wie selten zuvor in die Politik eingeführt. Viele, viele Expertenrunden – was der Politik den Anstrich höherer Rationalität geben sollte.

MARKUS GABRIEL: Dann wäre die nächste Frage: Aha, also entscheidet doch nicht die Politik? Den Dezisionismus gilt es in jedem Fall zu vermeiden, aber da war doch dieses Statistikmodell des Thomas Bayes aus dem

18. Jahrhundert – nicht umsonst ist der Bayesianismus auch in der politischen Philosophie so beliebt und in der Risikoethik, dort, wo es um wahrscheinlichkeitstheoretische Handlungskalküle geht, weil man da glauben darf, es gäbe ein höheres Prinzip, es gäbe doch einen Anfangspunkt, nämlich das kalkülhaft übersetzbare probabilistische Nachdenken, für das die formale Epistemologie in der Philosophie und eben aber auch in der Verhaltensökonomie usw. zuständig ist. Und vor diesem Hintergrund stellt sich erst die eigentliche Frage: Entscheidet also doch nicht die Politik, sondern ein bayesianisches Kalkül? Oder epidemiologische Modelle? Das wird aber doch kein stolzer Ministerpräsident so sagen wollen. Wenn wir sie oder ihn jetzt fragen, »Wer hat hier entschieden?«, sagen sie nicht, ein bayesianisches Kalkül, weil wir dann die Politiker auch abschaffen und an deren Stelle Statistiker setzen könnten. Das aber wollen wir auch nicht. Der Gedanke der Expertenrunde führt uns also in eine handfeste Aporie: Die Politik soll entscheiden, dafür braucht sie aber die Expertinnen, die ihr sagen, was sie tun soll, was aber wiederum voraussetzt, dass die Politik entscheidet, welche Expertinnen angehört werden usw. Und all das, um den schrecklichen Dezisionismus abzuwehren, den wir nicht wollen, aber auch nicht vermeiden können.

Gert Scobel: Das ist eine sehr tiefe Aporie, weil sie das ganze Unternehmen in Frage stellt. Wir haben angefangen, zu unterscheiden und zu sagen, wir müssen mehr und Genaues über die unterschiedlichen Gründe wissen. Zunächst sollten wir herausfinden, was das Gute eigentlich ist. Wir stellen fest, das können wir nicht. Zweitens, unser politisches Bemühen und die Politik muss entscheiden, haben wir gesagt. Aber das läuft darauf hinaus, dass sie etwas tun soll, was sie nicht tun kann, nämlich mit einem letzten Grund zu erklären, warum sie so entscheidet und nicht anders. Das ist eine sehr tiefe Aporie und Ausweglosigkeit, die im Moment unser gesamtes Nachdenken und auch unser Handeln in Frage stellt, es sei denn, wir würden ohnehin zu dem Schluss kommen, es geschehe alles mehr oder weniger zufällig aus dem Bauch heraus.

MARKUS GABRIEL: Auch das wäre natürlich sehr schlecht; wenn wir so darüber dächten, würde das klarerweise das Vertrauen in die Demokratie gefährden.

GERT SCOBEL: Zutiefst schwächen.

MARKUS GABRIEL: Genau, dann könnten wir ebenso würfeln.

GERT SCOBEL: Damit könnte ich auch ein autoritäres System übernehmen, wie in China beispielsweise. Denn wenn ich ohne letzte Gründe entscheiden muss, scheint jedes System, das Erfolg verspricht, angemessen.

Markus Gabriel: Dann wäre die Frage, welchen Wert haben die Entscheidungsprozesse, die wir mit dem Wort Demokratie verbinden? Meines Erachtens müssten diese Entscheidungsprozesse besser begründet sein, als sie es jetzt sind. Deswegen halte ich es für gefährlich, den ganzen Sommer 2020 über Sätze zu hören wie »Bisher haben wir es gut gemacht«. Da ist es dann wohltuend und epistemisch ehrlich, dass Christian Drosten oder auch Karl Lauterbach seit Beginn der zweiten Welle immer wieder gesagt haben: »Wir haben überhaupt nichts gut gemacht, wir haben nichts anders gemacht als irgendwer anders, wir hatten letztlich nur Glück.« Und machen wir Klima, Digitalisierung, Verkehrswende, Deutsche Bahn usw. etwa »gut«? Und was würde das heißen? Wer sind »wir«, und was sind die Maßstäbe?

Gert Scobel: Bildung und ein damit verbundenes Thema, das mir am Herzen liegt, Kinderarmut, die seit 20 Jahren zunimmt, egal, welche Regierung in welcher Kombination von Parteien am Ruder war: Machen wir das gut? Da ist eine lange Reihe von Problemen, auf die man wirklich nur eines antworten kann: Nein, machen wir nicht gut.

Markus Gabriel: Nun haben wir dieses prinzipielle, also wirklich philosophische Problem, unsere erste Aporie, und die lehrt uns doch, dass wir ein Kriterium oder eine Reihe von Kriterien oder eine weitere Überlegung, irgendetwas brauchen, das uns aus der Sackgasse führt, in die wir geraten sind, denn wir wollen ja keine dilemmatische Situation erzeugen, in der wir entweder in Begründungsschleifen geraten oder die Begründung willkürlich abbrechen, um irgendwen ohne gute Gründe herrschen zu lassen.

Gert Scobel: Es handelt sich also um eine Verschleierung des Begründungs- und Urteilsproblems. Und genau das ist ja in der Öffentlichkeit tatsächlich moniert worden: Man verschleiere Widersprüche und die Tatsache, dass wir gar nicht so rational entscheiden können, wie wir glauben oder vorgeben, entscheiden zu können.

Markus Gabriel: Das wird man so eingestehen müssen, denn Rationalität bedeutet in einem kalkülhaften formalen Zusammenhang ja eigentlich, auf einen Punkt zu kommen, von dem aus wir Ableitungen treffen können, doch das haben wir zumindest in der Pandemie so bisher nicht einmal ansatzweise erreicht.

Gert Scobel: Wir müssten eigentlich jetzt aufhören. Nach den gängigen Kriterien kommen wir aus dieser Aporie nicht raus. Es sei denn, es gelingt uns, das, was wir vorher Rationalität und Denken genannt haben, in einem anderen Sinn zu verstehen und auch das Gute anders zu verstehen: nämlich nicht als etwas, das sozusagen wie eine metaphysische Wurst irgendwo bereits in der Wirklichkeit hängt, und jetzt jagen wir alle danach, und wer sie als Erster schnappt, der hat sie halt, und das ist für alle Ewigkeit die einzige und die richtige Wurst. Vielmehr können wir gar nicht genau sehen, was das Gute ist. Es hat eine bleibende Unschärfe.

Das Gute

MARKUS GABRIEL: Das Gute hat tatsächlich eine Unschärfe, aber jetzt möchte ich einen mir wichtigen Gedanken einspielen: dass es den Fall des offensichtlichen Guten gibt.

GERT SCOBEL: Ja, wenn jemand auf dem Boden liegt, der Hilfe braucht, dann ist es offensichtlich gut, diesem Menschen zu helfen. Das ist aber nicht, glaube ich, das Problem, über das wir gerade reden.

MARKUS GABRIEL: Das ist richtig, aber wir müssen anerkennen, dass es offensichtlich Gutes und damit wirklich Gutes gibt, das universal ist. Und wir brauchen es, um in dieser Aporie, in die wir uns anhand der Krisenzeitanalyse hineinbegeben haben, handlungsfähig zu werden. Es ist vielleicht nützlich, daran zu erinnern, dass es ja unendlich viel moralisch offensichtlich Gutes gibt.

Gert Scobel: Und unendlich viel Gutes zu tun wäre, was wir nicht können.

Markus Gabriel: Richtig. Also hier kommt ein relativ einfacher philosophischer Beweis dafür, dass wir unendlich oft das Richtige tun. Ein Beispiel: Wir sehen ein einjähriges Kind im Kinderbecken, es hat das Gesicht am Boden, ertrinkt also unter Umständen, denn einjährigen Kindern fehlen hier noch Selbstrettungsinstinkte. Wir haben jetzt die Wahl: Gehe ich meine Pommes holen, die sonst kalt werden, oder ziehe ich das Kind schnell raus? Da wird jeder, das sehen wir kulturübergreifend, dem Kind sofort zu Hilfe eilen. Es wäre ja auch bizarr, wenn einer noch darüber nachdenken müsste, Pommes oder Kind, vielmehr springt man los, instinktiv geradezu, und zieht es heraus. Jetzt kann ich unendlich viele Beispiele anführen, die genau so funktionieren. Wie ist es, wenn ich sonst einen Kinofilm verpasse? Auch dann muss ich das Kind retten. Wie ist es aber, wenn da ein Zweijähriges liegt? Ich kann ja die Situation variieren und ohne Schwierigkeit unendlich viele solcher Beispiele aufstellen. Wir sehen jemanden, der auf dem Baum sitzt und gleich runterfällt, daneben steht eine Leiter, und es ist leicht, sie hinzustellen. Sollen wir sie hinstellen? Natürlich! Wir wissen also in unendlich vielen Fällen, was das moralisch eindeutig Richtige, das Gute ist. Allerdings ist das nicht immer so einfach, weil wir uns häufig in Situationen einer Güterabwägung befinden und uns das offensichtlich Gute partiell verborgen ist.

GERT SCOBEL: Wenn wir das Spiel weitertreiben, führt es uns in das Trolley-Problem. In diesem Gedankenexperiment fährt ein Zug auf einem Gleis mit nur einer Weiche, er kann also nur den einen oder anderen Weg nehmen. In der einen Richtung sind nun mehrere Gleisarbeiter, die den Zug nicht hören – also überfahren würden. Auf dem anderen Gleis befindet sich ein ebenso gefährdeter Mensch. Wie soll ich die Weiche stellen? Und jetzt gibt es viele Varianten des Gedankenexperiments – etwa ein dicker Mann oder das eine Kind oder drei alte Leute, deren Tod ohnehin nicht weit ist. Wenn wir solche Fälle weiter konstruieren, die ja eigentlich darauf hinauslaufen, dass ich parallel mehrere Leute retten müsste, was ich aber unter Bedingungen der Endlichkeit nicht kann, dann laufen wir erneut in die Aporie: Wir können mit dieser Pluralität der Problemsituationen nicht klarkommen. Und das bedeutet, dass wir im Extremfall in die Triage-Situation hineingeraten und uns nach irgendeinem Kalkül rot, gelb, grün entscheiden müssen. Andererseits erleben wir in der Corona-Diskussion immer wieder, dass Rankings und Abstufungen zwischen »Grün« und »Rot« verlangt werden. Ist das ein guter Move?

MARKUS GABRIEL: Na ja, es verschärft die Aporie. Man kann leicht Trolley-Szenarien entwickeln, die genuin dilemmatisch aussehen, die also keine ethisch akzeptable Lösung bieten. So ist das ja leider auch mit der furchtbaren Triage, die nach Kriterien arbeiten muss, die sich ultimativ nicht ethisch rechtfertigen lassen. Daraus folgt, dass es moralisch unbedingt geboten ist, Triage zu vermeiden, etwa das Gesundheitssystem so aufzustocken, dass die Ärztinnen solche schrecklichen Entscheidungen nicht treffen müssen.

Wir haben ein Gesundheitssystem, welches das Problem bislang gelöst hat, obgleich es nicht auf Beatmungsgeräte und Intensivbetten für COVID-19-Patienten zugeschnitten ist. Das heißt, zufälligerweise haben wir in Deutschland Institutionen, die den Aufschlag einer Paradoxie auf unser soziales System einigermaßen abgefedert haben. Das ist also gar keine Leistung, für die wir uns auf die Schulter klopfen dürfen, sondern das ist dann wirklich nur Glück. Deswegen haben bei uns in Deutschland vielleicht nicht in dem Sinne, wie man das möchte, im Prinzipiellen Politik oder Politiker entschieden, vielmehr haben das Gesundheitssystem und andere soziale Systeme entschieden.

Aber ich möchte auf deinen Punkt zurückkommen, dass wir durch die aktuelle Ampeldiskussion gesamtgesellschaftliche Triage betreiben. Jetzt nennen wir es geradezu so. Die Ampeldiskussion ist eigentlich eine Triage-Diskussion.

GERT SCOBEL: Das ist Triage light. Und man merkt es nicht so genau, außer am Symbol der Ampel selber.

MARKUS GABRIEL: Das stimmt, deswegen war es besser, in einen zweiten Lockdown (light oder nicht) einzutreten, als ein Ampelsystem einzuführen. Wir sind der Triage zu nahe, um sie mit Ampeln schönzureden. Das Problem ist nur, dass die Wahl eines Lockdowns ebenfalls ein Akt der gesamtgesellschaftlichen Triage, also eine Weichenstellung, ist, weil auch am Lockdown Menschen sterben und andere schwere Schäden erleiden.

GERT SCOBEL: In anderen Situationen, etwa in der Lebensmittelfrage, wären Ampelsysteme hingegen sehr hilfreich, die mit einem Blick erkennen lassen, wie gesund (grün) oder schädlich (rot) ein Lebensmittel ist. Festhalten kann man an dieser Stelle mit Niklas Luhmann, dass und wie sich einzelne Teilsysteme der Gesellschaft, zum Beispiel das Teilsystem Moral, das Teilsystem Recht und das Teilsystem Wirtschaft, zueinander verhalten, wenn es beispielsweise um die Lösung ökologischer Fragestellungen geht.[10] Manchmal koppeln die Systeme sehr eng, das heißt, da ist ein direkter, sehr schneller Einfluss des einen auf das andere System. Manchmal sind sie nur lose gekoppelt. Beispielsweise kann ich demonstrieren, wie ich will: Das hat RWE nicht davon abgehalten, auch jetzt noch mit dem – in meinen Augen sinnlosen – Kohleabbau weiter fortzufahren. Das bestätigt Luhmanns Analyse unterschiedlicher Typen von Kopplung, die im Fall von RWE höchst lose sind. Ganz offensichtlich spielen sich die eigentliche Bewegung und die zentralen Transformationsprozesse da ab, wo sich Interessen und Systeme begegnen, also miteinander koppeln: Und das ist die neue Mitte, die sich in einem Zwischenraum zwischen den unterschiedlichen Positionen bildet oder, wie du gesagt hast, zwischen den Institutionen oder Bürokratien, die jeweils für bestimmte Regeln, Verfahrensweisen und somit für ein bestimmtes Verhalten stehen. Dieser nicht bestimmte Zwischenraum, das *in between*, das ist der Raum, in dem sich Ethik abspielt.

MARKUS GABRIEL: Das würde ich auch sagen, und Luhmann kann das nicht beobachten. Also, Luhmann würde ich wie anderen Denkern – Heidegger beispielsweise – vorwerfen, die Ethik nicht angemessen mitdenken zu können. So wie Heidegger nur Seins-Denker ist und kein Sollen versteht, so ist Luhmann eben nur Soziologe und kein Ethiker. Daraus folgt nicht, dass es keine Ethik gibt, nur, dass Luhmann, der Soziologe, sie nicht erkennen kann.

GERT SCOBEL: Luhmann ist Beobachter.

MARKUS GABRIEL: Genau, er wird nicht müde, das *ad nauseam* einzuschärfen.

GERT SCOBEL: Das ist ja auch völlig in Ordnung, denn das ist zunächst sein Job als Beobachter, als Wissenschaftler.

MARKUS GABRIEL: Ethikerinnen sind auch Wissenschaftlerinnen! Als Sozialwissenschaftler kann Luhmann die Moral ja auch nur dann in den Blick nehmen, wenn sie untersuchbar ist. Er kann nicht zu ihr beitragen. Er kann die Unterscheidung von Gut und Böse oder moralisch richtig oder moralisch falsch usw. beobachten, doch das ist nicht Ethik, sondern eben Soziologie der moralischen Rede oder Moralsoziologie, aber Ethik ist etwas ganz anderes. Das ist schon Nietzsches Fehler, dessen *Genealogie der Moral* eine Ethik der Härte entwickelt.

Dazwischen

GERT SCOBEL: Interessant finde ich, dass in der asiatischen Philosophie dieser Raum der Mitte, das »Dazwischen«, also das, was zwischen den Regeln, zwischen der Pluralität der Menschen, zwischen der Vielfalt der Lebensformen und Positionen steht, eine große Rolle spielt, weil sich dort der zentrale menschliche und philosophische Prozess ereignet. All das spielt sogar in die praktischen Meditationstechniken hinein. Was wir dort – bildhaft gesprochen – verstehen wollen: Was macht diesen Bereich zwischen Aus- und Einatmen aus? Wie ist dieser Moment der Homöostase, so könnte man ihn nennen, also des Gleichklangs, der Mitte zwischen Ein- und Ausatmen, wo alles im Einklang ist? Wo bin ich dann eigentlich? Was oder wer bin ich, wenn ich in der Mitte bin? Einer der großen tibetischen Meister der Gegenwart, Yongey Mingyur Rinpoche, hat unlängst über diesen Zwischenraum, den »space in-between«, geschrieben: den Raum zwischen den Gedanken, Stimmungen, Wahrnehmungen, Dingen oder Personen.[11] Unser Buchcover drückt das aus: Da gibt es hellere und dunklere Wolken – und plötzlich die Öffnung zwischen ihnen. Natürlich bezieht man im Buddhismus dieses Bild auf die Wolken der Gefühle und Gedanken, die man in der Meditation vorbeiziehen lässt. Dabei klärt sich das Bewusstsein, und man lernt, die Zwischenräume wahrzunehmen und zu kultivieren, also die Zustände, in denen wir uns zwischen verschiedenen Zuständen befinden. Mingyur Rinpoche sagt, dass uns diese Fähigkeit in der Moderne häufig fehle. Wir haben den Blick verloren für das, was sich zwischen uns abspielt, für die Räume ohne Bewertung, die wolkenlosen, klaren Zustände, in denen wir nur wahrnehmen und weder etwas wollen noch etwas nicht wollen. Ich frage mich, ob eine solche Haltung und Übung des Geistes überhaupt im Westen verankert ist. Immerhin können wir auch da wieder auf Aristoteles zurückgehen …

MARKUS GABRIEL: Aristoteles nennt dies *to metaxy*, das Zwischen. Im Hintergrund steht die tiefer greifende Überlegung Platons. Platon nennt das Zwischen *chôra*, Raum, in dem man sich befindet, und der Raum ist keiner der Dinge, die sich in ihm befinden. Deswegen ist der Ort z. B. nicht die Wiese. Denn die Wiese befindet sich ja auch irgendwo. Das konfrontiert Platon mit dem folgenden Problem: Das Gute, sagt er, ist das Eine, das absolut Bestimmte, Präziseste überhaupt. Das ist die berühmte »Idee des Guten«, die er in der *Politeia* aufruft. Nun ist es aber so, dass dieses Eine genau dieselbe Form hat wie die *chôra*, das Zwischen: nämlich keine. Das ist in seiner höchsten Präzision auch keines der Dinge, die es gibt. Der Ort, an dem dasjenige auftaucht, was existiert, ist selbst kein weiteres Existierendes, so Platons Grundidee. Bei Platon fallen letztlich die maximale Präzision und die maximale Unschärfe zusammen, was der Ursprung der Lehre von der *coincidentia oppositorum*, des Zusammentreffens der Gegensätze, ist.[12]

GERT SCOBEL: Weil sie völlig von allem abgekoppelt sind.

MARKUS GABRIEL: Genau, beide sind das Absolute, sowohl das unbestimmte Viele der *chôra* als auch das präzise Eine der Idee des Guten.

GERT SCOBEL: Wenn es nur das Eine gibt und nichts anderes, kann ich keine Unterscheidung machen. Es wäre dasselbe wie »nichts«. Das ist, mythologisch, der Ursprung.

MARKUS GABRIEL: Genau. Mutter und Amme aller Dinge, heißt es im *Timaios*, ist die Materie. Materie kommt ja von *mater*, also von der Mutter, von der bei Platon die Rede ist. Das Gute und die Materie koinzidieren bei Platon am Ende, obgleich er das eigentlich nicht wollte. Wir sind notwendigerweise im Guten, aber das Gute ist in dem Zwischenbereich, den wir nicht sehen können, wenn wir nur auf die Dinge schauen. Das ist ein Problem für uns, weil der Blick, mit dem wir auf die Dinge schauen, zum Beispiel der der Statistik, alles verdinglicht, etwa aus Menschen Infektionspunkte in epidemiologischen Modellen macht. Statistik gibt es nur, wenn wir Daten haben. Daten sind Messeinheiten, in die Dinge involviert sind. Aber Daten reduzieren die Wirklichkeit, modifizieren sie, deswegen ist es ein Akt extremer Entfremdung, wenn sich die Gesellschaft jetzt als Austragungsort eines Infektionsgeschehens sieht.

Gert Scobel: Dinge werden mit Hilfe von Modellen, die wir erfinden, übersetzt in Informationen, die wir als Daten verarbeiten.

Markus Gabriel: Ganz genau. Da braucht man erst mal Dinge. Aber bei dem »Zwischen« der Ethik sind wir in einem Bereich, der wesentlich nicht verdinglicht ist. Deswegen kann man ja aus der Optik des Guten, wenn man mit dem Blick des Guten auf die Wirklichkeit zu schauen versucht, zum Beispiel in der Kritischen Theorie, den Verdinglichungsvorwurf erheben. Warum ist das überhaupt ein Vorwurf? Man sagt, die Fabrik verdinglicht den Arbeiter. Da kann man sagen: Na und? Dafür gibt es Geld, eine Mittagspause, machen wir halt die Arbeitsbedingungen gerechter. Das wäre eine lockere Antwort auf den Verdinglichungsvorwurf. Aber der Sozialismus und die auf ihm aufbauende Sozialdemokratie hat ihn erhoben, weil die Arbeitsbedingungen in der Industrialisierung in jeder Hinsicht nicht akzeptabel waren, also hat man sie verbessert.

Warum ist eigentlich der Vorwurf, etwas sei verdinglichend, ein Problem? Wir diskutieren zum Beispiel: Darf Frauen auf der Straße hinterhergepfiffen werden, oder ist das qua Verdinglichung schon eine Art und Weise, wie bestimmten Menschen in Deutschland, meistens Frauen, das Leben zur Hölle gemacht wird, weil sie sich auf der Straße nicht mehr sicher fühlen können? Ein Mal in meinem Leben konnte ich das persönlich nachvollziehen, also auch empfinden, was Frauen häufig durchmachen müssen. Es war ein schöner Sommertag in Rio de Janeiro, ich fahre Rollerblades an der Copacabana, wo neben mir eine mehrspurige Straße entlangläuft und sich Auto an Auto staut. Zum Glück kann ich Portugiesisch, das hat mir in dem Fall vielleicht sogar das Leben gerettet. Da fährt ein Pick-up-Truck mit zwei hochmuskulösen, wirklich gefährlich aussehenden Kerlen auf mich zu, die mir aus dem Auto erst mal hinterherpfeifen und rufen »So ein hübscher Hintern« und direkt planen, mich jetzt ins Auto zu zerren und zu vergewaltigen. Einfach so, um 11 Uhr mittags. Ich bin mit meinen Rollerblades schnell umgekehrt, die standen ja im Stau, sodass ich leicht, aber mit klopfendem Herzen davongekommen bin. Da habe ich zum ersten Mal verstanden, wie es ist, wenn man sexuell verdinglicht wird und dass so etwas zum Alltagsleben eines großen Teils der Menschheit, der Frauen, gehört. Und auch wenn man nicht in das Körperschema dieser Räuber fällt, wird man verdinglicht, wird vielleicht sogar dafür noch beschimpft und zusätzlich gedemütigt, noch nicht einmal von dieser Gewalt betroffen zu sein, eine Metagewalt. Über all diese Verformungen reden wir viel zu wenig. Dafür brauchen wir dringend einen humanistischen, nicht nur feministischen Diskurs, damit wir zur Kenntnis nehmen, unter welchen Bedingungen Menschen alltäglich verdinglicht werden.

Gert Scobel: Wobei in dem Fall ja sehr klar wäre, wie gutes Handeln aussieht, nämlich eine Vergewaltigung zu verhindern.

Hinterherpfeifen ist Gewalt, die auf Verdinglichung beruht. Der Raum, der zwischen uns Menschen ist, sollte frei von all dem sein. Und das heißt: Der Bereich *in between* wird nicht bestimmt, sonst würde man ihn ja wieder einem System zuschlagen. Der Zwischenraum, in dem wir uns alle bewegen, das feine Gewebe des Miteinanders, das zwischen uns liegt, wird also nicht »objektiviert« und verdinglicht. Dann ist dieses Nicht-Bestimmen, das freie Inter-esse, ein fundamentaler Zustand nicht nur des In-der-Welt-Seins, sondern insbesondere auch des ethischen Verhaltens.

Markus Gabriel: Dann können wir aber jetzt feststellen, dass wir den folgenden Ethikfehler häufig begehen: Wir glauben, das Dazwischen messen zu können. Heute liegen ja anderthalb Meter zwischen uns – als ein Maß des ethisch richtigen Abstands, was aber eine Illusion ist. Wir haben die 50-auf-100 000-Infektionen-Zahl, die eine gewisse Rolle spielt, und die obligatorischen anderthalb Meter. Für diese Zahlen gibt es natürlich medizinische, virologische und epidemiologische Gründe. Aber es ist doch interessant, dass wir das Dazwischen jetzt verdinglichen. Wir verdinglichen gerade in der Corona-Pandemie unsere Sozialbeziehungen auf eine zuvor nicht da gewesene Weise, indem wir uns als Dinge in mathematischen Modellen betrachten. Die anderthalb Meter Abstand sind eine Sicherheitsmaßnahme, also sagt der Rechtsstaat: Haltet Abstand!

Gert Scobel: Was wieder ein statistisches Argument ist: Wenn möglichst viele Leute diese anderthalb Meter einhalten, kommt es im Schnitt zu weniger Erkrankungen.

Markus Gabriel: Dieses Urteil haben wir kollektiv gefällt. Ist es also eine ethisch vertretbare sachdienliche Verdinglichung von Sozialbeziehungen, wenn es uns wichtiger ist, die Corona-Pandemie durch diese statistische Methode zu bekämpfen, als dass Menschen sich näher kommen?

Gert Scobel: Na ja, der klassische Zug in der Ethik wäre, zu sagen: Ich muss Mittel und Zweck bedenken. Das Hinterherpfeifen ist letztlich ein Mittel, dich in ein System zu zwängen, das am Ende vielleicht mit einer Vergewaltigung endet – eine moralisch schlechte Mittel-Zweck-Relation. Dass wir den Abstand halten, dient dazu, möglichst viele Leben zu schützen. Wir können uns, glaube ich, darauf einigen, zu sagen, Leben zu schützen ist ein gutes Motiv. Und ein gutes Motiv ist es doch, möglichst viele Leben zu schützen.

Markus Gabriel: Genau.

Gert Scobel: Aber wie ist es dann mit Geschwindigkeitsbegrenzung auf der Autobahn? Da machen wir das nicht.

Markus Gabriel: Ja, hier gehen wir extrem viele Todesrisiken ein und tun keineswegs in allen relevanten und bekannten Hinsichten das offensichtlich Richtige.

Gert Scobel: Der gesamte Klimawandel belegt das. Wir lassen zu, dass die Belastung durch Stickoxide, Feinstaub und CO_2 wächst und nachweislich Hunderttausende Menschen tötet. Wir wissen, dass insbesondere die Agrarwirtschaft nachweislich einen viel höheren Impact hat als der gesamte Straßen- und Luftverkehr zusammen. Trotzdem handeln wir nicht.

MARKUS GABRIEL: Und entgegen einigen Hoffnungen haben wir auch durch die Lockdown-Maßnahmen in der Pandemie im Jahr 2020 die Klimabilanz der Menschheit nicht in einen akzeptablen Bereich gedreht – längst nicht.

GERT SCOBEL: Und die Zeit, die wir zu Hause waren, haben wir mit der hochenergieintensiven Industrie der Streamingdienste verbracht, die dazu geführt hat, dass an einer anderen Stelle die CO_2-Belastung gestiegen ist. 2 Prozent Reduktion durch den nahezu völlig ausgesetzten Flugverkehr: Das war erschreckend wenig.

MARKUS GABRIEL: Und wir diskutieren ernsthaft, ob wir digitale Endgeräte – iPads – an Schülerinnen und Schüler verteilen sollen, und übersehen dann, dass man das nicht ein für alle Mal tut, denn das iPad ist in spätestens zwei Jahren Schrott. Dann kommt eine politische Ankündigung, und man fragt sich: Wie wird sie auf die Straße gebracht? Gibt es jetzt an den Schulen einen Raum, wo sich die iPads stapeln und abgeholt werden können?

Hier kommen Teilsysteme wieder in aporetische Lagen. Es ist ja fraglich, ob wir auf diese Weise die digitale Ungerechtigkeit auflösen oder nicht eher das Gegenteil von dem erreichen, was wir zu erreichen glauben, nämlich digitale Bildung.

Langer Rede kurzer Sinn: Unsere Reaktion auf die Corona-Pandemie hat neue Pathologien und soziale Widersprüche generiert. Nun zeigt sich, dass die Teilsysteme der Gesellschaft nicht gerade optimal koordiniert sind. Jede und jeder kann aus seinem Alltag berichten, dass etwas schiefläuft.

Gert Scobel: Die durch SARS-CoV-2 ausgelöste Krankheit ist auch eine soziale und nicht nur eine körperliche. Insofern reagieren verschiedene Sozialsysteme auch unterschiedlich. Im Fall der Pandemie ist der Zwischenraum ein anderer, als wenn ein Verletzter und ich in eine direkte Interaktion treten, denn er stellt sich erst über einen Akt des Denkens, kognitiv, her. Ähnliches gilt, wenn ich mir Folgendes überlege: Dieses Hemd ist irgendwo gemacht worden. Wo kommt das her? Ich schaue mir das Schild an, lese Bangladesch oder Türkei oder »Made in the EU«, das liest man ja wieder häufiger. Dann ist der nächste Schritt, zu überlegen: Wie wird dieser Raum zwischen mir und dem Produkt gefüllt, unter welchen Bedingungen wird da gearbeitet? Unter welchen Bedingungen kommt es über das Produkt zu einer Interaktion zwischen mir und diesen anderen Menschen? Dieser Raum zwischen uns, wie du ihn bestimmt hast, ist ja unter anderem auch der Raum ethischen Verhaltens, der Raum, in dem ethische Kategorien relevant werden. Den stelle ich aber nicht unmittelbar her, sondern nur durch einen Akt der Vorstellung oder des Denkens – was es im Übrigen ja so schwer für die ökologische Bewegung gemacht hat und mit der Klimakrise bis zum heutigen Zeitpunkt noch viel schwerer macht, dass viele Menschen sich diesen Zwischenraum nicht vorstellen können. So glauben wir doch, der Raum zwischen uns und der Zerstörung der Umwelt, die nicht nur andere Lebewesen, sondern auch uns selbst in den Ruin treibt, würde noch Jahrzehnte, wenn nicht sogar Jahrhunderte überspannen. Deshalb glauben wir, nicht handeln zu müssen, und verkaufen weiter SUVs, die im Jahr 2019 20 Prozent des Gesamtumsatzes der Autoindustrie ausgemacht haben. Also offensichtlich spielt bei der Bestimmung des Zwischenraums die Fantasie eine große Rolle.

Mir ist noch eine weitere Überlegung für unseren Zwischenraum wichtig: Der Raum der Unterscheidung selbst, also der Raum, in dem Unterscheidungen gezogen werden können, und sei es die allererste, die überhaupt jemals jemand zieht, dieser Raum ist zunächst selbst nicht unterschieden. Erst die Unterscheidung von Innen, Grenze und Außen sondert ein Etwas als Einheit von allem Anderen um es herum ab. Das ist das, was Niklas Luhmann »System«, »Umwelt« und »Grenze« nennt. Eine entscheidende Frage ist ja: Gehört die Grenze zum System oder zur Umwelt? Bei Luhmann bildet sie die Form, die Einheit des Systems und seiner Unterscheidung von der Umwelt. Folglich gehört die Grenze für ihn zum System.

Markus Gabriel: Nehmen wir mal an, ich hätte wirklich einen vollständig leeren Raum, und ich ziehe die überhaupt allererste Unterscheidung.

Gert Scobel: Damit teile ich den noch ununterschiedenen Raum ein. Das ist genau das, was Spencer Brown sagt und wofür er den Operator der Unterscheidung erfunden hat – das Symbol unseres ersten Kapitels.

Wir ziehen eine Unterscheidung ein: Damit beginnt alles Denken. Und sogar das Leben, denn auch eine Zelle muss Innen und Außen unterscheiden.

Markus Gabriel: Genau, und bei der ersten Unterscheidung ist es ja so, dass der Raum selbst davon unterschieden ist, dass in ihm jetzt Unterschiedenes ist.

Gert Scobel: Ja, es gibt zunächst einen leeren oder unmarkierten Raum, wie Spencer Brown sagt. In diesen trage ich eine Unterscheidung hinein: Ich markiere einen neuen Raum, ein System, durch eine Grenze. Das sind dann zwei verschiedene Räume: das System und seine viel komplexere Umwelt, die ich nicht wirklich beobachten kann, weil sie nicht unterschieden ist. Ich habe dafür also keine Begriffe, die ja auf Unterscheidungen beruhen.

Markus Gabriel: Es sind zwei verschiedene Räume. Und was ist der Raum, in dem der Unterschied gezogen wird, zwischen dem leeren Raum und dem Raum, in dem etwas unterschieden ist? Ich will sagen: Es gibt keine allererste Unterscheidung, weil diese bereits die Unterscheidung der allerersten Unterscheidung vom Ununterschiedenen voraussetzt. Hier wiederholt sich unser Anfang, der darin besteht, dass man nicht anfangen kann, sondern allenfalls loslegen, und zwar inmitten der Dinge.

Gert Scobel: Ich habe durch die Unterscheidung ja eine weitere Kategorie eingeführt: die Grenze. Sie macht die Einheit der Form aus, denn durch die Grenze bringe ich diese beiden voneinander unterschiedenen Räume zusammen. Diese Kategorie war vorher noch nicht benannt.

Markus Gabriel: Also gibt es einen Raum, in dem ich unterscheide zwischen dem leeren und dem eingeräumten Raum. Gibt es noch einen Raum, der schon die ganze Zeit da ist, der sozusagen im Hintergrund bleibt, so eine Art ultimativer Hintergrund, der nie zum Vordergrund werden kann? Gibt es einen solchen Urraum, oder entsteht dieser nicht paradoxerweise retroaktiv durch die Spaltung, durch die der leere Raum und der eingeräumte Raum zu verschiedenen Räumen werden?

Gert Scobel: Ich springe jetzt von der philosophischen oder logischen Ebene auf die naturwissenschaftliche Ebene. Da ist der Fall relativ klar: Wenn ich beispielsweise den Raum meines Genoms mit dem Raum der Möglichkeiten des Ablesens dieses Genoms oder dem des Übersetzens meiner DNA in Proteine verbinde und diesen Raum verändere, verändere ich das Lebewesen.

Die Veränderung von Information kann tatsächlich unterschiedliche Lebensformen, Lebewesen entstehen lassen. Da macht also der Unterschied, den ich in diesen neuen Raum der Möglichkeiten einführe, einen solchen Unterschied, dass dadurch tatsächlich etwas Neues entsteht und die Welt eine andere ist als zuvor. Denn durch die Veränderung ist ein anderes Lebewesen entstanden, das auf eine neue, unvorhergesehene Weise in seine Umwelt eingreift und damit unter Umständen, so wie Ameisen oder wir, den gesamten Planeten verändert.

Markus Gabriel: Wenn sich diese Architektur, die wir jetzt aus deinem Beispiel entnehmen können, ontologisch abbilden ließe, würde das bedeuten, dass das Absolute eine Geschichte hat. Das Absolute wäre dasjenige, was von allen Unterscheidungen frei ist. Doch wie, wenn das Absolute in die Geschichte verstrickt wird?

Gert Scobel: Und nicht mehr zurückkann.

Markus Gabriel: Wenn es hineingezogen wird …

Gert Scobel: Wenn es einmal passiert ist …

Markus Gabriel: Ja, das sind natürlich immer noch zwei Modelle, die wir einfach der Philosophie entnehmen können.

GERT SCOBEL: Interessanterweise behauptet das Christentum ja, dass in Jesus das Absolute, Gott, kontingent, nämlich Mensch geworden ist. Die traditionelle religiöse Antwort lautet: Am Anfang schuf Gott Himmel und Erde. Das heißt, Gott führt eine Unterscheidung ein, und indem er diese Unterscheidung einführt, lässt er das, was vorher unbestimmt war, das Tohuwabohu oder Chaos, zu Erde und Meer, Himmel und Erde usw. werden. Die Dinge werden durch Unterscheidungen. Und indem sie voneinander unterschieden werden, wird das, was sie sind, klar.

MARKUS GABRIEL: Dann frage ich natürlich jetzt sofort: Was war Gott davor, und warum hat er so lange gebraucht, nämlich unendlich lange, bis er das mal gemacht hat?

GERT SCOBEL: Interessant ist aber doch die Feststellung: »Und Gott sah, dass es gut war.« Das heißt, die Ansicht, die Platon vertritt, dass wir immer schon im Guten sind, spiegelt sich auch im Schöpfungsmythos wider. Ich habe eine Unterscheidung gemacht zwischen Himmel und Erde, und siehe: Sie war gut.

MARKUS GABRIEL: Richtig, da ist das Gute! Das Gute erscheint sozusagen noch im Hintergrund des Horizonts, es gibt ihn frei. Die Erfahrung des Horizonts findet man ja in vielen Theogonien und Kosmogonien: Die Dinge sind in einem Zwischenbereich, zwischen Himmel und

Erde, gleichsam wie auf einer Bühne verortet. Diese Bühne entsteht durch eine Spaltung von Himmel und Erde, die völlig grundlos ist, da ihr nicht noch einmal eine Spaltung des Ungespaltenen vorausgeht. Es geht los, das ist alles.

Aber die Erfahrung des Horizonts, wenn der Mensch sich inmitten der Kreisläufe des Lebens zwischen Himmel und Erde verortet, bringt doch auf philosophische Weise eine menschliche Urerfahrung zum Ausdruck.

GERT SCOBEL: Wir haben interessanterweise ja zwei – wie soll ich sagen? – Haupttheorien der Entstehung von Unterschieden. Die eine bezieht sich auf die prozesshaften Unterschiede, wo Unterscheidungen sich durch Unterscheidungen und Rückkopplungen von Unterscheidungen immer weiter entfalten. Die andere Theorie fokussiert von vornherein zwei Prinzipien, also ein Prinzip des Lichts und des Dunkels, des Guten und des Bösen, wie auch immer man die Pole nennen mag. Die Räume des *in between* werden damit verengt. Zwischen den beiden, die aufeinanderprallen wie Gut und Böse, Licht und Dunkel, entsteht überhaupt erst das, was wir »die Welt« nennen. Aber die Pole bleiben auf ewig Gegenspieler. Dieser Kampf wird nie entschieden werden. Während sich in der anderen Version der prozesshaften Unterschiede alles, was sich weiterentwickelt, in *einem* einzigen Prozess entwickelt. Da gibt es keine ursprünglichen Gegenspieler.

Markus Gabriel: Und die Frage, die wir nicht unterschätzen sollten, ist an dieser Stelle die Frage nach der Dialektik. Es kann verschiedene Modelle der Dialektik geben, das berühmte Hegel'sche ist ja nur eines, und eine Dialektik wäre der Gedanke, dass der Raum, in dem unterschieden wird, selbst eine Geschichte hat, evolviert, neue Gestalten hervorbringt, nur deswegen, weil das Dazwischen hineingezogen wird.

Gert Scobel: Das spricht doch sehr für das, was wir im Buchtitel formulieren, nämlich die Radikalität eines Bereiches des Zwischen, einer offenen Mitte, die es offen zu halten gilt, statt diesen Freiraum, die Noch-nicht-Entschiedenheit, gleich wieder zu bestimmen und festzulegen. Es geht darum, nicht sofort zu sagen: Diese noch nicht bestimmte Mitte zwischen Menschen, dieser freie Raum zwischen Menschen ist beispielsweise bestimmt durch männlich und weiblich. Stattdessen sollten wir sehen, dass es mehrere Möglichkeiten gibt, dieses Dazwischen zu bestimmen. Daher besteht die Radikalität darin, der Versuchung zu widerstehen, den Zwischenraum sofort zu füllen, diese Mitte also frei zu halten für mehr und andere Möglichkeiten.

Markus Gabriel: Genau, der Genderdiskurs hat uns gelehrt, dass es diverse Menschen gibt sowie ein offenes Ende sexueller Selbstbestimmung, was der Stern oder das Plus in der LGBTQ+-Reihe andeutet. Der Genderdiskurs ist moralischer Fortschritt, indem er uns lehrt, dass es einen offenen Raum gibt, der unseren Wunsch nach Eindeutigkeit beschränkt.

Gert Scobel: Das ist Fortschritt, aber an anderer Stelle wird genau dieser Fortschritt wieder zunichtegemacht, wenn es beispielsweise um die Gleichheit der Löhne geht, die seit den späten Siebzigerjahren juristisch verankert ist, sich aber selbst öffentlich-rechtliche Unternehmen, die ja nun maximal den Gesetzen des Staates verpflichtet sind, einfach nicht daran halten. Und jetzt versuch mal, das einzuklagen. Bis heute gibt es Klagen, die noch anhängig sind und nicht beschieden wurden, obwohl das Ergebnis doch klar sein sollte.

Markus Gabriel: Und damit sind wir wieder in der Ethik. Wir wissen ja, das hat mit der Bias-Diskussion zu tun, die uns darüber aufklärt, dass guter Wille nicht reicht, weil es zu viele Vorannahmen gibt, die wir nicht bewusst tradieren. Ein Bias ist ein tief sitzendes Vorurteil, ein Denk- und Urteilsraster, das uns zu Fehlschlüssen verleitet, die wir nicht bemerken. Damit haben wir es zu tun.

Gert Scobel: Also mit unseren Vorurteilen, Voreinstellungen.

Markus Gabriel: Genau, mit allerlei Dingen, die man wiederum komplex erforschen kann. Wir versuchen das im Moment mal wieder irgendwie statistisch zu lösen. Dann denkt einer, es muss die Quote her oder irgendeine Methode, ein eindeutiges Maß.

Gert Scobel: Ja, um ein Ungleichgewicht, in dem Fall zwischen Männern und Frauen, in ein gerechteres Gleichgewicht zu bringen. Und wenn das durch freiwillige Regulierung nicht geschieht, muss ich wieder eine Unterscheidung, in dem Fall eine Grenze, einführen, um es zu beeinflussen.

Markus Gabriel: Richtig. Aber das ist jetzt, um auf das zurückzukommen, was wir die Aporie der Demokratie genannt haben, wieder der Versuch, eine freilich nicht völlig willkürliche Zahl an etwas Sinnvolles zu heften. Dennoch wirft sie erneut die Frage auf: Haben wir jetzt nicht wieder unsere Sozialbeziehungen verdinglicht? In der Diskussion über eine Frauenquote höre ich nicht selten das Argument, »Ich möchte aber nicht einen Job haben wegen der Quote«. Es gibt eben auch andere Lösungen, etwa die Schaffung neuer Jobs, für die nur Frauen in Frage kommen, um so die Statistik zu verbessern, bis wir mehr Ausgleich haben. Wenn wir dann einmal ein Gleichgewicht erzeugt haben, verschwindet langsam der Bias aus der weiteren Auswahl. Heißt: Man kann Gleichgewichte auch herstellen, ohne den männlichen Bewerbern zu schaden.

Gert Scobel: Die gleiche Erfahrung mache ich in meinen Sendungen. Das hat jetzt in den letzten Jahren nachgelassen, aber noch vor zehn Jahren, als wir uns sehr stark bemüht haben, mehr Wissenschaftlerinnen in die Sendungen zu bringen, war interessanterweise gerade von emanzipierten Frauen ganz oft der Satz zu hören: »Sie rufen mich doch jetzt nur an, weil Sie eine Frau in der Sendung haben wollen.« Ja, ich will auch eine Frau in der Sendung haben, um der Gerechtigkeit willen. Aber das ist nicht der Hauptgrund, warum ich anrufe. Also sage ich: »Vor allem will ich Sie in der Sendung haben, weil Sie eine kompetente Gesprächspartnerin sind.«

MARKUS GABRIEL: Für die Demokratie ist es wichtig, dass wir zumindest die Frage diskutieren, welches Maß an Rationalität wir ihr zutrauen. Die schlechteste Position scheint mir, die Demokratie oder auch den demokratischen Rechtsstaat einfach als zufälliges, uns überliefertes Produkt wahrzunehmen. Dann müssten wir uns doch auch fragen, warum nicht gleich ein System wie in China?

GERT SCOBEL: Die Frage wird ja immer häufiger gestellt. Die Antwort darauf ist: Dann lasst uns doch bitte einen möglichst objektiven Systemvergleich machen. Und der muss komplex sein, also alle Aspekte berücksichtigen. Ich gründe eine Expertengruppe, in der Ökonomen, ein paar Juristinnen und Politikwissenschaftlerinnen sitzen, um schließlich sämtliche Ergebnisse zu quantifizieren. In genau diese Richtung des Controllings und Regierens nach Zahlen läuft ja ein Großteil der Diskussionen. Unsere Analyse ist, dass eine solche Festlegung durch Kennzahlen nicht überall angemessen ist und in eine völlig falsche Richtung führen kann. Das Gegenteil zu unserer Position wäre weiter die Verdinglichung der vielen Stimmen unter eine Stimme, die nicht mehr kritisiert werden kann, nämlich die Stimme der Partei – und das ist das chinesische Modell.

MARKUS GABRIEL: Eine Expertenrunde an die nächste zu reihen, löst das Problem nicht, solange wir uns nicht grundsätzlich klarmachen, warum der demokratische Rechtsstaat aus ethischen Gründen besser ist als eine Einparteiendiktatur. Die Ethik geht hier voran. Doch sie muss ihrerseits in transdisziplinäre Diskurse eingebettet sein, sodass wir statt einer Expertenrunde vielmehr eine demokratische Selbstverständigung haben, die immer größere Kreise zieht, ein Kreis von Kreisen, wie Hegel diese Struktur genannt hat.

GERT SCOBEL: Es wird ja noch komplizierter oder noch verrückter: Wenn ich solche Entscheidungen in Expertengruppen nur dann treffen kann, wenn ich möglichst viele Daten verarbeite, komme ich geradezu automatisch dahin, Algorithmen laufen zu lassen, die Muster in dem Meer der Daten entwickeln, und ich delegiere meine Stimme statt an den Expertenrat nun an einen Algorithmus. Was Auswertung und Schnelligkeit von Datenauswertung angeht, sind uns Maschinen in vielerlei Hinsicht überlegen. Das delegiere ich. Ob ich dann aber noch weiß, wie der Entscheidungsalgorithmus eigentlich funktioniert, den ich mit vielen Daten trainiert habe, ist eine ganz andere Frage. Da sind wir jetzt beim Thema lernfähige Algorithmen, aber das können wir uns auch für später noch aufheben.

MARKUS GABRIEL: Wir lassen Maschinen entscheiden.

GERT SCOBEL: Genau, und haben uns damit verdinglicht.

MARKUS GABRIEL: Manche sagen sogar: Wenn die Maschinen gegen uns entscheiden sollten, ist das eine gute Entscheidung. Dem müssten wir ja dann zustimmen. Das wäre sozusagen noch schlimmer als eine Diktatur, die vollständige Selbstunterwerfung des Menschen unter seine Produkte, purer Fetischismus.

Sensus communis

GERT SCOBEL: Ethik braucht Theorie, denn Ethik ist kritische Reflexion über moralisches Verhalten. Theorie wiederum ist die Kontrolle über Unterscheidungen. Was sind Unterscheidungen? Es sind die Grundhandlungen überhaupt, im Denken wie im Leben. Unterschiedliche Organismen entstehen, weil sich Zellen voneinander unterscheiden und differenzieren. Theorien treffen begriffliche Unterscheidungen. Und weiter zu denken bedeutet, klarer, feiner zu unterscheiden. Ich selber unterscheide mich von anderen Menschen nicht zuletzt dadurch, dass ich das eine tue und das andere gerade nicht. Unterscheidungen, sagt Kant, machen den Verstand aus, denn Verstand ist das Vermögen, aufgrund von Unterscheidung richtig urteilen zu können.[13] An diesem Punkt waren wir eben: Was bedeutet es, immer weiter zu unterscheiden? Vernunft, oder was wir so nennen, bringt sich durch immer weitere, feinere Differenzierung ins Spiel. Hannah Arendt beschreibt das in ihrem Buch über das Urteilen so: »Nachdem Kant das Geschäft der Kritik beendet hatte, waren aus seiner Sicht zwei Fragen übriggeblieben – Fragen, die ihn sein Leben lang beschäftigt hatten und deren Beantwortung er aufschob, um zunächst das voll zu klären, was er ›den Skandal der Vernunft‹ nannte: die Tatsache, dass die Vernunft sich selbst widerspricht oder dass das *Denken* die Grenzen dessen, was wir *wissen* können, übersteigt und sich dann in seinen Antinomien verfängt.«[14]

Die Aufklärung nach französischem Vorbild, so haben wir es heute Morgen festgestellt, das heißt die Vorstellung, Aufklärung lasse sich so formalisieren, dass man sie letztlich digitalisieren kann, entspricht nicht dem Gedanken der Aufklärung in einem umfassenderen Sinn. Diese Vorstellung führt leider dazu, dass die Vernunft sich selbst zerlegt und dabei in Antinomien gerät, insbesondere in der Ethik. Sie gerät in Probleme, die sie selber erst mal nicht lösen kann.

MARKUS GABRIEL: Eine Aporie haben wir bereits benannt, die *Aporie der Expertenrunde*. Und jetzt stecken wir in diesem Begründungszirkel fest. Also haben wir verschiedene Versuche diskutiert, der Aporie durch Outsourcing des Problems an den Begriff der Institution zu entrinnen: Möglichst viele Expertenrunden sollen das Problem irgendwie beheben. Diese Aporie müssen wir im Auge behalten. Meines Erachtens löst man sie auf, indem man ein Zwischen, ein *metaxy*, einführt, also einen Entscheidungsraum, etwa das Parlament oder die öffentliche Debatte, in dem wir neue Perspektiven berücksichtigen, die kein Experte bisher vor Augen hatte. Doch letztlich brauchen wir Wahrheit und Wirklichkeit, und damit auch die Expertinnen.

Jetzt kommt wieder Kant ins Spiel mit dem Begriff der *Antinomie*, und in der Tat fasst ihn Hannah Arendt sehr gut zusammen, wenn sie darauf setzt, dass sich bei Kant alles um diesen Unterschied zwischen dem Denken und dem Erkennen dreht – ein Rätsel, das in der gegenwärtigen Kant-Forschung viel diskutiert wird.

GERT SCOBEL: Was Kant meint, ist, dass keine unserer Vorstellungen unmittelbar »auf den Gegenstand geht«. Das bedeutet, dass jedes unserer Urteile nicht unmittelbar zustande kommt, sondern immer eine »mittelbare Erkenntnis eines Gegenstandes« darstellt. Generell bringen wir in einem Urteil das, was für vieles gilt, also eine Reihe von Eigenschaften, unter eine »gegebene Vorstellung«, die dann etwas, zum Beispiel einen Gegenstand, bezeichnet. Urteile sind für Kant daher »Funktionen der Einheit unter unseren Vorstellungen«. Wir ziehen viele Vorstellungen und Erkenntnisse »in einer zusammen. Wir können aber alle Handlungen des Verstandes auf Urteile zurückführen, so daß der *Verstand* überhaupt als *ein Vermögen zu urteilen* vorgestellt werden kann.«[15]

MARKUS GABRIEL: Verstand ist das Vermögen, und das Denken ist Urteilen, beide beziehen sich dabei auf die Anschauung, in der sie gründen, also in einem unmittelbaren Wirklichkeitskontakt, den Kant übrigens keineswegs bestreitet. Jetzt gibt es für Kant das folgende Problem: Wir können über etwas urteilen, ohne das Urteil in seinem Wahrheitswert, also als wahr oder falsch, überprüfen zu können. Urteile, die wir überprüfen können, sind Erkenntnisurteile. Das ist Erkenntnis bei Kant, wenn ich Wissensansprüche erheben kann. Wissen definiert er als »das sowohl subjektiv als auch objektiv zureichende Fürwahrhalten«. Subjektiv zureichend heißt so viel wie: Ich habe meinerseits alles getan, um herauszufinden, wie sich die Wirklichkeit verhält. Objektiv zureichend ist: Es ist so, und ich habe die faktisch nötige Evidenz. Viele Fragen, insbesondere die großen metaphysischen, sind für Kant nicht mit Wissen beantwortbar. Wir denken weiter, als unser

Wissen reichen kann, ist eine Hauptthese von Kant in seiner *Kritik der reinen Vernunft*.

GERT SCOBEL: Aber ich kann nicht entscheiden, ob ich sie richtig gedacht habe.

MARKUS GABRIEL: Genau, das reine Denken führt in unentscheidbare Antinomien, das ist der Witz seiner drei Kritiken.

Kant hat eine ganz andere philosophische Arbeitsteilung als die, an die wir heute gewöhnt sind. Aber nehmen wir mal an, die *Kritik der praktischen Vernunft* ist so etwas wie eine Grundlegung dessen, was wir heute eine Ethik nennen. Dann würde Kant uns vielleicht dort auf eine Dialektik verweisen. Eine Dialektik gibt es bei Kant immer dann, wenn das Denken in entscheidenden Fragen nichts mehr erkennen kann, und vielleicht befinden wir uns heute in der Lage, dass wir wissenschaftlich schlicht mehr wissen, und zwar auf allen Gebieten. Insbesondere durch den naturwissenschaftlich-technologischen Fortschritt, aber auch durch andere geistes- und sozialwissenschaftliche Fortschritte sind wir in eine Lage gekommen, die du eingangs schon beschrieben hast, dass wir bei möglichst vollständig zugänglichen Darstellungen des Wissensstands der Faktenlage – dein Beispiel war Atomkraft – immer noch nur denken können, aber nicht erkennen.

Gert Scobel: Wir können keine klare Entscheidung treffen, wie wir richtig handeln sollen – etwa mit Blick auf die Corona-Pandemie in Bezug auf die Schul- und Kitaöffnungen.

Markus Gabriel: Selbst wenn wir uns über die Faktenlage einig sind. Daran ändert sich in den unzähligen Runden aporetischer Debatten bisher nichts, denn die Öffnung von Bildungsangeboten für Kinder, auf die sie ein Recht haben, sollte man eigentlich nicht diskutieren, sondern umsetzen, was einen Preis, nämlich Infektionen, hat. Hier bedarf es eines ethischen Urteilens.

Gert Scobel: Ist das ein qualitativ neues Phänomen? Meine These wäre tatsächlich, zu behaupten: Das ist ein spezifisches Signum unserer Zeit, das mit unserer zunehmenden Erkenntnis der faktischen Komplexität der Wirklichkeit zu tun hat. Wenn das stimmt, dann hat sich in unserem Diskurs, in unserem Denken über das Denken und Urteilen, etwas verändert und auch verschoben. Einer der möglichen Wege aus der Aporie ist dann die Einsicht: Gerade Ethik hat damit zu tun, dass es niemanden gibt, der hier in absoluter Weise a) die richtigen Unterscheidungen und b) die richtigen Urteile treffen kann, sondern wir sind darauf angewiesen, gemeinsam zu beraten. Und das bringt mich auf einen Punkt, den Hannah Arendt meiner Ansicht nach als Erste so klar gesehen hat, nämlich das Thema des *Sensus communis* bei Kant. Wie können wir überhaupt zusammenkommen, wenn wir doch zum Beispiel in Sachen Atomkraft unterschiedliche oder im Fall der Pandemie keine verlässlichen Fakten haben und außerdem unterschiedliche Interpretationen mitbringen, die sich ausschließen? Wir können rational nicht sagen, wer von uns beiden jetzt in diesem Moment tatsächlich recht hat. Wie können wir unter solchen Bedingungen überhaupt auf verantwortliche Weise entscheiden? Kant gibt auf diese Frage in seiner *Kritik der praktischen Vernunft* interessanterweise keine Antwort – darauf weist Hannah Arendt hin. Sie findet sich aber in der *Kritik der Urteilskraft*, in der Kant versucht, unser Gefühl, unseren *Sensus communis*, das heißt unser gemeinsames Empfinden, das zugleich ein Empfinden dieser Gemeinschaft im Empfinden ist, aber auch unsere Geschmacksurteile, die sehr viel mit unserem Alltagsleben zu tun haben, zusammenzubringen mit unseren rationalen Diskursen und unserem wissenschaftlichen Denken. Und das ist Kants Ausweg: nicht in erster Linie ein besseres Denken – denn wir haben ja bereits richtig gedacht –, sondern das Entwickeln oder Kultivieren des Gemeinsinns. Der andere Weg aus der Aporie besteht also in einem Wechsel der Ebenen und der Feststellung: Niemand hat die absolute Kompetenz! Den Ausweg müssen wir gemeinsam und für alle finden.

MARKUS GABRIEL: Ich habe ja eine ähnliche Strategie, ich bin von dieser *Sensus communis*-Diskussion auch stark beeinflusst, weil ein Teil meiner ethischen Ausbildung in New York City an der New School for Social Research stattgefunden hat und viele dort, die Hannah Arendt noch persönlich kannten, etwa Richard Bernstein, das *Sensus communis*-Thema meisterhaft weitergeführt haben. Das war in den Debatten an der New School immer ein wichtiges Thema. Und schon vorher war einer meiner philosophischen Lehrer Rüdiger Buchner, der als politischer Philosoph natürlich auch in diesen Bahnen einer politischen Theorie der Urteilskraft dachte. Der *Sensus communis* ist uns in Wirklichkeit nicht verloren gegangen, wir haben nur verlernt, auf ihn zu vertrauen.

GERT SCOBEL: Das würde übrigens meiner Ansicht nach Hannah Arendt zu 100 Prozent unterschreiben.

MARKUS GABRIEL: Ja. Und deswegen habe ich als Beispiel solche moralischen Offensichtlichkeiten gewählt, wie: Wirf keine Kinder die Treppe runter. Das setzt eben Anschauung, also eine unmittelbare Erkenntnis der Wirklichkeit, voraus, ein Thema, das übrigens meisterhaft an der New School von der Philosophin Alice Crary weitergedacht wird, vor allem in ihrem Buch *Beyond Moral Judgment*.[16]

GERT SCOBEL: Da sind wir uns weitgehend einig.

MARKUS GABRIEL: Da sind wir uns universal einig, bis auf Menschen, die wir dann als pathologisch einstufen. Man wird ja in der Vergangenheit oder Gegenwart keine Menschengruppe finden, die man eine Kultur nennen kann und bei der man wirklich sieht, dass die Menschen ihre Kinder einfach so die Treppe runterwerfen. Jede noch so große Differenz im moralischen Urteil setzt einen geteilten Boden voraus, weshalb das radikal Böse darauf setzen muss, Menschen zu dehumanisieren, damit man sie zugrunde richten kann.

Gert Scobel: Du hast natürlich Kulturen wie die Azteken, die zu bestimmten Zeiten Leute köpfen und die Köpfe die Treppe runterwerfen, weil sie glauben, auf diese Art und Weise ihre Götter versöhnen zu können. Oder leider näher an unserer Gegenwart: Kindersoldaten, Genitalverstümmelung, die Ermordung weiblicher Neugeborener in Teilen Indiens.

Markus Gabriel: Daran sieht man, dass eben auch moralisch offensichtliche Tatsachen ignoriert werden können, womit dann Böses in die Welt kommt.

Gert Scobel: Aber wenn es sich deiner Ansicht nach hier um einen *Sensus communis* handelt, dann ist die Antwort auf die nächste Frage: Ja, aber trau nicht jedem Gefühl, sondern hinterfrage es kritisch und stelle es in Frage. Denn möglicherweise liegt sogar der *Sensus communis* hier objektiv gesehen falsch, weil ihr irgendwelche Handlungsweisen und Rituale betreibt, die einfach völlig unmoralisch sind.

Markus Gabriel: Richtig. Das Vorhandensein des Gemeinsinns ist erstens natürlich nicht wahrheitsgarantierend. Der *Sensus communis* ist fehlbar. Zweitens sind einige unserer *Sensus communis*-Urteile tatsächlich aber nicht fallibel, weil wahr. Und wahre Urteile können nicht zugleich fallibel sein. Obwohl es also ein Kerngebiet wahrer Urteile gibt, wissen wir nicht genau, wie man dieses Kerngebiet eingrenzt.

Gert Scobel: Wir können nur nicht alle, die falsch sind, definitiv rausfiltern.

Markus Gabriel: Wir haben leider keinen geeigneten universalen Metafilter. Daher ist jedes Skeptizismusproblem immer ein Metaproblem. Ich weiß, ich bin in Bonn, ich weiß nur vielleicht nicht, warum ich das weiß. Also wenn du mich fragst, »Woher weißt du, dass du gerade nicht träumst?«, kann ich in skeptische Probleme verstrickt werden, aber ich weiß trotzdem, dass ich in Bonn bin, egal, was du mir über Träume und die Matrix erzählst. Aber womöglich kann ich dir nicht erklären, warum ich auf die Wissensquelle Wahrnehmung vertrauen kann, und so verhält es sich auch mit ethischen Urteilen auf der Ebene des *Sensus communis*. Bei der Ethik wird es jetzt deswegen schwierig, weil wir keine metaphysischen Realisten sein können.

Gert Scobel: Zu Beginn, als das Internet aus dem Militärnetzwerk ARPANET hervorging, wussten wir nicht, welche ethischen Probleme diese Entwicklung noch hervorbringen würde. Wir haben es weiterentwickelt und zumindest versucht, es hier und da ethisch zu begleiten. Aus heutiger Sicht kann man sagen: Wir haben vieles vollkommen unterschätzt. Und doch kommt man – und das ist eine weitere Anleihe bei Kant – immer wieder zu einer sehr einfachen Lösung zurück, die da schlicht lautet: Ihr müsst miteinander streiten und euch miteinander und mit den neuen Entwicklungen, die ihr vorantreibt, auseinandersetzen. Kant schreibt in den Reflexionen zur Anthropologie: »Die Vernunft ist nicht dazu gemeint, dass sie sich isoliere, sondern in Gemeinschaft setze.«[17] Ich übersetze das so: Setzt eure Urteile, auch eure moralischen Urteile, dem Urteil der Gemeinschaft aus. Und entwickelt alle zusammen einen *Sensus communis*, einen Gemeinsinn – auch wenn ihr ihn vielleicht zunächst nicht klar erfassen könnt. Kant schreibt im direkt anschließenden Satz weiter über die Gemeinschaft: »Sie hindert auch alle egoistischen Grundsätze des Urteils und also auch bloßen Empfindens. Wir können das Besondere nur in allgemeiner Vernunft einsehen.« Also das ist der Weg, den wir gehen müssen, und da muss man hinzufügen: Du hast recht, lieber Kant, aber es wird kein Ende dieses Prozesses geben. Genauso, wie wir sicher waren, dass wir Materie, Raum und Zeit mit Newtons Physik definitiv und bis in alle Ewigkeit geklärt haben, stellte sich ein paar Hundert Jahre später heraus, wir müssen Zeit, Materie und Energie – Stichwort Einstein – noch mal vollkommen anders denken. Newton erweist sich dann nur als ein Spezialfall dieser allgemeineren, neuen Theorie. Genau das kann uns mit unseren ethischen Urteilen genauso passieren.

MARKUS GABRIEL: Die Frage, die wir stellen müssen, ist dennoch: Wie verhält es sich mit der Wahrheit dieser Urteile?

Moralischer Fortschritt

MARKUS GABRIEL: Wir sind uns einig, wir wollen die Willkür vermeiden, die uns in die Aporie geführt hat. Wir brauchen dazu den Gedanken einer Prozessualität, deswegen hat mich ja das Thema des moralischen Fortschritts irgendwann so interessiert.

Es gibt den Befund der Historizität, also eines Wandels des ethischen Urteilens, den man an inhaltlichen Verschiebungen festmachen kann. Die Frage ist, wie wir diese Verläufe als Fortschritte einstufen. Aristoteles wusste halt nichts von Fermionen, wir kennen die Eigenschaften dieser Teilchen, Aristoteles verteidigte die Sklaverei, wir verurteilen sie als unmoralisch.

GERT SCOBEL: Also Fortschritt.

MARKUS GABRIEL: Wo es eine metaphysische Sachlage gibt oder auch Fermionen entdeckt werden, ist Fortschritt mehr oder weniger leicht zu charakterisieren. Bei der Ethik hat man viel leichter die Intuition, dass der Gegenstand der Ethik selbst historisch ist. Diese Intuition darf aber jetzt nicht dazu verleiten, zu sagen: Also sind unsere Urteile ethisch nicht wahr oder falsch, weil es dann ja auch keine Urteile wären. Urteile sind aber ja genau das: etwas, das wahr oder falsch sein kann. Wäre die Ethik auf der Ebene ihrer Gegenstände wandelbar, wären ethische Urteile keine Urteile, sondern leere Meinungen, und wenn Ethik nichts anderes wäre als Austausch von Meinungen, dann könnten wir aufhören, weil dann nur noch die Frage bleibt: Wer ist mächtiger?

GERT SCOBEL: Tatsächlich bliebe dann nur noch die eine letzte Frage übrig: Wer ist stärker? Das wäre Nietzsches Lösung des Problems. Genau dagegen wenden wir uns ja mit unserem Titel: Wir befinden uns im ethischen Urteilen nicht *jenseits von Gut und Böse*, sondern im Zwischen. Es geht um die Heuristik und nicht darum, die Ethik irgendwie zu überwinden oder eine Umwertung aller Werte vorzunehmen.

Wenn man noch mal bei Kant und in dem Zusammenhang auch bei Hegel bleibt, dann stellt man ja fest: Beide waren Bewunderer der Französischen Revolution. Beide haben geglaubt, dass wir durch die Französische Revolution zu einem Fortschritt in Sachen Freiheit beitragen. Aber beide haben ja auch noch die Wirren und die Gewalt, die unmittelbar danach einsetzten, gekannt. Kant bejaht explizit die Frage nach einem Fortschritt der Menschheit zum Besseren. Aber er verweist interessanterweise nicht auf ein Urteil, das objektiv wahr wäre, sondern auf das Ereignis der Französischen Revolution. Der nächste Schritt ist, zu fragen: Ja, aber wie deuten wir denn dieses Ereignis der Französischen Revolution, die doch auch zu einem unglaublich brutalen Gemetzel geführt hat, das ja weder Kant noch Hegel gutheißen können? Daraus ergibt sich, dass der bloße Hinweis auf das Geschichtszeichen, das man als Fortschritt deuten kann, längst noch kein Argument dafür darstellt, dass es sich in Wahrheit um einen Fortschritt handelt.

MARKUS GABRIEL: Genau, und deswegen brauchen wir dieses Zusatzargument, das Kant nicht wirklich liefern kann, was ihn nervös macht. Hegel hat an dieser Stelle den interessanten Begriff der Geschichte als »Fortschritt im Bewusstsein der Freiheit« eingeführt und bezieht sich durchaus auch auf das historische Ereignis der Französischen Revolution, ohne damit zugleich zu sagen, es werde alles immer besser. Und ich würde jetzt sagen, für unsere eigene Zeit gilt, dass Fortschritte immer von Rückschritten begleitet sind und darin eine echte Dialektik liegt. Also, die Trump-Ära war einerseits klarerweise ein Rückschritt, andererseits war sie für die USA auch der Moment, *Black Lives Matter* zu diskutieren oder *MeToo* und damit Fortschritte zu ermöglichen. Also, in der Trump-Ära hatten wir einerseits einen Präsidenten, der sagen konnte, »Grab them by the pussy«, und der ...

GERT SCOBEL: ... damit durchkam und Präsident blieb: ein Präsident, dem Millionen bewundernd folgten!

MARKUS GABRIEL: Das ist ein klarer moralischer Rückschritt. Also genau das, was man beklagt, sitzt im Oval Office, und dann steigt aber auf der anderen Seite zugleich das Bewusstsein für sexualisierte Gewalt, was unter anderem ermöglicht hat, dass er abgewählt wurde, wenn auch für meinen Geschmack zu knapp.

GERT SCOBEL: Was sich vorher komischerweise nicht durchsetzen konnte, denn das Bewusstsein und die Fälle von Vergewaltigung und Diskriminierung waren ja alle da.

MARKUS GABRIEL: Es war alles da. Es wurde nur sichtbar. Deswegen meine ich, moralischer Fortschritt besteht darin, dass etwas, was an sich schon offensichtlich ist, nämlich mindestens für Betroffene, allgemein sichtbar wird. Deswegen glaube ich nicht daran, dass es ethisch Verborgenes gibt. Also wenn die Schwierigkeit der Ethik darin besteht, dass die moralischen Tatsachen so tief verborgen sind, dass wir vielleicht nie an sie rankommen, dann wäre das Gute eine metaphysische Wurst.

GERT SCOBEL: Möglicherweise eine Fata Morgana.

MARKUS GABRIEL: Dann könnte es sein, dass es so ist wie die eine, alles erklärende Grundkraft des Universums: Wir suchen sie, aber wer weiß schon, ob es sie gibt? Was, wenn das Gute möglicherweise gar nicht existiert? Deswegen brauchen wir eine Theorie der Mitte, das heißt eine Theorie, die sozusagen zwischen Wurst und Nichtexistenz nach dem Guten Ausschau hält. Mein Vorschlag lautet: Die moralischen Tatsachen, die sich im universalen Wertegerüst des Guten, Neutralen und Bösen befinden, sind prinzipiell existent, aber es gibt Systeme der Verschleierung, die dafür sorgen, dass wir die Dinge anders wahrnehmen, als sie sind. Nehmen wir das Thema Gewalt, das wir jetzt einige Male gestreift haben: Die Opfer wussten schon immer, dass Gewalt moralisch verwerflich ist. Und Teil der Gewalt ist es, wenn Opfer zum Schweigen gebracht werden. Ich würde sagen, dass es keinen moralischen Unterschied macht, ob es sich um physische oder psychische Gewalt handelt, ob sie analog oder virtuell in den Social Media ausgeübt wird.

GERT SCOBEL: Oder in der Schule. Da ist Cybermobbing nicht abstrakter, weniger wirksam oder leichter zu nehmen als das »analoge« Mobbing in der Klasse.

MARKUS GABRIEL: In der Schule oder im richtigen Leben: Vielleicht sind die Filtereffekte etwas anders, aber natürlich ist es so, wir wissen, dass das im Leben von Schülern zu schweren Schäden führen kann. Auch psychische Gewalt ist messbar, und sie kann sehr gefährlich sein. Sie ist nur unsichtbarer und unmittelbarer als brutale körperliche Gewalt, was sie aber moralisch nicht besser macht.

Gert Scobel: Beides hat ähnliche, wenn nicht sogar die gleichen Effekte. Das kann man empirisch zeigen.

Das Studien-Problem

Gert Scobel: Heute wissen wir sehr viel darüber, wie sich psychische Schäden auswirken, die durch Fremdenhass, Antisemitismus, Mobbing im Internet oder im realen Leben bei Kindern verursacht werden. Wir können solche Folgen buchstäblich messen und gewisse Effekte sogar testen. Das große Problem bei moralischen Beurteilungen von Verhaltensweisen besteht aber häufig gerade darin, dass uns die Empirie dazu noch fehlt. Wir haben vielleicht Intuitionen, aber noch kein Wissen. Und wir können wohl schlecht sagen: Lass uns doch erst mal die Testreihe über Folterungen durchführen, um dann zu sehen, ob sich das Foltern wirklich nach 30 Jahren so schlimm auswirkt, wie du jetzt glaubst.

MARKUS GABRIEL: Wir brauchen auch nicht unbedingt eine Studie zu den Ausmaßen von Polizeigewalt oder systemischem Rassismus, um zu erkennen, dass sie existieren und dass sie verwerflich sind.

GERT SCOBEL: Im Grunde würde ein Fall reichen, um sagen zu können: Polizeigewalt existiert. Aber wir sind, fürchte ich, auf Schwellenwerte ausgerichtet, Werte, ab deren Überschreitung wir sagen: Jetzt ist es zu viel. Müssen wir es nicht doch genauer wissen?

MARKUS GABRIEL: Noch vor der Messung des Ausmaßes gilt es doch, so finde ich, den Opfern Gehör und Glaubwürdigkeit zu verschaffen. Wer stattdessen lediglich eine Studie fordert, begeht einen Fehler.

GERT SCOBEL: Das Problem ist doch: Wenn es, sagen wir, nur zwei Prozent sind, würden viele das akzeptieren, weil das Ausmaß der Gewalt dann unter dem in der Durchschnittsbevölkerung liegen würde.

MARKUS GABRIEL: Ja, das wäre ein anderer Befund, der uns lehrt, wie moralisch aufrichtig unsere Polizei ist. Aber das Problem bleibt, dass es rassistische Gewalt gibt, die man überwinden muss, und dass diese jedenfalls kein reines Polizeiproblem, sondern ein Gesellschaftsproblem ist.

Gert Scobel: Aber Seehofer lehnt doch die Untersuchung nicht deshalb ab, weil er so extrem idealistisch ist, er sagt nicht: »Wir wollen null Prozent Rassismus«, vielmehr folgt er dem Motto: »Wir brauchen keine Studie, weil wir ja wissen, dass es Rassismus gibt.«

Markus Gabriel: Die Studienablehnung, die in 2020 mit den Namen Seehofer und Reul verbunden wurde, sorgt bei manchen für Empörung. Aber umgekehrt stellen die beiden sich ja auch vor ihre Polizisten und sagen: Es gibt sehr anständige Menschen bei der Polizei, und die wollen wir nicht beschädigen. Und auch das ist richtig. Wir sollten ja nicht denken, dass die Polizei unser Feind ist. Sie ist weder Freund noch Feind, sondern mit der Aufgabe betraut, gewisse Funktionen des Schutzes und der Gefahrenabwehr auf verschiedenen Ebenen zu übernehmen. Und dieser Beruf verlangt wegen der Möglichkeit, Gewalt auszuüben, ein besonders hohes Maß an ethischer Einsicht.

Gert Scobel: Da bin ich völlig bei dir. Auch ich verurteile die Polizei nicht grundsätzlich, wohl aber die Kräfte in ihr und übrigens auch im Militär, die definitiv rassistisch sind. Deshalb bin ich in dem Punkt völlig anderer Meinung. Durch Kollegen wie den Dokumentarfilmer und Investigativjournalisten Ernst Klee und andere, mit denen ich damals beim Hessischen Rundfunk zusammengearbeitet habe, wurde mir klar, was für eine Riesenarbeit das war, beispielsweise den

Nationalsozialismus in der Medizin nach dem Ende des »Dritten Reichs« in Deutschland aufzuarbeiten. Das war noch in den Achtzigerjahren ein echtes Unternehmen, das manche Götter in Weiß mit schmutziger Weste auszubremsen versuchten. Welche Naziärzte hatten welche Schlüsselstellung in welchen Krankenhäusern in der Bundesrepublik Deutschland? Dass das Bundesjustizministerium erst 2016 seine Studie über die eigene Verstrickung in den Nationalsozialismus und die Altnazi-Richter der Bundesrepublik vorlegte, über Männer also, die in den Sechziger- und Siebzigerjahren eine große Rolle gespielt hatten, zeigt, wie groß der Widerwillen gegen solche Studien ist und wie wichtig sie sind. Das heißt, Studien zu veröffentlichen, hilft enorm, auch wenn ich weiß, natürlich waren da Nazis sowohl im Gesundheitswesen wie im juristischen Apparat … Und genau das scheint auch das Argument von Reul und Seehofer zu sein: Wir wissen ja, da gibt es einige – und das reicht, um zu wissen, man muss was tun. Nein, das reicht nicht und kann uns nicht entlasten oder von der Arbeit befreien, diese Studie über den Rechtsradikalismus in den entsprechenden Institutionen zu machen, weil im Nachhinein manches doch viel klarer wird. Die NSU-Morde sind immer noch nicht umfassend aufgeklärt. Deswegen bin ich in jedem Fall dafür, diese Polizeistudie zu machen. Selbst wenn es nur 0,7 Prozent wären: Nach der Studie weiß ich mehr. Was übrigens die negative Interpretation ermöglicht: dass der einzige Grund, den sie in Wahrheit haben, die

Abwiegelung dieser Untersuchung ist. Sie wollen nicht, dass wir mehr und genauer wissen, was der Fall ist. Seehofer kann sich doch entspannen: Wenn es so ist, wie er sagt, dann beweist die Studie doch gerade, wie wenig rechtsradikal oder fremdenfeindlich die Polizei in Wahrheit ist und wie verzerrt unsere Wahrnehmung als Journalisten wäre.

Markus Gabriel: Der Verdacht steht im Raum und ist auch nicht unbegründet. Aber ich bin gegen einen Generalverdacht gegen irgendeinen Teil der Bevölkerung. In einem demokratischen Gemeinwesen sitzen wir im selben Boot, und die Polizistinnen sind einfach nur unsere Mitbürgerinnen.

Gert Scobel: Ein Generalverdacht wäre falsch, natürlich. Aber kommunikativ könnten die Behörden einiges dafür tun, diesen Verdacht auszuräumen. Das tun sie aber nicht.

Markus Gabriel: Aufgrund des berechtigten staatlichen Gewaltmonopols stimmt es, dass niemand mir so leicht in die Fresse hauen darf wie ein Polizist, und es ist ausgesprochen irritierend, dass das eine Tatsache ist. Nun gibt es Situationen, in denen wir alle bereit sein sollten, dieses Gewaltmonopol zu akzeptieren, etwa wenn ein Einbrecher einem Kind etwas antun will und der Polizist ihm in die Fresse hauen muss, um ihn zu stoppen usw.

Gert Scobel: Hier gilt der Notwehrparagraph.

Markus Gabriel: Weil Polizistinnen Gewalt einsetzen dürfen, um Schlimmeres abzuwenden, bedarf es für diesen Beruf viel Anerkennung und einer hohen moralischen Sensibilisierung. Wir brauchen also eine hervorragende, ethisch informierte Ausbildung bei der Polizei. Mir erzählte vor ein paar Tagen jemand, der in der Polizeischule unterrichtet, was ich so gar nicht wusste, dass es gerade auf dieser Ebene zum Glück einen signifikanten Unterschied zwischen der deutschen und der amerikanischen Polizei gibt.

Gert Scobel: Was die Schulung angeht?

Markus Gabriel: Ja, genau. In den USA lernen viele zu schießen und ein paar andere Tricks und dann ab dafür. Das ist ein Teilgrund, warum es dort so gewalttätig zugeht.

Gert Scobel: In diesem Punkt ist Deutschland zweifellos deutlich besser. Aber auch bei uns ist noch einiges zu tun.

Markus Gabriel: Aus dem Grund gilt: Wir brauchen eine stärkere ethische Schulung und viel wechselseitige Anerkennung: der Bürger für die Polizei, aber noch mehr der Polizei für die Bürger. Und jetzt gilt es, auch die Stimmen der Polizistinnen zu hören. Also was bedeutet es für Polizisten, dass sie jetzt unter dem Verdacht des systemischen Rassismus stehen? Was bedeutet es für Polizistinnen, wenn man ihnen anträgt, jetzt eine Studie zu machen? Welche Daten müssen sie freigeben, welches Eindringen in ihren Arbeitsalltag müssen sie aushalten? Ich weiß das alles nicht, deswegen ist für mich nicht offensichtlich, ob eine Studie das Problem behebt, was nicht bedeutet, dass ich gegen eine Erforschung des Ausmaßes von Polizeigewalt in unserem Land bin. Ganz im Gegenteil.

Gert Scobel: Gerade hat es in München Verhaftungen gegeben, weil sich einige Polizisten aus der Asservatenkammer bedient und Rauschgift vertickt haben. Wie ist das aufgefallen? Nicht etwa dadurch, dass andere Polizisten gemeldet hätten, »Unsere Kollegen verticken unser beschlagnahmtes Rauschgift«. Es gab keine Aussage und keine Verdächtigungen. Aufgeflogen ist das Ganze über die Kronzeugenregelung, weil einer der Könige des Drogengeschäfts in München ausgepackt hat. Das bedeutet doch aber, dass das, was man interne Revision nennt, nicht greift. Dieser Prozess übrigens, der im Moment nicht nur in der Polizei gefordert wird, sondern der ja gerade in der Bundeswehr mit Rechtsradikalen in der Armee läuft – und die gibt es nachweislich dort. Der Prozess der moralischen Selbstkritik funktioniert also nicht ausreichend in diesen Institutionen. An der Stelle ist noch sehr viel mehr zu tun.

Markus Gabriel: Daran habe ich auch gar keinen Zweifel. Die Frage ist nur, ob ein gesellschaftlicher Diskurs, der den Fokus auf eine fraglos existierende moralische Schieflage bei Polizei und Armee lenkt, nicht wieder zu einem umgekehrten Kollateralschaden in der Wahrnehmung der ethischen Haltung dieser Menschen führt, die unsere Mitbürger sind. Die Polizei, das sind nicht die anderen, das sind Leute wie wir.

Gert Scobel: Wenn auf die Presse eingeschlagen wird, weil ein Großteil der Presse angeblich einseitig links formatiert und deshalb latent gegen die Polizei eingestellt sei, sogar Gewalt gegen Polizei gutheißt, dann muss auch das untersucht werden, klar. Warum lade ich nicht mit dem Argument des Hörens von Stimmen Pressevertreterinnen ein und sage: »Ihr könnt gerne mal bei uns in kompletter Montur und geschützt bei einer Anti-Corona-Demonstration mitlaufen und aus unserer Perspektive sehen, wie das ist, wenn die Leute euch beschimpfen, euch gewalttätige Arschlöcher nennen, um dann gewalttätig gegen euch vorzugehen, euch in Corona-Zeiten zu bespucken, und ihr müsst die ganze Zeit freundlich und ruhig bleiben.«

Markus Gabriel: Nicht draufschlagen, obwohl ihr dürft.

Gert Scobel: »Ihr müsst an das Antiaggressionstraining denken, das ihr hinter euch habt« – und das in einer Situation, in der ich selber Angst vor Corona habe, angesteckt zu werden von solchen Idioten, die ohne Maske rumlaufen, obwohl die Auflagen, das Recht auf Demonstration auszuüben, klar anders lauten.

MARKUS GABRIEL: Genau, damit ihr mal seht, welcher Psychismus – nennen wir den mal so – auf der Polizeiseite besteht. Und umgekehrt. Wenn ihr eine Polizeistudie über Rassismus fordert, fordern wir eine Studie über die Funktion von Schlagzeilen in der Presse über Polizisten. Dann wollen wir eine Medienstudie. Ihr wollt eine Polizeistudie, das sehen wir ein, dann kommt mal mit. Wir wollen eine Medienstudie, wir wollen studiert wissen, ob ihr ein politisches Spektrum überrepräsentiert, und wir machen auch eine Woche in der Redaktion mit. Das wäre ein Vorschlag. Im Allgemeinen gilt, dass wir miteinander reden, einander kennenlernen und verstehen müssen, damit die Arbeitsteilung in einer komplexen Gesellschaft nicht die Tatsache verdeckt, dass wir alle vor dem Gesetz gleich sind.

GERT SCOBEL: Das wäre ein guter Weg.

MARKUS GABRIEL: Ein Gesprächsformat für ethisch-moralischen Fortschritt. Studien alleine reichen nicht aus. Folgen wir deiner wegweisenden Idee und laden Polizistinnen und Journalisten ein: Kommt mit in die Viertel, wo Racial Profiling an der Tagesordnung ist, kommt mit in die Bereiche von Berlin, von denen wir sagen, dass sie clanregiert sind. Dann schauen wir, wie Ihr damit zurechtkommt. Um Respekt für die Polizeiarbeit zu erzeugen, brauchen wir ein ausgewogenes Bild der verschiedenen Perspektiven.

GERT SCOBEL: Eben, die Einbettung! Nehmen wir einen analogen Fall, Antisemitismus in Deutschland, dann weiß man durch die Studien über Antisemitismus, die es seit vielen, vielen Jahren gibt, sehr genau und sauber empirisch nachweisbar: Wir haben einen Prozentsatz von 20 bis 25 Prozent in der Bevölkerung, der antisemitisch ist.[18] Das ist keine Vermutung, sondern Fakt. Vor, sagen wir, 20 oder 30 Jahren war dieser Anteil lediglich weniger sichtbar und trat nur in einzelnen radikalen Gruppen, wie Neonazis usw., an die Oberfläche der Wahrnehmung. Dass dem so war und ist, belegen Studien im Grunde genommen seit 25 Jahren. Was heißt das denn? Ist bislang wirklich gegen Antisemitismus in der Weise, wie man es machen müsste, vorgegangen worden? Nein. Warum nicht? Meine Kernthese ist die – und jetzt werden viele sicher aufschreien –: Das hat vor allem mit dem Christentum zu tun und seinen klaren antisemitischen Zügen, die mehr oder weniger gut verschleiert werden. Ich persönlich glaube, dass es natürlich durchaus nichtantisemitische Formen des Christentums gibt, etwa die, die auch impliziten Antisemitismus klar und eindeutig verurteilen. Solche Formen sind allerdings in meinen Augen faktisch in der Minderheit. Die populäre Mehrheitsmeinung des Christentums ist mehr oder weniger die, die Luther in seinen eindeutig antisemitischen Schriften zum Ausdruck gebracht hat. Man kann historisch eine klare Linie ziehen zwischen dem Luther-Geburtstag in der Nacht vom 9. auf den 10. November und der Reichspogromnacht. Das Datum ist kein Zufall. Auch der von der AfD benutzte Ausdruck der »Lügenpresse« stammt ursprünglich von Luther und wird über Göbbels interessanterweise auch in die stalinistische Ideologie eingespielt. Also gut, ich wollte jetzt nicht über Antisemitismus reden. Aber ich mache diese Studie über die Polizei, genauso wie ich die Studien über Antisemitismus gemacht habe: um Klarheit zu gewinnen. Ich lege sie vor, ich sage, es sind x Prozent. Die nächste und im Grunde doch für uns relevante Frage lautet: Was mache ich damit?

Markus Gabriel: Nun, zunächst einmal sind Rassismus und seine furchtbare Spielart, der Antisemitismus, scheußliche Abgründe des menschlichen Geistes. 25 Prozent ist erschreckend, aber 1 Prozent auch keine tolle Nachricht. Außerdem sind Studien nicht wasserdicht, sodass wir zunächst einmal klare ethische Debatten brauchen, um zu zeigen, aus welchen Gründen die Dehumanisierung unserer Mitmenschen inakzeptabel ist, die sich hinter dem Rassismus verbirgt.

Gert Scobel: Wie problematisch Studien sein können, hat uns die Tabaklobby gezeigt, die ungefähr 6000 falsche Studien im Laufe der Jahrzehnte in Auftrag gegeben hat, um die Wissenschaft über einen langen Zeitraum hinweg außer Kraft zu setzen. Allein für die Aussage »Passivrauchen stärkt das Immunsystem« hat es zehn Jahre gebraucht, bis dieses Scheißargument vom Tisch war. Zum Teil haben dieselben Leute, die diese gefakten Tabakstudien gemacht haben, dann für die Antiklimaorganisation gearbeitet und Fake-Studien über das Klima produziert.

Markus Gabriel: Außerdem sind wir in dem Zirkel der Aporie, den wir im ersten Teil besprochen haben. Wir sind jetzt wieder bei der Statistik gelandet, die uns ethisches Urteilen ermöglichen soll, obwohl sie bereits ethisch begründet sein muss, wenn wir aus ihr ablesen wollen, dass Rassismus abscheulich ist. Die Studie ist keine Wunderwaffe.

Gert Scobel: Stimmt. Aber wir müssen klare Aussagen treffen können und Fakten liefern für Leute, die genau diese abstreiten.

Markus Gabriel: Ja, klar. Unter anderem sind dafür Studien gut. Aber mir persönlich reichen Opferberichte, etwa von meinen Freunden mit sogenanntem Migrationshintergrund. Doch weil wir in die Aporie geraten und nun erneut auf dieses statistische Welt-

und Menschenbild setzen, glauben wir, sobald uns irgendeine Studie vorliegt, wissen wir auch, was daraus folgt. Aber was folgt dann zum Beispiel aus dem Wissen, dass irgendwie gegen 0 Prozent der Aufsichtsratsvorsitzenden großer deutscher Unternehmen Ostdeutsche sind? Erst mal gar nichts. Es ist so, und weiter? Als ich das zum ersten Mal gehört habe, saß ich zufällig bei einer Konferenz neben Gregor Gysi, der mir das zuflüsterte. Auf dem Podium habe ich sofort für eine Quote plädiert, weil ich skandalös fand, was mit unseren ostdeutschen Mitbürgern getrieben wird, aber nicht wegen der spezifischen Zahlen, sondern weil es mich schon lange beunruhigt, welche Stereotype über sie verbreitet werden.

Ich habe also intuitiv sofort auf die Quote gesetzt, diese Intuition würde ich auch unter rationaleren Bedingungen weiter verteidigen. Aber die Frage, die ich mir dann später gestellt habe, ist: Warum habe ich sofort so reagiert, warum habe ich sofort geglaubt, das ist das Progressive, was man darüber sagt? Da würde ich noch einmal betonen, es kann nicht alleine an der Zahl liegen. Der Grund, warum ich urteile, dass es irgendwie ein Missstand ist, dass nicht hinreichend viele Ostdeutsche in Vorständen sitzen, muss anders begründet werden als durch ein Gerechtigkeits*gefühl*. Nehmen wir das Stichwort Bias. Ich bin Westdeutscher, in Bonn groß geworden. Das heißt, meine Kindheit ist sicher geprägt von westdeutscher Propaganda. Damals gab es im Kalten Krieg natürlich echte Propaganda auf beiden Seiten … Auf westdeutscher Seite wurde fleißig die Produktion der Ossi-Stereotypen angekurbelt, um die »rückständige« DDR in ein eindeutig düsteres Licht zu rücken, obwohl sie natürlich in einigen Hinsichten progressiver war, was etwa Gleichberechtigung, Kinderbetreuung oder Solidarität mit der »Dritten Welt« anging. Durch Kindheiten im Westen gibt es bis heute sicherlich unbewusste Prägungen, die Ostdeutsche in ein problematisches Licht rücken.

GERT SCOBEL: Und die dich gegenüber bestimmten Themen blind machen.

MARKUS GABRIEL: Genau, und um diese Tendenz zu kompensieren, weil ich ja moralisch fortschrittlich denken will, finde ich sofort: Das geht nicht, Ostdeutschen darf es nicht schlechter gehen als Westdeutschen. Das ist auch richtig, aber dennoch brauchen wir auch hier Begründungen, weil wir sonst wieder in so eine stereotypische identitätspolitische Linie geraten. Der Grund, warum wir immer wieder daran arbeiten müssen, Stereotype über Ossis und Wessis und solchen Unsinn zu überwinden, ist ja, dass wir die volle Gleichheit erreichen wollen.

Das ganze West-und-Ostdeutschland-Thema ist überhaupt noch nicht angemessen gesellschaftlich bearbeitet. Wir haben eine Verschmelzung zweier Staaten hinter uns, zweier sehr verschiedener Systeme, davon eines eine weitgehend säkulare Diktatur und das andere ein demokratisches, dabei stark christlich geprägtes Teilland.

GERT SCOBEL: Und da sind wir wieder bei dem Punkt angelangt, zu sagen: Was wir brauchen, ist die Entwicklung eines *Sensus communis*, eines gemeinschaftlichen Feingefühls für ethische und moralische Probleme, der offensichtlich unterentwickelt ist. Ob ein solcher sich durch Kultivierung entwickelnder *Sensus communis* auch zum Gemeinwohl beitragen wird, ist ein zweiter Punkt, den man untersuchen muss. Wenn wir den Gemeinsinn stärken, haben wir jedenfalls nicht nur die begleitenden Studien selbst, sondern auch verbesserte Möglichkeiten, uns über bestehende Differenzen hinweg über die Interpretation der Studien zu verständigen. Das geht aber nur, wenn wir tatsächlich ein moralisches Empfinden und auch die moralische Reflexionsfähigkeit entwickelt und ausgebildet haben, Stichwort Schule und Medien. Ich würde aber auch Kulturtechniken wie die Schulung von Achtsamkeit einbeziehen, denn auch das verändert faktisch den Umgang miteinander.

MARKUS GABRIEL: Genau, und die Entwicklung dieser Reflexionsfähigkeit schließt das Zur-Kenntnis-Nehmen von Studien und das Lesen von Daten ein. Wir sollten lehren und lernen, wie man prominente Klimamodelle und -daten deutet. Es reicht nicht, die Tatsachenlage über den menschengemachten gefährlichen Klimawandel allein mitzuteilen. Deshalb brauchen wir alle nötigen Grundkenntnisse, um genauer zu verstehen, woher man dies weiß. Doch Studien können einmal mehr das ethische Urteilen nicht ersetzen.

GERT SCOBEL: Aber da muss man Fridays for Future und denjenigen, die aktiv sind, ein Riesenkompliment machen. Denn die junge Generation ist, was die wissenschaftliche Kompetenz angeht, in einem bewundernswerten Maß auf dem Level der Fachleute angekommen.

MARKUS GABRIEL: Ich glaube nicht, dass die Mehrheit der Schülerinnen, die freitags demonstrieren gehen, bereits auf irgendeinem relevanten Fachlevel steht. Sie demonstrieren für die richtige Sache, und wir alle verdanken ihnen einen Bewusstseinswandel, nur: Nicht in der Schule und auch sonst nirgendwo lernen sie das harte Handwerkszeug derjenigen Wissenschaften, die Klimamodelle entwickeln. Das möchte ich ganz klar festhalten. Bei den Scientists for Future sieht das bestimmt anders aus. Demonstrationen zeigen Wirkung, wir schulden unseren jungen Mitbürgern hier einen großen Dank für ihren Einsatz, aber es gibt auch problematische Bewegungen in der Klimaszene.

GERT SCOBEL: Ich kenne aber Leute aus dieser Szene, die auf einem hohen Level mit Wissenschaftlern reden, weil sie die Fakten kennen.

MARKUS GABRIEL: Ja, aber Fakten zu kennen ist ja noch mal etwas anderes, als die Wissenschaft wirklich zu verstehen.

GERT SCOBEL: Auch die neuesten Fakten, denn gerade in letzter Zeit hat sich ja viel in Sachen Erkenntnis verändert.

MARKUS GABRIEL: Die Bewegung Fridays for Future ist natürlich wissenschaftlich hinreichend grundiert und informiert. Das würde ich nicht im Geringsten anzweifeln. Aber ich würde behaupten, dass die Mehrheit der Personen, die sich bei den Demonstrationen auf die Straße begeben, nicht wissenschaftlich ausgebildet ist. Die kennen die Faktenlage, aber das ist noch mal ein Unterschied.

GERT SCOBEL: Das mag sein, aber ich würde behaupten, die sind besser informiert über den Klimawandel als wir – und damit schließe ich mich selbst ein und Freunde, die in den Siebzigerjahren über die Nazis in der Verwaltung, der Erziehung, dem Staatssystem usw. informiert waren. Also das Informationslevel der heutigen Jungen ist ein besseres als unseres zu einem vergleichbaren moralischen Problem, etwa zum Verzehr von Tieren oder dem Umgang mit Kolonialismus.

MARKUS GABRIEL: Ja, das liegt natürlich daran, dass wir in einer fortgeschrittenen Wissensgesellschaft leben, und das ist eine progressive Dimension des Internets, weil ich natürlich Fakten, die jemand hart wissenschaftlich erarbeitet hat, in vereinfachter Form mitteilen kann, sodass der Rezipient damit richtig informiert ist. Das ist Wissensvermittlung. Und höchst schätzenswert! Dennoch dürfen wir nicht vergessen, dass nur wenige mit vollständiger Kompetenz erklären können, wie ein Treibhauseffekt funktioniert und unter welchen Bedingungen Emissionen schädlich sind oder worin die richtige atmosphärische Chemie besteht, denn für all das musst du Jahre studieren.

GERT SCOBEL: Und das lohnt sich insofern nicht unbedingt, als die Faktenlage grundsätzlich eindeutig ist, es gibt keinen ernst zu nehmenden Dissens: Wir zerstören den Planeten. Meine eigene Einschätzung der enormen Dringlichkeit des ökologischen Wandels beruht nicht allein darauf, dass ich Klimastudien gelesen habe oder kompetent wäre, die Wissenschaft dahinter zu verstehen. Dass wir die Natur verwüsten, Städte verpesten, Wälder zerstören, Tierarten ausrotten, ist an sich schon moralisch verwerflich und beruht auf einem inakzeptablen Natur- und Menschenbild.

Das Fatale ist nur, dass wir die Fakten zum Teil seit 30, 40 Jahren schon auf dem Tisch liegen haben. Trotzdem haben wir nicht gehandelt. Dafür gibt es eine Menge von Gründen. Einer der zentralen Gründe ist meiner Ansicht nach, dass Fakten dann anders auf uns wirken, wenn wir sie selbst erleben. Also wenn man die

Eisschmelze selber gesehen hat, das berichten immer wieder Forscherinnen und Forscher, ist das unglaublich erschreckend. Oder wenn du im Wald den Zustand der Bäume erkennst, den du nicht wahrnimmst, wenn du immer nur in der Stadt lebst. Das heißt, wir brauchen zusätzlich zur Information und der Kommunikation von Information noch ganz andere Aspekte, nämlich Erfahrungen und nicht nur Wissen. Darüber haben wir bislang noch wenig geredet: überhaupt über Aspekte, die notwendig sind, um schließlich ins Handeln zu kommen.

Markus Gabriel: Mein lokaler Wald ist die Hölle. Lockdown im März, und das Einzige, wo du hinkonntest, war der Wald, doch: Der Wald ist am Arsch. Was ist hier mit dem Wald los, fragt man entsetzt und hört: Drittes Jahr Dürre in Folge, Klimawandel. Was, so schlimm ist das? Und schon ergeben sich für Bonn: 27 Prozent Grüne im Stadtrat und eine grüne Oberbürgermeisterin. Wir werden mehr Erfahrungen dieser Art machen.

Gert Scobel: Es ist menschlich. Dennoch: Findest du es nicht schlimm, dass wir erst die eigene Ansicht und Erfahrung brauchen? Denn dann ist es oft schon zu spät, wenn wir uns entschließen zu handeln. Ich will nicht sagen, dass es beim Klimawandel notwendigerweise zu spät ist, obwohl viele ja inzwischen der Ansicht sind, und ich neige selbst dazu, die Ansicht etwa von Jonathan Franzen weitgehend zu teilen. Franzen sagt, dass es bereits faktische Auswirkungen gibt und wir nicht so tun sollten, als ob wir die Klimakrise noch verhindern könnten. Das widerspräche schlicht den Fakten, wie gerade die Polarexpedition gezeigt hat. Folglich müssen wir jetzt umso mehr tun, um mit diesen bereits eingetretenen Klimaveränderungen und ihren Folgen gut umzugehen und den Schaden zu minimieren. Wir können nicht mehr sagen: All das könnte eintreten. Die Folge der Feststellung der Krise ist also nicht, dass wir nicht mehr handeln sollten, sondern das Gegenteil: Denn wir können uns für eine extrem wahrscheinliche Zukunft besser oder schlechter rüsten. Und natürlich sollten wir alle Maßnahmen treffen, resilienter zu werden gegenüber den Problemen, denen wir wahrscheinlich nicht mehr ausweichen können.

MARKUS GABRIEL: Das ist, glaube ich, auch in der Klima-Ethikdiskussion ganz wichtig. Dale Jamieson, einer der führenden Klima-Ethiker an der New York University, sagt seit Jahren, dass die Ethikdiskussion längst nicht mehr die ist: Wie bauen wir unsere Systeme so um, dass wir den Klimawandel geraderücken, sondern: Was machen wir angesichts der zu erwartenden Menschenmassen, die sterben oder sich auf den Weg machen werden? Das ist Vorhersage, nicht mehr Warnung, wie noch in den Siebzigerjahren. Wir müssen uns nun einer Katastrophe gegenüber anpassen und können eigentlich nur hoffen, dass es irgendeine noch nicht gefundene Lösung gibt, die vielleicht technischer

Natur ist und schlimmstenfalls in einer Umweltanpassung besteht, die unsere moderne Zivilisation auf Dauer in den Ruin treibt.

GERT SCOBEL: Ich habe übrigens vor wenigen Tagen mit jemandem vom PIK, dem Potsdamer Institut für Klimaforschung, gesprochen und gefragt: Wird eigentlich im Moment in Ihren Reihen interdisziplinär diskutiert, dass der Klimawandel absehbar zu einer riesigen Migrationsbewegung führen wird und man sich sogar einigermaßen ausrechnen kann, wo das wahrscheinlich zuerst geschehen wird? Die Antwort war: Ganz, ganz lange war es kein Thema und fängt jetzt erst allmählich an, ein Thema zu werden, mit dem man sich ernsthafter beschäftigt.

MARKUS GABRIEL: Aber das bedeutet, dass wir schneller sein müssen. Für die globalen Probleme, die wir diskutieren, brauchen wir eine andere Dynamik, ein anderes Tempo.

GERT SCOBEL: Viel schneller. Für mich ist es schwer zu verstehen, dass diese Frage nicht bereits intensiv diskutiert wurde. Vielleicht ist das am Ende auch ein Mangel an inter- und transdisziplinärer Forschung, weil die Perspektive der Soziologie oder Migrationsforschung fehlt.

Markus Gabriel: Wir brauchen tatsächlich für alles schnellere Diskussionsformate, echte transdisziplinäre Forschung *in action*.

Gert Scobel: Und gleichzeitig muss man auf der anderen Seite sagen: Die Demokratie hat viele positive Aspekte, etwa den, zu verlangsamen und zu entschleunigen. Das klingt erst einmal schrecklich: Demokratie verlangsamt. Uns Menschen gibt es nun mal nur in der Pluralität. Das heißt, in einer Pluralität von Haltungen, Wünschen, Sehnsüchten, aber auch von moralischen Einstellungen. All das zu verarbeiten, braucht Zeit. Das Diktat der Schnelligkeit haben wir kollektiv während der Corona-Pandemie überhaupt zum ersten Mal in der Form und Dringlichkeit so wahrgenommen. Und tatsächlich wurden innerhalb eines Tages Gesetze verabschiedet und durchgesetzt. An einem einzigen Tag, das kann unsere Demokratie also auch! Normalerweise ist Demokratie jedoch ein bewusster Verlangsamungsprozess von Entscheidungen; und das ist erst mal gut. Warum? Wir hatten über die Mitte gesprochen. Weil es Zeit braucht, den Raum für die vielen Stimmen zu bilden und zu öffnen, um auch jene Positionen zu hören, die zerrieben werden zwischen den konkurrierenden Systemen und Zwängen. Es braucht Zeit, die Vielzahl der Stimmen tatsächlich zu hören – das ist einer der Faktoren, die Demokratie scheinbar schwach machen. Die Verlangsamung, die die Demokratie ja mit sich bringt, dieser Verzögerungseffekt, schlägt dagegen bei

Themen wie dem Klimawandel extrem zu Buche, weil wir nur Zeit brauchen, aber kaum etwas Relevantes tun. Wenn wir aber eine größere Schnelligkeit fordern, hat auch das seine Grenzen, denn es gibt Prozesse, die einfach zu schnell in die Wege geleitet werden, und es gibt Entscheidungen, die zu schnell und zu sehr in Abhängigkeit von den jeweiligen Zeitumständen getroffen werden. Dann brauchen wir Langsamkeit.

MARKUS GABRIEL: Natürlich. Ich meine, das ist eine der Stärken insgesamt, unabhängige Gerichte, demokratischer Rechtsstaat, die Langsamkeit der Verfahren zum Thema Urteil.

GERT SCOBEL: Die oft zu langsam sind – und das will ich jetzt nicht rechtfertigen. Auch bei diesem Zeit- oder Dringlichkeitsproblem geht es um eine gute Mitte.

MARKUS GABRIEL: Dadurch, dass man Dinge lange in der Schwebe lässt, können sie manchmal klarer werden – oft aber auch nicht, und es ist zu spät. In der Pandemie durchlaufen wir als Individuum und auch in Großgruppen ja ganz verschiedene Phasen, in deren Verlauf sich unsere Einstellungen zu ihr verändern. Deswegen waren wir zu Beginn zwar schnell, sind aber jetzt viel zu langsam, um eine zweite oder dritte Welle zu verhindern. Das ist der Unterschied zum schnellen China, wo das Ding weitgehend vorbei ist und bei uns wahrscheinlich noch ein bis zwei Jahre dauern wird.

Gert Scobel: Ich bin mir da nicht so sicher mit China. Ich habe gehört, es soll ganze Landstriche geben, in denen die Menschen unter einer Hungerkatastrophe leiden. Corona hat in der Landwirtschaft so großen Schaden angerichtet, dass das Essen klar rationiert werden muss.

Markus Gabriel: Ja, das habe ich auch von Auslandschinesen gehört. Ganze Teile von Shanghai sollen wieder abgeriegelt sein. Zu erfahren ist bei uns nichts davon, weil jede Berichterstattung unterdrückt wird und Fremde nicht in diese Gebiete dürfen. Und Aussagen, die sich nicht überprüfen lassen, sind journalistisch nicht valide. China ist kein Paradies, viele sterben schon wegen der furchtbaren Luft an Lungenkrankheiten. Ein Lockdown in einem demokratischen Rechtsstaat ist immer noch freier als die Schlauchbootparty im kommunistisch regierten Wuhan.

Es gab ja eine der größten Flutkatastrophen in China vor Kurzem. Also da hat eher der Klimawandel noch mal nachgelegt.

Gert Scobel: Und eine solche Flutkatastrophe ist, vor allem, wenn man Staudämme chinesischen Ausmaßes baut, absehbar kein Einzelereignis.

Markus Gabriel: Aber jetzt müssen wir näher bestimmen, was Ethik ist.

GERT SCOBEL: Ich mache dir einen Vorschlag: Ethik ist Analyse *und* eine argumentative Transformation, also Veränderung von handlungsrelevanten Differenzen. Wir haben damit angefangen, dass wir gesagt haben: Denken heißt Unterscheiden. Wir nehmen Differenzen wahr und führen Unterscheidungen, also weitere Differenzen, nicht nur in unser Denken, sondern auch ins Handeln ein, indem wir mehr Gruppen, zum Beispiel entlang von Geschlechterdifferenzen, unterscheiden. Wir erhöhen die Differenz. Ethik ist die Analyse und die argumentative Transformation von solchen Differenzen, die handlungsrelevant sind und nicht nur die Erkenntnis von Sachverhalten betreffen. Es geht nicht darum, zu sagen: Ich habe jetzt zwei neue Maikäferarten mehr entdeckt. Es geht um Unterscheidungen und Erkenntnisse, die unser Menschsein betreffen – und unsere Lebensform verändern.

Das Tugendhat-Problem

MARKUS GABRIEL: Was uns in der Bestimmung dessen, was Ethik ist, noch mal auf eine bestimmte Weise weitergebracht hat, ist eine Überlegung, die Ernst Tugendhat anstellt.

GERT SCOBEL: Aus den *Vorlesungen über Ethik*?

Markus Gabriel: Nein, aus einem Band mit dem Titel *Ernst Tugendhats Ethik. Einwände und Erwiderungen*, insbesondere aus seiner Replik auf Julian Nida-Rümelin. Hier ist meine Zusammenfassung, die hoffentlich unparteiisch ist, ich komme gleich zu der Tugendhat'schen Erwiderung, die mich in einem bestimmten Punkt überzeugt hat. Nida-Rümelin argumentiert in die Richtung, dass ethisches Nachdenken im Grunde genommen genauso funktioniere wie theoretisches Nachdenken. In seinem Artikel »Gibt es ein Problem ethischer Begründungen?« sagt Nida-Rümelin: Nein, weil die Ethik als Disziplin ähnlichen Theoriebedingungen wie die theoretische Philosophie unterliege. Die Idee einer Begründung aller Moral aus einem Prinzip beruhe auf einem philosophischen Irrtum. Das zeigt er auf plausible Weise. Daraus leitet er ab, dass die moralische Krise, die eine Moralbegründung fordert, eine Schimäre einiger zeitgenössischer Moralphilosophen sei, der Traditionalisten, wie Alasdair MacIntyre, aber auch progressive Denker, wie Ernst Tugendhat, aufsitzen. Nida-Rümelin sagt dann, unser Denken in der Ethik sei kohärentistisch, holistisch und gradualistisch usw., also *business as usual*. Will sagen, wir stehen hier unter falliblen Theoriebedingungen wie in der Physik, nur der Unterschied zwischen Physik und Ethik ist, dass es bei der Ethik um etwas geht, was wir tun *sollen*. Hier kommt jetzt der relevante Passus.

GERT SCOBEL: Um handlungsrelevante Gründe?

MARKUS GABRIEL: Genau, aber jetzt wird es interessant, und gleich kommt auch die Tugendhat'sche Erwiderung, die mich überzeugt und in eine neue Richtung gelenkt hat. Deswegen glaube ich, dass die Definition, die du genannt hast, nicht hinreichend ist. Ich zitiere deshalb einen interessanten Absatz von Nida-Rümelin und dann die Tugendhat'sche Antwort.

»Normative Überzeugungen werden begründet wie alle Überzeugungen, indem auf andere Überzeugungen Bezug genommen wird. Symmetrieannahmen, Verallgemeinerungen, deduktive, induktive und reduktive Argumente spielen dabei eine Rolle. Die Literatur in den Bereichsethiken bietet dafür vielfältiges Anschauungsmaterial. Ethische Begründung ist also nichts Besonderes. Die Tatsache, dass aus normativen Überzeugungen häufig Handlungsmotivationen und Handlungserwartungen hervorgehen, zeigt lediglich, dass normative Überzeugungen auch praktische Gründe bestimmen. Theoretische Gründe sind Gründe, etwas zu glauben, und praktische Gründe sind Gründe, etwas zu tun.«[19]

GERT SCOBEL: Klingt sehr einleuchtend. Ich würde sagen, das bildet die Meinung wahrscheinlich der überwiegenden Zahl von Denkerinnen und Denkern ab.

MARKUS GABRIEL: Tugendhat zeigt jetzt allerdings sogleich den Fehler in diesem Bild, und ich halte den für nicht reparabel, wenn ich daraus auch im Einzelnen andere Schlüsse als er ziehen würde. Tugendhat kommentiert im Folgenden den Satz von Nida-Rümelin über die theoretischen und praktischen Gründe:

»Die Rede vom Guten im Gegenstand der praktischen Überlegung lässt sich nicht einfach wie die vom Wahren verstehen, weil praktische Überlegung in einer Weise auf das Subjekt bezogen ist, für die es keine Entsprechung beim Wahren gibt. Gründe für Meinungen sind anonym. Praktische Gründe sind immer Gründe für jemanden und setzen eine bestimmte motivationale Orientierung voraus. Bei den praktischen Gründen stehen wir von vornherein vor verschiedenen Arten des Guten, für die es keine Analogie beim Wahren gibt. Man kann nicht einfach von guten Gründen sprechen, sondern diese sind moralische oder instrumentelle usw., und die moralischen Gründe lassen sich ihrerseits sehr verschieden verstehen. Wenn bei Nida-Rümelin das Spezifische moralischer Gründe in der Rede von guten Gründen zum Handeln aufgeht, heißt das, dass er nicht einen anderen Begriff von Moral hat als ich, sondern gar keinen.«

Nennen wir dies kurzum *Tugendhats Problem*: Die Ethik kann sich nicht im Allgemeinen mit Handlungsgründen beschäftigen, weil einige meiner Handlungsgründe gar nicht moralisch relevant sind.

GERT SCOBEL: Sondern politisch, das hatten wir ja.

Markus Gabriel: Politik und Ethik sind nicht dasselbe, wenn sie sich auch überlappen. Doch genau dieser Unterschied fällt in Nida-Rümelins Annäherung von Ethik und Physik unter den Tisch, weil die Kategorie praktischer Gründe nicht zwischen Politik und Ethik differenziert, das ist fatal.

Gert Scobel: Du meinst politische, zweckrationale Gründe oder technische, etwa Verwaltungsgründe.

Markus Gabriel: Ja, es gibt viele Handlungsgründe, die nicht moralisch sind. Also kommt jetzt die harte Tugendhat-Frage, auf die Nida-Rümelin eine Antwort haben sollte: Welche Handlungsgründe sind denn die moralischen? Und genau das ist das Problem der Moralbegründung, nicht das Auffinden eines Prinzips, aus dem sich die moralischen Tatsachen ableiten lassen, sondern das Auffinden eines Prinzips, das uns erlaubt zu sagen, welche unserer Handlungsgründe überhaupt die moralischen sind. Das ist Tugendhats Problem, und das gilt es zu lösen.

Gert Scobel: Was sind die Bedingungen – kantisch formuliert – der Möglichkeit, dafür überhaupt moralische Fragen identifizieren zu können und eindeutig auszuschließen, dass es sich nicht zum Beispiel um politische Fragestellungen handelt?

Markus Gabriel: Ganz genau, und das ist das eigentliche Problem der Moralbegründung, nicht das Finden eines Prinzips.

Gert Scobel: Ein Prinzip lässt sich eigentlich immer finden, Stichwort Verifikationsprinzip. Irgendwo in der Nähe hängt immer eine metaphysische Wurst rum. Man findet selbst für die abstrusesten Behauptungen scheinbar irgendwelche Gründe.

Markus Gabriel: Genau, und das ist das Problem, das Tugendhat so scharf gesehen hat wie vielleicht kein anderer. Deswegen sind die *Vorlesungen über Ethik* so wichtig. Ich habe das erst vor Kurzem verstanden, wie wichtig diese moralphilosophische Intervention von Tugendhat ist. Und jetzt ist die Frage: Was antworten wir? Hier ist mein Vorschlag *in nuce*: Moralische Gründe zu handeln sind im Unterschied zu den instrumentellen und andersartigen solche, die ich einfach nur habe, weil ich ein Mensch bin. Die Universalität folgt direkt aus diesem Umstand. Ich habe Gründe, meinen Kühlschrank zu füllen. Diese meine Gründe sind nicht deine Gründe. Das ist moralisch irrelevant. Ich mag Pizza, du magst vielleicht Gemüseburger, ich fülle meinen Kühlschrank so, du anders. Aber wenn wir vor der Frage stehen, wie wir am besten Leben in der Corona-Pandemie retten, ohne zu große Sekundärschäden zu produzieren, geht es um etwas, das uns alle als Menschen angeht.

Gert Scobel: Das ist mir deshalb zu vage, weil erstens alle Philosophie nach Kant darauf hinausläuft, letztlich die Frage nach dem zu stellen, was der Mensch ist. Das Zweite ist, du kannst die Frage nach dem Menschen wiederum in vielfacher Hinsicht bestimmen, nämlich biologisch, nach Bedürfnissen, psychologisch, politisch und auch irgendwie ethisch, ohne damit die Frage beantwortet zu haben, was denn nun das eigentlich Ethische ist. Also du kannst auf tausend Arten nach den Menschen fragen. Das heißt, du verschiebst mit dieser Definition eigentlich nur die Frage. Deshalb halte ich es nicht für eine Antwort.

Markus Gabriel: Das ist eine gute Erwiderung. In unserer Dialektik lautet jetzt meine Antwort: Das nenne ich *Neo-Existenzialismus*, zu sagen: Der Mensch ist ein geistiges Lebewesen. Geist heißt das Vermögen, im Licht einer Vorstellung davon zu leben, was es heißt, so ein Wesen zu sein. Also Löwen stellen sich ja interessanterweise nicht die Frage, ob sie Vegetarier sein sollen. Löwen essen halt Gazellen, oder was Löwen so essen. Eine Diskussion darüber, ob das moralisch in Ordnung ist, führen sie nicht. Wir hingegen schon. Wir transformieren Gewohnheiten unserer Lebensformen, die wir als Tiere haben – wenn ich einfach Appetit auf ein Schnitzel verspüre und esse, dann ist ein Tier in mir, das einfach Schnitzel gerne mag. Das ist animalisch, das ist meine Überlebensform, das Schnitzel zu mögen. Mir schmeckt das. Jetzt esse ich es. Mich aber zu fragen: Soll ich das, Klimawandel, Schmerz des Tieres, Fleischindustrie? Da kommt die Moral. Warum? Weil ich mein Vermögen im Lichte einer Vorstellung davon, was es heißt, Mensch zu sein, im Unterschied zu anderen Tieren und zur Umwelt aktiviere. In diesem Sinn gründet die Ethik in der Anthropologie, auch das natürlich eine Idee, die Tugendhat verfolgt hat.

Gert Scobel: Eigentlich bestätigst du meine Definition, nämlich: Ethik ist die Analyse und die argumentative Transformation von handlungsrelevanten Differenzen. Auf einmal stellen wir fest: Oh, es gibt Fleischfresser, und es gibt Vegetarier. Wir führen in unsere Lebensweise, die uns vielleicht bis daher noch gar nicht so bewusst war, eine Differenz ein. Und jetzt stellen wir uns die Frage mit Blick auf unser Menschsein, wie ich mich jetzt nach Einführung dieser Differenz als Mensch verhalte: Ist diese Differenz moralisch relevant? Wir wissen, sie ist handlungsrelevant.

Markus Gabriel: D'accord.

Gert Scobel: Wir können durch die Einführung von Differenzen nicht nur unsere Wahrnehmung transformieren, sondern auch unser Verhalten beeinflussen. Dies kann durch die Form von Narrationen oder neuen Filmen, wie auch immer, geschehen.

Markus Gabriel: Damit sind wir wieder beim Tugendhat-Problem. Wenn ich mich jetzt also frage, soll ich Vegetarier werden, beziehe ich das Klimathema oder den Schmerz des Tieres oder die schlechten Arbeitsbedingungen in der Fleischindustrie mit ein. Warum ist das keine rein instrumentelle, sondern auch eine moralische Fragestellung? Wenn ich aber halt nicht will, dass es in Deutschland bald so heiß ist wie in Florida, ich es eben lieber ein bisschen kühler mag und deswegen ab sofort kein Lamm mehr esse. Das wäre keine moralische, sondern eine instrumentelle Motivation.

Gert Scobel: Warum solltest du wollen, dass es nicht zu heiß wird, wäre die moralische Frage.

Markus Gabriel: Ganz genau, und deswegen ist eine Diskussion über etwas, was wie ein moralisches Thema aussieht – Vegetarianismus, Corona, Klima –, noch nicht ipso facto eine moralische Diskussion. Und wir müssen auch noch ein Kriterium dafür entwickeln, worin der Unterschied zwischen richtigem moralischem Nachdenken und dem bloßen Moralisieren besteht, dem »Moralausstoß«, wie das mein Gesprächspartner Peter Unfried in der *taz* genannt hat.[20]

Unmoralische Küche

GERT SCOBEL: Moralisieren ist wohl ein instrumentelles Einführen von Differenzen, um eine vorausdefinierte Form der Handlung zu bewirken, oder? Instrumentelles Moralisieren ist ja auch ein instrumentelles Verhalten. Ich glaube, das kann man schnell vom Tisch fegen.

MARKUS GABRIEL: Und damit lautet die Gretchenfrage: Welche Fleischdiskussion ist eine moralische? Mein Vorschlag, vielleicht kein guter, aber mein Vorschlag ist: eine Diskussion, die in Rechnung stellt, wie wir in die Wirklichkeit passen, was wir als Menschen anderen Lebewesen, anderen Tieren aus moralischen Gründen schulden usw. Welche Art von Leben führt das Tier, das wir bereit sind zu essen? Also, Folgendes halte ich für moralisch unbedenklich: Ein Tier läuft rum und weiß von nichts, und ich finde einen Weg, dieses Tier völlig schmerzlos zu töten. Also stell dir vor, die Kuh führt immer schon das allerglücklichste Leben, innerlich pfeift sie vor Glück, noch nie hat sie so lecker gegessen. Ich schade nun weder ihr noch irgendeinem anderen Tier ihrer oder einer anderen Art, das ihr etwas bedeutet.

GERT SCOBEL: Das ist das Truthahnparadox: Der Truthahn denkt, es wird täglich besser, weil er jeden Tag weiter und damit einen Tag mehr gefüttert wird. Bis Thanksgiving. Allerdings entscheidet nicht der Truthahn, wann er das Leben beendet, sondern du.

MARKUS GABRIEL: Ganz genau, und das, würde ich sagen, ist nicht ohne Zusatzannahmen unmoralisch. Wenn es eine dem Menschen übergeordnete superintelligente Instanz gäbe (also klassisch: Aliens), die dafür sorgt, dass wir alle das glücklichste Leben haben, bis wir dann irgendwann einfach weg sind und sie insgeheim unsere Körper fressen, ohne dass das jemals jemand merkt, wirkt das furchtbar. Aber wenn dies die einzige Möglichkeit wäre, uns vor einem langsamen Krebstod zu retten? Dann wäre es sogar eine Verbesserung meiner Lebensform, wenn wir auf diese Weise völlig unbemerkt gezüchtet würden. (Ein schrecklicher Gedanke, gezüchtet zu werden.) Jetzt ist die Frage, ist das auch bei dem Truthahn so? Und da lautet die Antwort derzeit: Eindeutig nein, weshalb auf jeden Fall die Tierhaltung, wie sie weitgehend im Moment praktiziert wird, moralisch inakzeptabel ist.

Wenn wir allerdings im Gedankenexperiment der unbemerkten Menschenzüchtung durch superintelligente Aliens die Intuition haben, dass das unmoralisch ist, folgt daraus meines Erachtens, dass es unmoralisch ist, überhaupt Truthähne zu essen, weil selbst in der besten Form, wo der Truthahn das beste Leben führt, er, ohne es zu merken, einfach aus dem Leben genommen wird. Wenn wir das beim Menschen für nicht vertretbar halten, dann aus denselben Gründen auch beim Truthahn. Ergebnis wäre, moralisch argumentiert: Truthahn essen darfst du nicht. Wichtig ist bei alledem, dass wir anerkennen, dass alle Tiere einer bestimmten

Komplexitätsstufe *inside ethics* sind, wie Alice Crary das nennt. Wir wissen allerdings nicht, ob es auch eine Tierethik für Schädlinge gibt und wie wir damit umgehen sollen, dass wir auf jeden Fall töten müssen, um zu überleben, weil auch Pflanzen leben und weil wir notwendigerweise Tiere töten, wenn wir Pflanzen essen, jedenfalls irgendwo in der Produktions- und Lieferkette, das ist unvermeidlich.

GERT SCOBEL: Wir könnten darüber jetzt eine lange Diskussion führen, das wäre wahrscheinlich ein eigenes Buch über Tiere und Moral. Wie lange sollte ein Tier leben? Darf ich in die Länge des Lebens eines Tieres eingreifen? Muss ich das Tier nicht seinem eigenen Leben überlassen, statt es, wenn auch durch eine schmerzlose Methode, zu töten? Das sind ja alles Fragen, über die man wieder lange Pro- und Kontragründe anführen kann.

MARKUS GABRIEL: Ja, und da würde ich aber sagen, zunächst mal im Allgemeinen haben wir Menschen die Frage an uns selbst mit Ja beantwortet, weil wir in unsere eigene Lebensspanne eingreifen, verlängernd und verkürzend. Der Konsum von Zucker verkürzt die Lebensspanne vieler Menschen. Niemand sagt, wir sollten keinen Zucker herstellen.

GERT SCOBEL: Oder Alkohol.

Markus Gabriel: Damit haben wir ganz klar, ob wir wollen oder nicht, längst konzediert, dass die Verlängerung und Verkürzung der Lebensspanne von Lebewesen – Menschen – von uns hingenommen wird. Deswegen, würde ich sagen, ist das geklärt. Deswegen ist die Frage, »Dürfen wir über die Länge oder Kürze des Lebens eines Tieres moralisch entscheiden?«, mit »Ja« zu beantworten, tun wir auch bei uns. Was wir gerne vergessen in der Tierdiskussion, ist, dass wir Tiere sind, woraus sofort folgt, dass es eine Tierethik geben muss. Es kann keine Menschenethik ohne eine Tierethik geben.

Maß und Mitte

Gert Scobel: Aber wir kommen damit auf ein ganz altes Thema der Ethik zurück, nämlich das Maß. Die Frage ist, ob mit dem Hinweis auf das maßvolle Verhalten nicht doch Verhaltensweisen, die wir schlecht nennen müssten, durch die Hintertür wieder reinkommen und akzeptiert werden.

Markus Gabriel: Darüber werden wir noch reden. Aber wenn die Diskussionen, die wir über das Absolute oder den Raum, den leeren Raum der Unterscheidung, hatten, wenn diese ontologische strukturbildende Frage grundlegend ist, dann haben wir natürlich hier eine Moralbegründungsfigur der Form Transzendenz. Was in Bezug auf unsere Diskussion auch völlig in Ordnung ist.

Gert Scobel: Ja, aber noch sind wir da nicht. Ich fasse mal zusammen, wo wir gerade stehen: Wir haben gesagt, zu denken bedeutet, die Operation des Unterscheidens einzuführen. Ethik beruht auf Denken – einerseits. Andererseits nimmt Ethik ihren Ausgangspunkt in der Wahrnehmung der Komplexität der Wirklichkeit. Und das beinhaltet die Pluralität der Stimmen, der Sinnhorizonte, in denen Wirklichkeit gedeutet wird. Das sind die Ausgangspunkte. Alles andere haben wir zunächst bewusst offengelassen, um genau das zu tun, was erforderlich ist: einen echten Dialog zu führen. Denn genau das macht Ethik: einen Raum frei zu halten oder zu eröffnen, um zu verhindern, dass vorzeitig Unterscheidungen getroffen werden und jemand etwas zuungunsten anderer festlegt, wie es zum Beispiel in der Genderdebatte geschah. Der Philosoph Paul Feyerabend hat immer wieder betont, dass in der Erkenntnistheorie wie in der Ethik ein Pluralismus von Theorien und metaphysischen Ansichten ein essenzieller Bestandteil der Methodologie ist – und einen essenziellen Bestandteil jeder humanistischen Perspektive darstellt. Eine ethische Diskussion muss daher, um überhaupt stattfinden zu können, für diese Pluralität eintreten und beanspruchen: »Dieser Raum wird frei gehalten, dieser Raum bleibt leer.« Wir halten zunächst diese leere Mitte frei. Über den Begriff werden wir uns ja später noch unterhalten. Schon jetzt können wir aber sagen: Eine »leere Mitte« zwischen den Extremen frei zu halten, ist nach unserem Gespräch paradoxerweise das eigentlich Moralische. Und um das Missverständnis gleich auszuschließen: Es geht nicht um Ausweichen oder Beliebigkeit, es darf nicht geschehen, dass ich überhaupt nicht mehr handele und das, was in unseren Augen unmoralisch ist, einfach durchwinke.

MARKUS GABRIEL: Genau, und dann wäre aber die Ethik gar nicht mehr so zu verstehen, dass wir eben unter den vielen Gründen, die man so haben kann, die moralischen individuieren sollten, sondern dieses Modell, dem wir uns gerade nähern, wäre noch weniger algorithmisch als das, mit dem ich in unser Gespräch eingestiegen bin. Dann müssen wir uns noch mehr abverlangen, ein neues Format der Kritischen Theorie.

GERT SCOBEL: Eine Kritische Theorie, die damit beginnt, Möglichkeitsräume zu eröffnen. Wir müssen prüfen, was »auch noch« zum Menschsein gehört. Mir fällt dabei Pierre Bourdieu ein. Indem ich die feinen Unterschiede untersuche, entwickle ich ein zunehmendes Gespür für das, was geschieht: etwa wenn einer Frau auf der Straße hinterhergegafft oder ihr hinterhergepfiffen wird. Indem ich dieses Gespür auch als Mann entwickle, also den Möglichkeitsraum meines Empfindens, meiner Wahrnehmung von mir selber als Person erweitere, gelange ich überhaupt zur Wahrnehmung des Unterschieds und damit zur ethischen Dimension.

MARKUS GABRIEL: Da würde ich auf jeden Fall mitgehen, aber dann braucht es weitere Schritte.

GERT SCOBEL: Richtig – der Perspektivwechsel ist erst der Anfang. Auf die empirische Dimension der Unterschiede kommen wir ja im zweiten Kapitel, wenn es um die Differenzen geht. Aber du bist ja der Frage ausgewichen: Wenn wir unsere Form von Kritischer Theorie eingeführt haben und die Zwischenräume offen halten, statt sie sofort zu besetzen, was ist dann darüber hinaus mehr zu leisten? Adorno hat das ja negative Dialektik genannt, eine Öffnung dem gegenüber, was sich der klaren Darstellung, der eindeutigen Zuordnung entzieht.

MARKUS GABRIEL: Genau, es darf nicht nur die Öffnung sein. Deswegen bin ich ja moralischer Realist: Es müssen wahre Urteile rauskommen. Handelt es sich lediglich um eine Praxis des Verschiebens, dann sind wir in der Dekonstruktion – bei Jacques Derrida. Verschieb immer weiter, hat Derrida gesagt und den Begriff *différance* geprägt. *Différance* (bewusst mit »a« geschrieben) ist eben nicht Differenz, sondern kommt von *différer*, verschieben. Derrida sagt, zum Beispiel auch im Hinblick auf Gender, wir müssen das immer weiter verschieben, es gibt keine endgültige Bestimmung unserer Geschlechtlichkeit. Wir lösen erst den Begriff der Frau immer weiter auf. Dann kommt der Begriff des Mannes, dann lösen wir den auf. Dann kommt der Begriff des Diversen, dann lösen wir diese alle auf in diesen ganzen Verschiebungen und pluralisieren, reden immer mehr nur im Plural, und es werden immer mehr Stimmen. War das jetzt Moral? Das war Dekonstruktion, und deswegen brauchen wir auch mehr davon. Aber wir können die ethischen Entscheidungen nicht dauernd verschieben. Das ist das Problem bei Derrida oder auch bei Adorno: Die theoretischen Manöver weisen in die richtige Richtung, es kommt aber nicht zum Urteil, und damit fehlt der moralische Realismus.

GERT SCOBEL: Wir haben eine paradoxe Bewegung. Einerseits halten wir den Raum in der Mitte leer, wir schieben Differenzen auf. Wir sind dagegen, Differenzen voreilig einzuführen und damit bestimmte Zustände festzuschreiben. Andererseits müssen wir aber jetzt in einer endlichen Zeit mit endlichem Wissen zu klaren Entscheidungen kommen. Und moralische Tatsachen anerkennen.

MARKUS GABRIEL: Und wahre Urteile fällen.

GERT SCOBEL: Die wir auch begründen können.

Δ*

ANTINOMIE

»In dem Cirkel, daraus alles wird, ist es kein Widerspruch, daß das, wodurch das Eine erzeugt wird, selbst wieder von ihm gezeugt werde. Es ist hier kein Erstes und kein Letztes, weil alles sich gegenseitig voraussetzt, keins das andere und doch nicht ohne das andere ist.«

Friedrich Wilhelm Joseph Schelling,
»Philosophische Untersuchungen über
das Wesen der menschlichen Freiheit
und die damit zusammenhängenden
Gegenstände«, 1809

* Delta (griechischer Buchstabe)
und Differenzzeichen (Mathematik)

Kapuzineräffchen

GERT SCOBEL: *Ausgangspunkt* für unsere nächsten Überlegungen über Ethik war ja vor etwa anderthalb Jahren der TED-Talk des Primatenforschers Frans de Waal über sein Experiment mit zwei Kapuzineräffchen, das wir beide höchst interessant fanden.[21] Und das ist der Versuchsaufbau: Zwei Kapuzineräffchen befinden sich jeweils so in einem Käfig, dass sie sich gegenseitig gut beobachten können. Die beiden haben gelernt, mit einem sogenannten Token zu arbeiten. Ein Token ist ein Gegenstand, den man einem Äffchen gibt, in unserem Fall einen Stein. Der Affe gibt den Gegenstand zurück – und erhält dafür eine Belohnung im Austausch für diesen Stein. Das eigentliche Experiment läuft im Folgenden so ab: Der Stein wird Äffchen eins gegeben, das Äffchen gibt ihn zurück und erhält dafür als Belohnung ein Stück Traube. Das Gleiche geschieht bei Äffchen zwei, das jedoch nur eine Gurke erhält. Eine Gurke ist völlig okay für Kapuzineräffchen, eigentlich ein super Essen, da kann man nicht meckern: aber keine Delikatesse. Kapuzineräffchen zwei registriert das, und man spürt, es ist irgendwie irritiert. Zweite Phase. Kapuzineräffchen eins kriegt zum zweiten Mal das Token, gibt es brav zurück, erhält wieder eine Traube, das andere jedoch die Gurke. Äffchen zwei fängt an, leicht zu rebellieren, und schmeißt die Gurke in Richtung Experimentator aus dem Käfig. Beim dritten Mal wird der zweite Kapuzineraffe richtig aggressiv, ist wütend, rebelliert und schleudert die Gurke heraus. Wenn man genau hinschaut, und dieses Detail entgeht einem leicht, geschieht noch etwas Erstaunliches. Das zweite Äffchen nimmt das Token, also den Stein, und klopft mit ihm gegen die Wand, bevor es ihn wieder zurückgibt – so als prüfe es den Stein, ob irgendwas mit diesem Medium der Kommunikation nicht richtig funktioniert und es an dem Stein liegt, dass es eine Gurke und keine Traube erhalten hat.

Über dieses Experiment haben wir beide uns unterhalten – mit dem intuitiven Gefühl, dass es einen wichtigen Schlüssel zum Verständnis von Moral, vielleicht auch von Ethik enthält. An dieser Stelle sollte man darauf hinweisen, dass es seit einiger Zeit unter Primatenforschern und Anthropologen einen Streit über das Experiment und seine Deutung gibt – was für uns bedeutete, dieses Experiment nicht überzubewerten. Aber es zeigt etwas Wichtiges. Wir haben es hier mit zwei bewussten, aber unterschiedlichen Verhaltensweisen im Tierreich zu tun. Sie haben erstens entscheidend mit der wechselseitigen Beobachtung der Tiere zu tun, zweitens mit ihrer Wahrnehmung eines Unterschiedes in der Qualität der Belohnung, die sie für dieselbe Handlung erhalten, und drittens mit einem Versuch, auf die unterschiedliche Handlung so zu reagieren, dass eines der Tiere so etwas wie Empörung über ein offensichtlich als unfair gedeutetes Verhalten des Experimentators zeigt. Das alles scheint extrem menschlich zu sein. Die Verhaltensweisen rangieren von großer Zufriedenheit – ich erhalte die Traube und bin zufrieden, super! – bis hin zur offenen Rebellion, denn das Kapuzineräffchen, das immer mit der Gurke belohnt wird, tickt zum Schluss richtig aus. Es tobt im Käfig herum, schmeißt die Gurke raus, fängt an zu schreien. Es zeigt offensichtlich eine Form von Rebellion, Aggression oder Gewalt. Irgendwo zwischen diesen beiden Verhaltensweisen, zwischen »ich bin mit meinem Leben zufrieden und zeige kein groß auffälliges, problematisches Verhalten« und »ich agiere mit Gewalt« rangiert die Bandbreite auch unseres Verhaltens. Denn in vielen Fällen ist auch unser jeweiliges Verhalten eine Reaktion auf einen bestimmten Input, den wir zum Beispiel als fair oder unfair erfahren. Nun kann man überlegen, dieses Verhalten in einem nächsten Schritt auf Menschen zu übertragen. Tatsächlich gibt es ja in der Ökonomie eine Reihe von Experimenten zur Fairness. Analog kann man nun die Reaktionen unterschiedlicher Kulturen oder Menschen auf ein und denselben Input untersuchen. Wie reagiert beispielsweise eine Gesellschaft wie die deutsche auf Homosexualität und wie die Gesellschaft Thailands, Russlands oder Saudi-Arabiens? Man stellt eine Reihe solcher Vergleiche an und stellt fest: Auch die Differenzen im Verhalten von Menschen rangieren zwischen Reaktionen der Freude und Akzeptanz über neutrale Gleichgültigkeit bis hin zur »Rebellion« und zum Ausbruch von Gewalt. Auf diese Weise findet man Muster von Verhaltensweisen, die sich in den Details der Reaktion ebenso unterscheiden wie in dem Moment, ab dem es zu einer Art Kipppunkt im Verhalten kommt und Neutralität in eine aggressive Reaktion umschlägt. Der Begriff des Kipppunktes stammt dabei aus der Komplexitätstheorie, die unter anderem untersucht, wann es zu einem Riss, einer radikalen Veränderung in einem System kommt. Wann wird es zu viel – und die Zufriedenheit kippt in Unzufriedenheit und am Ende vielleicht in Gewalt? Was ist nötig, um diesen Umschlag hervorzubringen? Was sich jeweils unterscheidet, ist die Differenz, das heißt das Intervall der möglichen Verhaltensweisen, die ein einzelner Mensch oder eine Gruppe von Menschen zeigt. Mal zeigen wir sehr viele unterschiedliche Verhaltensweisen und sind beispielsweise sehr tolerant – das wäre ein großes Differenzintervall –, mal zeigt unser Verhalten sehr enge Grenzen, und wir sind sehr auf einen bestimmten Punkt fixiert, zeigen also nur eine geringe Differenz mit wenig Spielraum zwischen den Polen in unserem Verhalten. Und jetzt kann man – das war, glaube ich, der nächste Schritt unserer Diskussion – auf die Idee kommen: Okay, man misst jetzt einfach weltweit empirisch durch, wie sich Menschen in Bezug auf verschiedenste Problematiken verhalten, gleich, ob das politische sind, religiöse, moralische, sexuelle oder was auch immer. Dann bildet man jeweils eine Art von Durchschnittsmenge oder Durchschnittsintervall des

Verhaltens und weiß dann, hält man die verschiedenen Reaktionsweisen mit ihren Differenzen gegeneinander, wo die größten Unterschiede liegen oder was umgekehrt faktisch die universelle Durchschnittsmoral bzw. Verhaltensweise ist. Natürlich können wir sagen, dass die Feststellung dessen, was faktisch der Fall ist, keine Lösung eines moralischen Problems oder einer ethischen Fragestellung sein kann, denn wir fragen uns in der Ethik ja nicht, was Menschen tatsächlich tun, sondern vielmehr, ob Menschen das, was sie tun, tatsächlich auch tun sollen. Das aber kann ich nicht ableiten aus den empirischen Gegebenheiten. Dennoch bildeten diese Analysen über die empirisch feststellbaren Differenzen im Verhalten eine Basis für unser weiteres Gespräch und unser Buch – einschließlich der Idee, dieses Kapitel mit »Delta« zu überschreiben. Delta, das mathematische Symbol für Differenzen, bezeichnet die Unterschiede bzw. Intervalle der möglichen Verhaltensweisen, die man empirisch messen kann.

MARKUS GABRIEL: Es gibt viele verhaltensökonomische und spieltheoretische Studien, die man mit den geeigneten Methoden wie mit den Kapuzineräffchen eben auch an Menschen in Simulationsumgebungen und unter nicht simulierten realen Bedingungen gemacht hat. Seit Längerem ist man immer wieder auf einer solchen Grundlage zu dem Ergebnis gekommen, dass Märkte nicht so unmoralisch sind, wie man glaubt, weil sich Menschen wie Kapuzineräffchen und andere Lebewesen auch, bei denen man das beobachtet hat, moralisch, sprich: prosozial verhalten und einen Sinn für Fairness haben. Doch dies kann bedeuten, dass Probanden sich gewissermaßen irrational verhalten. Beispiel: Wenn zwei Probanden 100 Euro zu verteilen haben und man ihnen sagt, der Erste darf einen Vorschlag machen, wie viel er sich nimmt, und der Zweite kann entweder den Anteil akzeptieren, den er erhält, oder das ganze Ding ablehnen, und keiner kriegt etwas. Wenn der Erste dann sagt, »Ich nehme 99 Euro«, lehnt es der Zweite fast immer ab, obwohl es ökonomisch gesehen irrational ist. Denn der Proband, der die Gesamtlage ablehnt, verliert einen Euro. Menschen, so in etwa die Konklusion, wären auf dieser Ebene an Fairness und damit an einer moralischen Kategorie orientiert.

GERT SCOBEL: Es anzunehmen, wäre Win-win für beide: wird aber als unfair erfahren. Ich gewinne etwas: Aber der andere verhält sich unfair, und das lasse ich ihm oder ihr nicht durchgehen.

MARKUS GABRIEL: Das wäre prosoziales Verhalten, das sich am Gedanken einer nicht ökonomischen Gerechtigkeit orientiert. Allerdings gibt es hier vielfältige Interpretationsprobleme. Etwa das folgende: Wer sagt denn, dass nicht Neid statt prosozialer Einstellungen die Entscheidung bestimmt? Dann wären solche Experimente kein Beweis für eine evolutionär angelegte Moralität, sondern umgekehrt Beweis für eine evolutionär bedingte Antimoralität, da Neid sicherlich nicht zu den Tugenden gehört.

Gert Scobel: Das gilt in jedem Fall für Menschen und tendenziell sogar auch für Tiere. Es gibt ein protosoziales Verständnis von Fairness und Gerechtigkeit, das sogar Tiere haben, wie das Affenexperiment und andere Experimente mit unterschiedlichen Tierarten, etwa Hunden, zeigen.

Markus Gabriel: Es gibt einen Fairnessdetektor sowohl bei Menschen als auch bei anderen Tieren. Das mache ich fraglos mit. Aber daraus kann man, so wie du das gerade entwickelt hast, eben nicht ableiten, dass das irgendetwas darüber aussagt, was wir tun sollen. Außerdem sind Begriffe wie Moralität, Prosozialität, Altruismus etc. bereits in die Anlage der Experimente eingeflossen, doch genau diese Interpretation müsste sich aus neutralen Daten ergeben. Die Experimente zeigen deswegen ohnehin nicht, was ihre Interpretinnen meinen.

Differenz ohne Normen?

Gert Scobel: Das ist richtig. Aber mein Punkt ist ja auch, dass sich faktisch so etwas wie ein Kipppunkt bestimmen lässt. An der Frage der tatsächlichen Differenzen im Verhalten lässt sich ja auch das ganze Problem des Relativismus von moralischem Verhalten aufhängen, vielleicht sogar der Relativismus von Typen oder Formen der Begründung von Ethik. Man stellt eine faktische Differenz fest und sagt: Aha, Verhalten ist relativ – also gibt es keine Wahrheit in Fragen der Ethik.

MARKUS GABRIEL: Genau. Es könnte dennoch sein, dass die universale Verhaltensform, die wir jetzt entdeckt haben, nicht die universale Moral ist, sondern dass da ein Abweichungsraum bleibt. Führen wir einmal Aleph ein. Aleph wäre der Raum, der Optimalraum, in dem das, was die Menschen tun, genau das ist, was sie auch tun sollen. Delta, das heißt das experimentell beobachtete Verhalten, wird nun nicht identisch sein mit Aleph, denn sonst wären Menschen Heilige. Wie Menschen sich faktisch verhalten, erlaubt nur beschränkt Rückschlüsse darauf, was ihre Werte sind. Es gibt eben diese Lücke zwischen Wert und Verhalten, und die kann man nicht verhaltenswissenschaftlich schließen. Keiner ist ein Heiliger, also jemand, der sich immer moralisch korrekt verhält.

GERT SCOBEL: Also Aleph ist nur eine Teilmenge der Differenz, des Delta, das wir ausmachen können. Man braucht nur mal länger auf einer Straße in einer Innenstadt entlangzugehen oder aufmerksam Nachrichten zu schauen, dann weiß man das.

Markus Gabriel: Verhielten wir uns immer moralisch korrekt, fielen Norm und Verhalten zusammen. Doch das geht schon deswegen nicht, weil wir Widersprüchliches tun, was wiederum experimentell gut abgesichert ist. Niemand verhält sich dauerhaft konsistent, wir verändern ja schließlich unser Verhalten in unserem Leben sowie in verschiedenen Lebenssituationen. Daraus sehen wir, es kann nicht sein, dass sich Menschen immer moralisch korrekt verhalten. Deswegen gibt es einen Abweichungsfaktor, den wir nicht kennen und über den wir uns hier eigentlich unterhalten. Da ist die Lücke wieder. Es gibt Abweichungen, die Aleph von Delta trennen, darin liegt die Normativität. Normativität – und um die geht es in der Ethik – ist der Unterschied zwischen Aleph und Delta, und deswegen ist es ein Fehlschluss, den ich *Ökonomismus* nenne, verhaltenswissenschaftliche Indizien für oder gegen unsere Moralität zu sammeln. Der Ökonomismus glaubt, dass wir an dem faktischen Verhalten von Menschen die Normen ablesen können, denen sie unterstehen. Das geht nicht, es ist ein Irrtum zu glauben, das sei eine geeignete Methode.

Gert Scobel: Ich würde es ja eher *Algorithmizismus* nennen, und zwar aus folgendem Grund: weil man behauptet, es gäbe einen Algorithmus, mit dem sich ein bestimmtes Intervall von Verhalten empirisch beschreiben und sogar voraussagen lasse. Tatsächlich hat man ja unser Affenexperiment in gewisser Weise, wenn auch auf einer anderen Ebene, tatsächlich mit Menschen gemacht, und zwar in einer Untersuchung, die auch noch »Moral Machine« heißt: Ich meine das Moral-Machine-Experiment des MIT.[22] Auf der Seite, auf der man selber an diesem Experiment teilnehmen kann, heißt es: »Willkommen bei Moral Machine! Diese Plattform erfasst, wie Menschen zu moralischen Entscheidungen stehen, die von intelligenten Maschinen, wie z. B. selbstfahrenden Autos, getroffen werden. Wir zeigen dir moralische Dilemmata, bei denen sich ein führerloses Auto für das geringste Übel entscheiden muss, beispielsweise die Entscheidung, zwei Mitfahrer oder fünf Fußgänger zu töten. Als ein außenstehender Beobachter entscheidest du, welcher Ausgang deiner Meinung nach akzeptabel ist. Am Ende kannst du deine Antwort mit der anderer Teilnehmerinnen vergleichen.« Es zeigten sich erstaunlich große Unterschiede im Verhalten. Interessanterweise gibt es zum Beispiel große Unterschiede zwischen Deutschland und Frankreich, obwohl diese beiden Länder sich sehr nahestehen. Man findet stattdessen in manchen Antworten eine größere Nähe Deutschlands zu China. Nun lässt sich zum Beispiel wiederum China mit den USA vergleichen oder Dänemark mit Vietnam. Auf diese Art und Weise kann man ermitteln, wie sich faktisch verschiedene Deltas in Bezug auf ein und dasselbe moralische Problem bilden und wie Länder sich im Durchschnitt dazu verhalten. Was hochinteressant ist, weil so eine Untersuchung zum Beispiel die häufig auftretenden Kommunikationsprobleme im Hinblick auf moralische Verständigung zwischen Ländern erleichtern kann, weil wir einfach im Vorfeld schon sehen, wo sich faktisch das Verhalten bzw. dessen Bewertung unterscheidet. Die Frage ist, was diese Ergebnisse über die Normen und ethischen Probleme aussagen. An welchen Punkten unterscheiden sich diese tatsächlich? Im Grunde genommen wurde am MIT das Affenexperiment, von dem wir ausgegangen sind, lediglich in Bezug auf menschliche Reflexion über zukünftiges Verhalten erweitert. Die entscheidende Frage aber lautet: Gibt es einen optimalen Algorithmus – deshalb Algorithmizismus –, der uns mit großer Sicherheit voraussagen ließe, wie wir uns, ob nun im Blick auf die Ökonomie, die Sexualität, die Politik oder was auch immer, in einem bestimmten Kulturkreis – oder auch global und internationalisiert – verhalten. Wenn wir beispielsweise ein selbstfahrendes Auto aus Deutschland verkaufen wollen – welche Ethik müssten wir dann in welchem Land implementieren? Am Ende wäre es mit der Ethik so ähnlich wie mit den globalen Weinen: Sie schmecken international zunehmend gleich und sind inzwischen überall zu finden. *Global wine, global ethic*: Nach diesem Modell gäbe es eine Art von globaler, nicht aber universaler Moral, die lediglich den kleinsten gemeinsamen Nenner all dieser Differenzen darstellt, die faktisch und nicht nur theoretisch im moralischen Verhalten auftreten.

Moral Machine

MARKUS GABRIEL: Man könnte sogar vermuten, dass dieser Algorithmizismus teilweise wiederum über die sozialen Netzwerke paradigmatisch in unserer Lebenswelt implementiert wird. Also wir werden sozusagen strukturell gleichgeschaltet, wobei diese Gleichschaltung rein formal über die Algorithmen läuft, also nicht etwa höhere Ziele verfolgt. Sie ist Zweck an sich selbst, dient nur dem Datenkapitalismus.

GERT SCOBEL: Wir werden ähnlicher – oder ähnlicher gemacht. Das müsste sich durch Studien wie »Moral Machine« empirisch nachweisen lassen.

MARKUS GABRIEL: Empirisch – jedoch über den Umweg einer Verhaltensmodifikation durch vor allem die US-amerikanischen sozialen Netzwerke, in deren Algorithmen die Erkenntnisse der Verhaltensökonomie ja umgesetzt werden.

GERT SCOBEL: Richtig, denn die Netzwerke bieten uns ja im Grunde genommen – obwohl es auf der Oberfläche scheinbar anders ist – nur bestimmte Möglichkeiten: Traube oder Gurke oder sogar etwas anderes, ganz Übles. Wir werden trainiert, zu liken oder nicht – und sollen uns an diese Optionen gewöhnen. Tatsächlich haben sich Milliarden von Menschen bereits angepasst: Sie wollen digitale Likes. In diesen wenigen Verhaltensweisen, die uns bleiben, um zu reagieren, soll sich dann der gesamte, viel pluralistischere und angeblich »freie« ökonomische Bereich abspielen, der jedoch mit Hilfe des von dir genannten Überwachungskapitalismus bereits unser Verhalten steuert.

Markus Gabriel: Eben darum geht es: um Verhaltenssteuerung, genauer, eine problematische Verhaltenssteuerung, die Shoshana Zuboff in ihrem Buch *Surveillance Capitalism*[23] vorbildlich analysiert hat. Was sie dort sehr detailliert und gut informiert zeigt, können wir jetzt übersetzen, indem wir sagen, dass man ein gemessenes kulturübergreifendes, transnationales, transkulturelles Delta, das man dann etwa wie zum Beispiel »Moral Machine« am MIT erhebt, für die sozialen Netzwerke und ihre Verhaltenssteuerung verwenden kann. Man weiß also: Dies und das ist eine typisch menschliche, weitgehend kulturübergreifende Verhaltensform. Sobald man die kennt, kann man sie auf den geeigneten Kanälen subliminaler Manipulation ansprechen, und das tun diese Unternehmen ja.

Gert Scobel: Sie triggern und verändern ganz gezielt. Auch das ist ein, wenn auch ökonomisch geleitetes, digitales Sozialexperiment wie in China. Dort wird versucht, schon durch bestimmte Vorgaben das Delta, also die Spannweite möglicher Verhaltensweisen, gleich zu Beginn einzuschränken, denn mein »richtiges« Verhalten bewegt sich nur in einem engen, sehr genau bestimmten Intervall. Darin unterscheidet sich China von unseren Gesellschaften. Aber der Mechanismus dahinter, über digitale Technologien, wie WeChat, beispielsweise die Bezahlgewohnheiten zu verändern, um über das konsequent bargeldlose Zahlen völlige Kontrolle darüber zu erlangen, was Menschen wofür ausgeben dürfen, und gleichzeitig mögliche Bedarfe zu erkennen und auszunutzen: Genau das ist im Grunde genommen die Strategie des Überwachungskapitalismus, die in China bereits weitgehend umgesetzt worden ist.

MARKUS GABRIEL: Bei uns dringt das auch durch, das darf man nicht unterschätzen. Natürlich nicht staatlich orchestriert, gerade nicht, sondern durch die freien Märkte des Internets, auf die der Staat sich meines Erachtens sogar zu wenig Zugriff erobert hat, aber jedenfalls im Internetraum des weitgehend immer noch bestehenden buchstäblichen Wilden Westens werden wir durch die Methoden des Nudgings, wie man das ja auch nennt, in unserer Subjektivität digitalisiert, das heißt hocheffektiv auf ein bestimmtes Delta in unseren Urteilsweisen hin zugeschnitten. Das heißt, auch unser Nachdenken über ethische Fragestellungen, Identitäten usw. und damit auch Wahlen und Politik werden in ihrer grundlegenden Formatierung gesteuert durch das Eindringen sozialer Netzwerke in unser Selbstbild. Auch in Deutschland werden wir zunehmend von sozialen Netzwerken regiert, weil immer mehr Menschen sich deren Algorithmen unterwerfen, ohne es zu merken, das genaue Gegenteil der Aufklärung, weil das Denken der Einzelnen von anonymen Strukturen gelenkt wird.

Gert Scobel: Symptomatisch dafür ist, dass das Bundeskanzleramt in der Zeit der Regierung von Angela Merkel zwei bis drei empirische Untersuchungen pro Woche macht. Diese Untersuchungen, bei denen es sich in der Regel um aussagekräftige, statistisch verwertbare Umfragen handelt, spiegeln im Grunde genommen nur das Delta möglicher Reaktionsweisen und Einstellungen der bundesdeutschen Bevölkerung wider. Das Bundeskanzleramt macht Delta-Bestimmung. Es liegt jetzt nahe, zu sagen: Gut, wenn das Bundeskanzleramt darüber so gut Bescheid weiß, dann wäre es doch sinnvoll, diese Informationen, die ja empirische Informationen sind, ähnlich wie wissenschaftliche Tatsachen, allen Parteien zur Verfügung zu stellen. So verständlich das empirische Vorgehen in der Politik auf den ersten Blick zu sein scheint, so erstaunlich war es, dass der grüne Bundestagsabgeordnete Malte Spitz mit seinem Antrag auf Offenlegung dieser Untersuchungen aus dem Bundespresseamt zunächst scheiterte. Monatelang wehrte sich das Bundespresseamt gegen die Herausgabe dieser Daten. Erst 2014 konnte Spitz vor Gericht durchsetzen, dass zumindest die Ergebnisse bis 2012 offengelegt werden mussten.[24] Inzwischen werden sie, mit großer Verzögerung, veröffentlicht. Angela Merkel ist eine kluge Physikerin, die ihrer Zeit voraus bleiben will. Denn sie weiß, welche Bedeutung die aus Steuergeldern bezahlte Datenerfassung, die etwa zwei Millionen Euro pro Jahr kostet, für Wahlen, Entscheidungen und die Akzeptanz ihrer Partei und für sie selbst hat. Aber dieses Wissen wurde nicht geteilt. Es musste erst ein Abgeordneter der Grünen klagen, denn keine der anderen Parteien hatte Zugriff auf die aktuelle Einstellungslage, auf das aktuelle Delta der Bevölkerung. Wenn man das weiß – und ich hoffe, das klingt jetzt nicht nach Verschwörungsideologie –, rückt das Vorgehen zumindest in eine Nähe zum Vorgehen der Chinesen, die ebenfalls das Delta ihrer Bevölkerung maximal genau zu erfassen suchen, obwohl beide Staaten diese Datenerfassung natürlich technologisch völlig anders realisieren und auch rechtlich anders lösen.

MARKUS GABRIEL: Die Statistik spielt schon seit langer Zeit in der Moderne nicht die Rolle etwa der Verhaltensbeobachtung, sondern der Verhaltenssteuerung. Hier gibt es Schleifen, Feedback-Mechanismen. Soziologie ist ja keine Fotografie der Gesellschaft, sondern immer auch ein Eingriff in soziale Systeme. Und immerhin verdient der Staat sein Geld mit Steuern, die buchstäblich steuern, wie gewirtschaftet wird.

GERT SCOBEL: Darauf macht Armin Nassehi aufmerksam: Die Soziologie als Wissenschaft führt lange schon

Statistiken in die Bestimmung von Gesellschaft ein. Und das veränderte sie.[25]

MARKUS GABRIEL: Und das heißt, diese Beobachtung, Selbstbeobachtung von Gesellschaft spielt schon lange eine prägende Rolle auch für die Struktur und die Handlungsmuster von Regierungen. Das ist ja klar, dass man sich das zunutze macht. Jetzt ist die Frage, ob nicht eine neue Qualität dadurch entstanden ist, dass die Verhaltensökonomie seit über einem Jahrzehnt systematisch unsere Moral anzapft und strukturell modifiziert. Das wirft die ethische Frage auf: Was darf man eigentlich anzapfen? Kaufverhalten von Dieselmotoren ist eine Frage, aber wie Menschen moralisch denken, darf man das auf diese Weise anzapfen? Wenn man nun unsere moralischen Urteile, das ethische Urteilen, um das es ja in diesem Buch geht, zum Gegenstand eines Social Engineering macht, einer Sozialtechnik, könnte man sich fragen, ob dieser Modus der Verdinglichung nicht in einer besonderen Weise moralisch verwerflich ist. Ich würde sagen, es bedarf mindestens einer Nachfrage, ob das nicht ein Eingriff in die Struktur von Autonomie ist, wenn Autonomie bedeutet, sich selbst steuern zu können. Das müssen wir jetzt bedenken.

GERT SCOBEL: Ich gebe dir recht, ich halte es tendenziell dann für nicht akzeptabel, wenn es geheim geschieht. Im Grunde ist das wie Googles oder YouTubes geheimnisvoller Algorithmus, auf den man sich immer wieder beruft: als sei das ein Ausweis für Rationalität! Doch unsere Gegenseite hat natürlich ein ganz starkes Argument für sich, letztlich ein wissenschaftliches Argument. Und dieses Argument lautet folgendermaßen: »Was spricht eigentlich dagegen, übrigens auch in Sachen eigene Selbsterkenntnis, wenn du faktisch weißt, wie du im Großen und Ganzen im Hinblick auf moralische Probleme tickst – und zwar statistisch gemessen durch Controlling auf sozialer Ebene?« Auf den ersten Blick scheint wenig dagegenzusprechen, dass du selber nach solchen Untersuchungen des Deltas mehr weißt als jetzt, unter anderem, weil du deine eigenen Einstellungen einordnen kannst und die anderer Menschen besser kennst. Müsste man darauf nicht sogar antworten: »Wahrscheinlich spricht nichts dagegen, es wäre gut, wenn ich das selber weiß«? Der nächste Schritt würde darin bestehen, zu sagen: »Wenn du doch glaubst, ein moralisch rational agierender Agent, also Handelnder zu sein: Was spricht dagegen, dass du es nicht nur in Bezug auf dich selber weißt, sondern auch in Bezug auf deine Nachbarn, dein Dorf, deine Stadt, diejenigen, die deine Staatsangehörigkeit teilen oder eben auch gerade nicht? Was spricht dagegen?« Also: Was spricht gegen einen offenen Austausch der Fakten, die in Form von Datensets widerspiegeln, wie im Großen und Ganzen dein moralisches Denken aussieht und vermutlich auch dein Handeln?

Markus Gabriel: Genau, da wird man zunächst einmal vielleicht auf den ersten Blick sagen: gar nichts. Man könnte sogar einen Vorteil sehen und sagen: Transparenz, Demokratie. Man könnte sogar in die Richtung argumentieren.

Gert Scobel: Es liegt für alle offen, alle haben die Daten, alle können was damit machen.

Markus Gabriel: Jetzt kommt aber ein Problem mit der Lücke, der wir einen Namen geben können: die deontologische Differenz, also der Unterschied zwischen Sein und Sollen. Nehmen wir mal an, so wird es ja in diesen Tagen berichtet, irgendeine Zahl, 80 Prozent oder inzwischen deutlich weniger der Menschen geben an, sie seien für die Corona-Bekämpfungsmaßnahmen. Es wird aber nicht gesagt, für welche Maßnahmen und aus welchen Gründen. Wenn ich zum Beispiel Menschen auf der Straße fragen würde: »Sind Sie dafür, dass wir, obwohl derzeit die Intensivbettenlage zum Glück eine sehr gute ist, das heißt, nicht sehr viele COVID-19-Patientinnen belegen die Intensivbetten, dass wir dennoch zehn Prozent der Intensivbetten, obwohl nur ein Prozent belegt ist, für COVID-19-Patienten aufrechterhalten, dafür aber soundso viele Menschen vielleicht nicht die nötige Hilfe im Fall eines Herzinfarkts erhalten?« Würde man Menschen solche konkreten Fragen stellen, kriegten wir nicht das Ergebnis, 80 Prozent sind dafür, sondern eine Debatte und kritische Nachfragen: »Was genau sind und bedeuten die Zahlen?« Stellt man aber die sehr allgemeine Frage: »Sind Sie für die Corona-Pandemiebekämpfungsmaßnahmen?«, werden natürlich 80 Prozent sagen »Ja«, weil so gut wie niemand meint, man müsse keinerlei Maßnahmen gegen Corona ergreifen. Aber damit haben wir die Frage falsch gestellt: Sind wir dafür oder dagegen? Wofür genau? Wir haben ein sehr komplexes Maßnahmenpaket. Man kann nicht einfach dafür oder dagegen sein, das ist Unsinn. Deswegen sind solche Umfragen reiner Unsinn, sie belegen gar nichts. Falsche Fragen erzeugen unsinnige Antworten.

GERT SCOBEL: Tatsächlich verschieben wir durch eine manipulative, letztlich ja auch medienpolitisch geschickte Fragestellung das Delta unserer möglichen Einstellungen, unserer Denkweisen oder Verhaltensweisen. Wenn wir sagen, okay, wir haben das jetzt empirisch rausgefunden, dass 80 Prozent der Menschen diese Maßnahme gut finden – dann müssten wir immer hinzufügen, wie viel weniger Menschen sie gut gefunden hätten, wenn man sie direkt verglichen hätte mit einer anderen Konsequenz, nämlich zum Beispiel, dass weniger Menschen mit einem Herzinfarkt auf Intensivbetten behandelt werden können. Dabei würde vermutlich ein anderes Ergebnis herauskommen. Erst wenn wir auch *das* gemessen haben, können wir entsprechend politisch weiter agieren, mit der Begründung: Weiter so, 80 Prozent sind ja dafür. Im Moment ist so eine Behauptung eher fatal, weil sie nichts sagt, zugleich aber ein Verhalten moralisch durch Mehrheitsbeschluss zu legitimieren vorgibt.

MARKUS GABRIEL: Richtig. Ich bringe noch ein anderes Beispiel, auch aus der Pandemie. Wenn wir die Deutschen jetzt fragen würden: »Sind Sie dafür, dass die Pflegekräfte 1000 Euro im Monat mehr kriegen?«, werden alle sagen: »Total, die haben das verdient, sind systemrelevant und so weiter.« Wenn wir aber die Frage stellen: »Sind Sie dafür, dass die 1000 Euro mehr kriegen, dafür kriegen Sie übrigens jeder von Ihnen 70 Euro weniger im Jahr, oder wir erhöhen den Soli um zwei Prozent«, dann kommt nicht dieselbe Zahl raus. Dann sagen nicht 80 oder sogar 100 Prozent: Natürlich, systemrelevant, die armen Leute sollen endlich mehr kriegen. Und das heißt, die Art von Frage, die man stellt, bestimmt die Antwort mit, die man erhält. Das ist natürlich ein aus der Statistik bekanntes Problem. Doch auch wenn man das geschickt löst, bleibt immer noch die deontologische Differenz bestehen. Es ist egal, was die Leute sagen, die können sich auch alle täuschen. Wenn man in Nazideutschland 1942 gefragt hätte: »Sind Sie für die Endlösung?«, hätte man ja leider auch ein sehr großes Ja bekommen. Aber die Endlösung war ja das Unmoralischste überhaupt, das radikal Böse. Das heißt, die Mehrheitsmeinung einer Bevölkerung bezüglich einer Maßnahme ist nicht die Bohne ein Indikator dafür, dass es eine moralisch gute

Maßnahme ist. Global verhält es sich anders, weil die transkulturelle Perspektive nicht durch nationalstaatliche Egoismen in derselben Weise manipulierbar ist. Das ist einer der Gründe, warum Diversität auch ein epistemischer Wert ist: Man muss dafür sorgen, dass auch die Opfer und Schlechtergestellten bei gewissen Maßnahmen Gehör finden. Deswegen muss man, wenn überhaupt ein Delta, ein globales Delta ansetzen. Ein national erhobenes Delta ist viel zu leicht manipulierbar. Wenn wir global fragen: »Sind Sie für die Pandemiebekämpfungsmaßnahmen?«, kriegen wir übrigens auch einen ganz anderen Wert, weil wir dann auch auf Opfer der Pandemiebekämpfungsmaßnahmen treffen, wozu etwa zusätzliche Genitalverstümmelungen gehören, die nicht verhindert wurden, weil die westlichen Industrienationen zu Hause alle Hände voll zu tun haben mit Corona. Fragen Sie mal die Genitalverstümmelten, ob die lieber COVID-19 bekommen hätten oder lieber eine Genitalverstümmelung. Das ist auch eine der Erklärungen dafür, warum zum Beispiel Präsident Bolsonaro in Brasilien so viel Unterstützung vor allem aus ärmeren Schichten erhält, weil die wissen, wenn solch harte Bekämpfungsmaßnahmen wie in Europa durchgesetzt werden, viel zu viele Menschen an der Armut sterben. Deswegen ist Bolsonaro immer noch so populär.

Gert Scobel: In Indien ist es ähnlich.

Markus Gabriel: Das heißt, wenn wir ein *globales* Delta für die Frage machen: »Sind alle in Deutschland zur Anwendung gekommenen Pandemiebekämpfungsmaßnahmen gut?«, kriegen wir ziemlich sicher als universale Antwort ein Nein. Unter Delta-Gesichtspunkten sind sie moralisch partiell sogar verwerflich, sofern sie eben anderen Menschen direkt oder indirekt schaden, weil wir uns im Moment in den Grenzen um uns selbst kümmern und damit Entwicklungshilfe und medizinische Unterstützung andernorts unterlassen, ganz zu schweigen von den Kindern oder auch den Menschen in Alters- und Pflegeheimen, die die Hauptopfer der derzeitigen Lage sind und die offensichtlich nicht genügend geschützt werden, was man an den Todesraten unter diesen unseren Mitmenschen sieht.

Gert Scobel: Genau deshalb wird das globale Delta in beherrschbare Teilfragestellungen aufgespalten. Dabei besteht die Gefahr, die eigentlichen moralischen Fragen zu extrahieren und abzuschaffen. Tatsächlich täuschen wir uns, wenn wir glauben, die ethische Frage losgeworden zu sein, weil wir sie scheinbar in beherrschbare Teilprobleme aufgelöst haben. Das wird dann gerne »Perspektive« oder »Verhaltenskorridor« genannt. Auf diese Weise werden wir schließlich sämtliche ethischen Probleme als letztlich technisch lösbare Teilprobleme angehen. Dann gibt es zwar noch einzelne ökonomische Probleme, ein pflegetechnisches Problem und so weiter – aber kein moralisches mehr. Wir können all diese Probleme technoid und letztlich wieder algorithmizistisch lösen. Das wäre die neue, digitale und perfide Hightech-Anti-Moral-Strategie.

MARKUS GABRIEL: Eine Gefahr für die gesamte Menschheit wäre es, wenn man das rein statistische globale Delta ohne Umschweife zu einer globalen Ethik deklariert. Denn kein Delta, auch kein globales, ist hinreichend, um aus ihm die universale Moral abzuleiten. Denn die deontologische Differenz bleibt prinzipiell bestehen.

Als wir vor einigen Jahren angefangen haben, über dieses Thema zu sprechen, war ich der Meinung, diese statistischen Kapuzinerfälle usw. sind moralisch ohne jede Relevanz, während du der Überzeugung warst: Nein, wir können ihnen doch die Universalität der Moral sogar über das Menschliche hinaus entnehmen. Ich glaube, für mich liegt die Lösung in der Mitte, mal sehen, ob du sie für konsensfähig zwischen uns hältst. Die mittlere Lösung wäre das mit dem Delta und Aleph. Das Aleph entspricht dem, was ich als universale Werte anspreche. Die sind aber deswegen nicht ganz vom Delta unabhängig, weil der wahre moralische Fortschritt darin besteht, Delta und Aleph möglichst nah aneinander zu führen. Delta ist dabei alephoid. Delta ist als solches nie ganz von Aleph unterschieden, die Abweichung ist niemals maximal, weil selbst in den schlimmsten moralischen Horrorszenarien urteilen ja einige ethisch richtig, etwa die Opfer, die wissen, was ihnen angetan wird.

Gert Scobel: Ja, es gibt eine Schnittmenge.

Markus Gabriel: Genau, hier gibt es eine Schnittmengenfrage zwischen zwei Kategorien, dem genuin Moralischen, dem, was wir sollen, das wäre Aleph, und dem, was wir eh schon tun. Will sagen: Menschen handeln statistisch signifikant häufig tatsächlich auch so, wie sie sollen. Nur ist das nicht vollständig in der Delta-Menge abgebildet. In der finden sich auch unmoralische Handlungen. Unser Verhalten und unsere Werte sind demnach nicht *radikal* verschieden, aber dennoch *kategorial*.

Gert Scobel: Ich stimme dem weitgehend zu. Übrigens meinte ich damals, dass wir wenigstens die faktischen Bewertungen kennen sollten, auch wenn dies kein moralisches Problem löst. Um handeln zu können, muss ich die Fakten ebenso kennen wie die Möglichkeiten. Luhmann hat einmal gesagt, Evolution sei die Anreicherung der Wirklichkeit mit Möglichkeiten.[26] Ist moralischer Fortschritt nicht auch Evolution der Moral? Die Frage ist, was dann mit dem Aleph passiert. Gerade deshalb spielt meiner Ansicht nach die Empirie moralischen Verhaltens eine viel größere Rolle, als wir bislang gedacht haben. Das Perfide daran ist, dass ich das Empirische nutzen kann, um im Laufe der Zeit nicht nur die Deltas, also die Spannweite unseres faktischen moralischen Verhaltens, sondern auch das Aleph, das, was ich tun soll, also den optimalen Möglichkeitsraum des Ethischen, unmerklich zu verschieben. Du sagst ja, dass Aleph und Delta nicht unabhängig voneinander sind. Also teste ich immer wieder aus: Ist mein Verhalten als Staat noch okay; gehe ich nicht zu weit und löse jetzt Gewalt aus? Das ist in meinen Augen das Problem, mit dem wir es gerade in einer Reihe von Staaten zu tun haben. Anfangs dachte ich, dass jemand wie Trump Gewalt letztlich vermeiden wollte. Doch das war wohl naiv, wie die Ereignisse auf dem Capitol gezeigt haben. Dadurch, dass ich die Differenz oder den Spielraum zwischen dem, was noch geht, und dem, was schon nicht mehr geht, laufend verschiebe und anpasse, verschiebe ich moralisches Verhalten sehr geschickt in meine Richtung. Natürlich kann ich historisch gesehen auch fragen, ob nicht auch durch das anhaltende Nachdenken über Moral, also das, was wir rationalen Diskurs in Bezug auf Normativität nennen, Moral allmählich verschoben wird. Jedenfalls kann ich nicht behaupten, dass die Empirie vollkommen losgekoppelt wäre von der Normativitätsfrage. Die These vom naturalistischen Fehlschluss legt das natürlich nahe – aber es ist nur die halbe Wahrheit. Denn auch das, was der Fall ist, beeinflusst mein Handeln – und nicht nur das, was ich tun soll. Wir müssen also beide Einflüsse erneut voneinander unterscheiden und miteinander in Beziehung setzen.

Markus Gabriel: Ich glaube auch, dass die These vom naturalistischen Fehlschluss in der richtigen Originalversion von George Edward Moore, der dies in seinem Werk *Principia Ethica* ausbuchstabiert hat, aus dem Grund nicht funktioniert, aber umgekehrt würde ich noch mal an einer ähnlichen Stelle ansetzen. Häufig sind diejenigen, die die statistischen Daten erheben, der meines Erachtens falschen These von Max Weber, einer prinzipiellen Wertfreiheit der Sozialwissenschaft, verpflichtet. Sie meinen, die Erhebung von Daten über Werturteile sei selbst wertneutral. So habe ich etwa vor einiger Zeit mit einer Soziologin gesprochen, die Genitalverstümmelungsstatistiken erhebt, und sie gefragt: Woher weißt du denn, dass eine Genitalverstümmelung etwas Schlechtes ist? Denn das ist die Wertefrage.

Gert Scobel: Klingt zunächst mal pervers, deine Frage.

Markus Gabriel: Ja, klar, sie sagte: Natürlich sind sie inakzeptabel. Aber die Frage ist: Warum? Das Werturteil, Genitalverstümmelungen sind moralisch verwerflich, leitet sich nicht aus sozialwissenschaftlichen Daten ab. Doch dieses richtige Werturteil liegt der Arbeit der Soziologin schon zugrunde, sie erhebt die Daten ja nicht, um den Tätern zu helfen, sondern um deren Opfer zu schützen.

Gert Scobel: Wer Genitalverstümmelung praktiziert, wird versucht sein, zu behaupten: Weil viele Leute so denken wie ich und es gut finden, ist es gut so, ich muss das sogar machen. Ich muss kleine Mädchen verstümmeln mit den schrecklichen Folgen, unter denen sie später als Frau ein Leben lang leiden werden, weil ich den Mädchen etwas Gutes tue. So sieht es das patriarchalisch-religiös-kulturelle System. Oder wissen die im Grunde genommen doch ganz genau, was sie da tun und dass es brutale Menschenrechtsverletzung ist? Dass hinter all dem noch ganz andere Motivlagen stehen, etwa die Angst vor der Frau und krude Aggression, ist klar.

Markus Gabriel: Genau, aber das Urteil, dass das nicht sein soll, das ich ja fraglos teile, dieses Urteil geht in ihre Datenerhebung schon mit ein, und damit ist die Datenerhebung nicht die Grundlage des moralischen Urteilens, sondern ihr moralisches Urteilen ist von der Datenlage unabhängig, aber eben nicht ganz. Denn wenn ich feststelle, dass Genitalverstümmelung furchtbar weit verbreitet ist, ist diese Datenlage ein weiterer Grund, massiver gegen sie vorzugehen. Im Delta liegt das Aleph, aber man muss es sehen. Und sehen kann man es nur, wenn man ethisch urteilt. Weshalb die Frage nach den Gründen wichtig bleibt, so theoretisch sie auch erscheint: Man muss auch den Tätern aufzeigen, warum sie mit den Argumenten für ihre religiöse oder sonstige Einstellung, aufgrund derer sie Genitalverstümmelung verüben, irren und deswegen davon ablassen sollen, mal ganz abgesehen von den schrecklichen Folgen für die Verstümmelten.

Deswegen ist die Empirie – auch die der Studie – Teil der Revisionspraktiken unseres moralischen Urteilens.

GERT SCOBEL: Richtig. Insofern hast du recht mit der Mitte. Man könnte das in einer anderen Sprache so ausdrücken: Die Faktizität dessen, was wir tun, koppelt sich über uns und die Medien zurück mit den Geschichten, die wir uns über uns und unser moralisches Handeln erzählen. Die Fakten vermischen sich mit unserer Erzählung über das bzw. diejenigen Menschen, die wir sein wollen. Ein Großteil dessen, was wir normativ machen sollen, findet nach wie vor in Geschichten und nicht nur in der Form von Regeln, wie den Zehn Geboten, statt, die übrigens auch in eine Geschichte eingebunden sind. In Geschichten erzählen wir uns, wer wir eigentlich sind und, weil wir *so* sind, auch entsprechend – anders! – handeln sollten. Diese Rückkopplung zwischen Fakten und Normativität bzw. Fakten und Fiktion ist viel zu wenig beachtet und meiner Ansicht nach im moralischen Diskurs weitgehend vergessen worden. Die Fiktion spielt eine entscheidende Rolle: Und die Fakten beeinflussen die Narrative. Und genau das war, glaube ich, auch der Ausgangspunkt unseres Buches, über diesen Zusammenhang, der dich als Neo-Existenzialist interessiert, noch genauer nachzudenken.

Die stalinistische Strategie

MARKUS GABRIEL: Dazu gibt es viele Einsichten in der Gegenwartsphilosophie, etwa bei den Philosophinnen Alice Crary und Cora Diamond, die von Wittgenstein ausgehen und zeigen, dass insbesondere Literatur, und damit Fiktionen, zu moralischer Einsicht beitragen kann. Besonders eindrücklich hat das Crary in ihren Büchern *Beyond Moral Judgment* sowie *Inside Ethics* gezeigt.[27]

GERT SCOBEL: Man macht Perspektivenwechsel durch, indem man sich auf Geschichten, auf Literatur oder Serien einlässt, weil man in andere Personen zumindest vorgestellt schlüpft. Lana und Lilly Wachowski, von denen *Matrix* stammt, haben mit dem Perspektivwechsel in der Serie *Sense8* experimentiert. Dazu passen auch die Experimente von Michael Tomasello vom Max-Planck-Institut für evolutionäre Anthropologie oder Evolutionstheorie sehr gut. Denn sie zeigen, wie Menschen tatsächlich durch Perspektivwechsel ihr Verhalten ändern und wir unsere sozialen Rollen überhaupt erst dadurch definieren und annehmen, dass wir uns in andere hineinversetzen können.

MARKUS GABRIEL: Diese Forschung gibt uns empirische Anhalte für etwas, was wir längst aus der Selbstbewusstseinstheorie wissen, denn der Punkt steht auf jeder zweiten Seite Fichte und wurde dann von Hegel ausbuchstabiert.[28] Nun kommt das Empirische noch hinzu, und sie geht über den menschlichen Raum teilweise sogar hinaus. Aber die Struktur war in der Philosophie längst bekannt.

GERT SCOBEL: Das ist richtig. Und doch ist das meiner Ansicht nach eine der bahnbrechendsten Entdeckungen der letzten 10, 20 Jahre. Mein Vorschlag wäre, bevor wir über Tomasello reden, noch einmal über die moralische Dimension der Differenz zu sprechen. Mit Differenz meine ich ja die moralische Dimension der Intervalle oder der Bandbreite von unterschiedlichen Denk- und auch Verhaltensweisen im Hinblick auf moralische Probleme. Ich verdanke Boris Groys und seinem Buch *Das kommunistische Postskriptum* diesen, wie ich finde, ebenso großartigen wie erschreckenden Gedanken.[29] Groys hat in meinen Augen glasklar gezeigt, dass man heute politisch in Russland, aber eben nicht nur da, exakt so arbeitet, wie es einst die stalinistische Doktrin vorgesehen hat. Boris Groys belegt an Beispielen, wie das geht. Putin, Putins Partei, Putins Handlanger, die Trollfabriken, oder wie auch immer man diese Machtsphäre beschreiben will: Putin also unterstützt faktisch finanziell eine Reihe von unterschiedlichsten Parteien, Gruppierungen oder sogar Protestbewegungen völlig ihm widersprechender Couleur. Das reicht von Anti-Putin bis Pro-Putin. Und genau das ist der perfide Trick. Kurz bevor es zu Wahlen oder zu Abstimmungen oder was auch immer kommt, kurz bevor eine Entscheidung größerer Bedeutung ansteht, oder eine Demonstration größeren Ausmaßes, lanciert man die Meldung, dass doch die Leute, die da gegen Putin demonstrieren, in Wahrheit nicht nur gegen Russland sind, sondern auch einen Teil ihres Geldes von Putin haben – gleich, ob es sich um eine rechte oder linke Partei handelt. Was passiert? Die Anhänger sind irritiert, verlieren Vertrauen in diese Partei, sie fühlen sich vollkommen getäuscht und enttäuscht, weil sie dachten, dass wenigstens diese Menschen auch für ihre Wahrheit eintreten. Und müssen nun erfahren, dass sie in Wahrheit von der gegnerischen Seite, vom Feind, unterstützt werden. Das ist eine Taktik, die letztlich das Vertrauen nicht nur in eine einzelne Partei, sondern in das politische System selbst vollkommen untergräbt. Auch Trump hat in gewisser Weise so gespielt: Erschüttere das Vertrauen in das System. Schüre den Hass gegen »die da oben«, die Elite und so weiter – und unterstütze sie gleichzeitig. Das ist eine Möglichkeit, unterschiedliche Menschen mit unterschiedlichem Delta gegeneinander auszuspielen. Ich bin mir nicht sicher, wie man aus dieser perfiden Strategie rauskommt. Man zersetzt Moral, indem man alle Gegensätze paradoxerweise sowohl gegeneinander ausspielt als auch heimlich durch Unterstützung vereint, um das System insgesamt zu zerstören. Das ist angewandter Faschismus. Es gibt aber noch einen zweiten Effekt, und der besteht darin, dass alle Parteien mit unterschiedlicher Moral, unterschiedlichem Delta, auf ein und derselben technologischen Klaviatur spielen: Twitter, Facebook & Co. Dort treten sie scheinbar nur an, um präsent zu sein oder ökonomisch Gewinn zu machen. Tatsächlich aber verleumden sie die gegnerischen Seiten und schüren damit die Konflikte und Aggressionen. Sie bedienen die AfD genauso wie Die Linke, eine Position aus der Mitte ebenso wie konservative CSU-Kreise: und zwar durch die identische Infrastruktur ihrer digitalen Kommunikation. Hauptsache, die Klicks zahlen auf ihr Konto, auch auf ihr ideologisches Konto, ein. Damit werden all diese unterschiedlichen Parteien mit ihren verschiedenen Deltas, die sie pflegen, samt ihrer großen moralischen Verschiedenheit, auf die sie sich etwas einbilden, technologisch auf denselben Nenner gebracht. Es ist nur eine Frage der Zeit, bis der Punkt erreicht ist, an dem mit dieser stalinistischen Technologie das plurale System ausgehöhlt wird und das System der Differenzen selbst in die Falle läuft.

Markus Gabriel: Na ja, ich glaube, an dem Punkt sind wir schon dadurch, dass die Dynamik sich in den sozialen Netzwerken entfaltet. Da muss man über Instagram, TikTok und Twitter jeweils anders reden, weil die Plattformen jeweils auf verschiedene Weise in unsere Selbstbilder und damit auch in unser ethisches Urteilen eingreifen. Twitter halte ich weiterhin für besonders gefährlich, weil bei diesem System viele, leider auch politische Akteure, Journalisten, Behörden usw., den Fehler begehen, zu glauben, das sei doch letztlich so eine Art Nachrichtenkanal. Wie unter anderem Christoph Kucklick in *Die granulare Gesellschaft* gezeigt hat, kamen digitale Manipulationsmethoden natürlich schon vor Trump, etwa bei den Obama-Wahlen, zum Einsatz.[30] Nichts davon ist harmlos, und die Strukturen dieser Plattformen kann man genau dafür verwenden.

Gert Scobel: Und es zeigt sich ja, dass derjenige, der nach Obama gewonnen hat, Trump, genau dieselben Strukturen und Techniken eingesetzt hat, nur für ein anderes, politisch entgegengesetztes Programm.

Markus Gabriel: Auch Biden wird hier sicherlich keine Ausnahme machen, wenn auch für eine bessere Sache als Trump, und das heißt, die scheinbare Neutralität der Plattformen ist schlicht eine gefährliche Illusion. Für die USA und Großbritannien ist es inzwischen sichtbar, dass die Dynamik der sozialen Netzwerke brandgefährlich für den Fortbestand der liberalen Demokratie ist, und da spielten eben Filterblasen, Echokammern und Angriffsformate wie die Cancel Culture eine Rolle. Das hat in den USA und in Großbritannien schon dazu geführt, dass die Demokratie sich kannibalisiert. Wir vergessen manchmal, wie viel die sozialen Systeme von Trump übernommen haben. Trump fängt an, der erste Twitter-Präsident zu sein, und die erste Reaktion war, die ich überall gehört habe in Deutschland, egal, mit wem ich gesprochen habe, auch durch das gesamte politische Spektrum in meinen Bekanntenkreisen und darüber hinaus: Wie schrecklich, so weit ist es gekommen, über Twitter wird regiert. Inzwischen ist es so, dass viele Abgeordnete, aber auch Behörden faktisch genau das auch tun. Wie ist es denn dazu gekommen? Wir wollen doch genau das nicht, eine Twittokratie à la Trump, und auf einmal haben wir Elemente von ihr. Aber die Twittokratie ist nur ein Aspekt der digitalen Politik. Mit Biden wird das alles zwar sicherlich besser, aber vergessen wir bitte nicht die Abhörskandale in der Obama-Zeit.

GERT SCOBEL: Auch in der EU. Übrigens halte ich gerade Twitter, aber das nur nebenbei, für eine extrem feige Plattform, die unter dem Vorwand, moralisch zu handeln, Trump kurz vor seinem Ende das Handwerk legt, ihn aber Jahre gewähren ließ mit seinen Verzerrungen der Realität, die fatal viele Follower auf seine Seite zogen.

MARKUS GABRIEL: Es wurde ja schon viel darüber diskutiert, welche Art von Sprechakt den Trumpismus charakterisiert: Lügen, Fake News oder Bullshit, in Verbindung mit Harry Frankfurts Buch *Bullshit* – eine Rede, der es nicht um Wahrheit geht, sondern zum Beispiel um Aufmerksamkeit.[31]

GERT SCOBEL: Die aber dazu geeignet ist, so zu tun, als ginge es um Wahrheit, und die uns eigentlich in Form eines Bullshit-Diskurses zu verwirren sucht – so wie es die Bullshit-Produkte in der Ökonomie gibt, die wir angeblich brauchen, damit die Industrie lebt; oder die Bullshit-Jobs, damit all das billig zu haben ist. Frankfurt sagt, dass das Wesen von Bullshit in der fehlenden, aber geschickt angetäuschten Verbindung zur Wahrheit liegt.

MARKUS GABRIEL: Hinzu kommt das in den USA undifferenzierte, bipolare Parteiensystem, das zu identitären Extremen, rechts und links, führt. Auch deswegen ist unsere Lage schon eine ganz andere. Aber zu glauben, dass das moralisch Richtige, Fortschrittliche, nach vorne Gedachte, dass die Verbesserung aus einem radikalen Flügel kommen könnte, ist fatal. Wenn das so wäre, hätten wir alle ein Problem. Das ist einer der Gründe, warum ich mich massiv gegen die pseudolinke Identitätspolitik richte, die ich nicht für wirklich links halte, weil sie die relevanten Prozesse der sozioökonomischen Transformation nicht im Blick hat, um die es gehen sollte.

GERT SCOBEL: Wie gegen die rechte. Das muss man synchron sagen.

MARKUS GABRIEL: Selbstverständlich. Doch eine Kritik an der Linken oder vielmehr Pseudolinken darf nicht nur dann vorgenommen werden dürfen, wenn man sofort auch versichert, man habe ja ebenso eine an der Rechten.

Gert Scobel: Das wäre das größte Missverständnis in diesem Buch: dass wir mit der revolutionären, erneuernden Kraft der Mitte lauen Konsens, die große Einheit und die GroKo meinten – die in gewisser Weise das absolute Gegenteil von Kraft ist.

Markus Gabriel: Jein: Die Große Koalition hat die gleichgeschlechtliche Ehe beschlossen, was eine der überhaupt größten moralisch positiven Durchbrüche in Deutschland war, und zwar gegen den ausdrücklichen Wunsch der Bundeskanzlerin, die aber Gewissensfreiheit hat gelten lassen. Die GroKo hat die Verkehrswende beschlossen, die GroKo hat jetzt das Kurzarbeitergeld zur Bekämpfung der Pandemie massiv aktiviert, sie hat angefangen, Frauenquoten in Vorständen durchzusetzen, diskutiert das Lieferkettengesetz, Energiewende etc. Ob man sie nun mag oder nicht, die moralische Bilanz der GroKo (mindestens vor und teils auch in Corona-Zeiten) ist nicht zu verachten! Das ist teils sogar erste Liga.

Gert Scobel: Du klingst jetzt womöglich konservativer, als du bist. Natürlich hat die GroKo vieles erreicht. Aber sie hat zugleich auch notwendige radikale Schritte, etwa in der Landwirtschaft oder im Klimawandel, verhindert.

Markus Gabriel: Warum müssen wir automatisch gegen die GroKo sein, die die Mehrheit gewählt hat? Wir alle haben am Ende die GroKo gewählt, egal, wo wir die Kreuzchen gesetzt haben

Gert Scobel: Die Mehrheit als Summe aller abgegebenen Stimmen hatte das faktisch zum Resultat, ja. Da bist du wieder beim großen, alle umfassenden Delta …

Markus Gabriel: Natürlich meine ich das politische Wir! Ich sage nicht, was ich gewählt habe, aber »wir«, will jetzt sagen, das deutsche Volk, laut Verfassung der relevante Souverän, ist an die Wahlurne getreten und hat drei Mal diese GroKo gewählt, und diese GroKo hat die größten moralischen Fortschritte in Jahrzehnten in dieser Bundesrepublik zu verzeichnen. Ich will nur sagen: Reden wir sie nicht schlechter, als sie ist. Nein, es waren nicht die linksradikalen Zurufer, es waren Leute wie Angela Merkel oder auch Jens Spahn, die sich auf linke Kompromisse eingelassen haben, und das ist kein politisches Statement. Nicht Twitter-Shitstorms und moralisch verwerfliche Auswüchse der Cancel Culture, sondern die GroKo hat fortschrittliche Prozesse wirklich realisiert, was auch immer man ihr sonst vorwerfen mag.

Gert Scobel: In einigen Aspekten: ja. Vielleicht, weil man sich eine bessere »SPD-Politikerin« als Angela Merkel kaum vorstellen kann. Aber im Ernst. Viele in meiner Generation waren darauf geeicht, links deshalb für gut zu halten, weil die Aufklärung über rechte

Polizeigewalt, über Nazis im juristischen System, über Nazis im medizinischen System, diese ganze Aufarbeitung nicht von rechts kam – natürlich nicht –, aber auch nicht von den Konservativen. Warum? Weil die Konservativen zum Teil selber von Nazis, Rassismus und Antisemiten durchsetzt waren. Deshalb haben viele geglaubt, die aufklärerischere Seite sei automatisch die linke Seite, weil sie auf vielen Gebieten die Einzigen waren, die versucht haben – übrigens auch journalistisch –, den Holocaust aufzuarbeiten. Aber natürlich hat auch die Linke viel aufzuarbeiten. Doch es hat eine Zeit lang die Perspektive verzerrt: Denn Kritische Theorie, das war gute und linke Theorie. Und ich würde gerne mit Blick auf die Erfolge der GroKo anmerken, dass wir immer noch, nach all den Jahren, sehr blind auf dem rechten Auge waren und sind. NSU? Gibt es nicht. Das sind Einzeltäter, keine Netzwerke. Nur die Terroristen, die islamistischen und die von der RAF, das sind ganze Horden. Dasselbe mit dem Thema Kindesmissbrauch. Bevor das richtig hochkochte, habe ich eine der ersten Wissenschaftssendungen gemacht über Pädophile. Denn es gab vor den Skandalen am Canisius-Kolleg oder der Odenwaldschule Studien, die zeigten, dass die Täter vor allem aus der gebildeten, eher gut situierten Mitte der Gesellschaft kommen – und aus der eigenen Familie. Die Täter haben meist einen höheren sozialen Status, eine im Schnitt höhere soziale Intelligenz und sind gut gebildet, was ihnen den digitalen Zugang zum Darknet erleichtert und ermöglicht, sich in Foren zu schützen. Das widersprach völlig dem Image der Pädophilen, die wie asoziale Tiere irgendwelche Mädchen oder Jungen im Keller halten. Es kam damals zu einen Sturm gegen die Sendung, auch von Kolleginnen innerhalb des Senders, die meinten, dass wir doch jetzt mit so einem Schmuddelthema offensichtlich nur Quote machen wollten, statt aufzuklären. Wir haben im Laufe der Zeit mehrfach Sendungen über dieses Thema gemacht und es weiterverfolgt. Das hat unter anderem Jahre später zu einem Hintergrundgespräch mit dem BKA geführt, über das ich nicht im Detail sprechen kann. Aber so viel kann ich sagen: Die Message war exakt wie beim NSU, bei den Spezialeinheiten der Bundeswehr und in anderen Fällen – nämlich, dass es keine Netzwerke gäbe, sondern nur Einzeltäter. Als wir dann die erste Sendung machten, haben wir mit Peter Vogt, Oberstaatsanwalt in Halle, zusammengearbeitet. Er war unter anderem Leiter der Zentralstelle zur Bekämpfung gewaltdarstellender, pornografischer und sonstiger jugendgefährdender Schriften und arbeitete eng mit dem Landes- und dem Bundeskriminalamt zusammen. Vogt hat in Deutschland Marcy mitaufgebaut – so der Codename der ersten groß angelegten Razzia in Sachen Kindesmissbrauch überhaupt mit damals mehr als 500 Hausdurchsuchungen allein in Deutschland und vielen Festnahmen. Vogt war einer der wenigen, der damals schon klar sagte, dass es Netzwerke, in dem Fall Pädophilen-Netzwerke, gibt. Die Bürokratie, wenn ich sie mal so nennen darf, hält dem seit Jahrzehnten die These von den Einzeltätern entgegen, auch in den Kirchen: obwohl diese angeblichen Einzeltäter soziale Netzwerke, das Darknet und etablierte Systeme benutzen, Kirchen etwa oder Sportvereine. Aber es gibt ja kein System. Wenn das Internet kein System ist, weiß ich es nicht.

Datensouveränität

MARKUS GABRIEL: Wir sollten nicht aus dem Blick verlieren, dass das Internet einerseits etwas sichtbar macht, was ohnehin stattfindet, es zweitens aber sicher auch negative Prozesse vereinfacht und verstärkt hat. Ohne das Internet wäre natürlich die Verbreitung von Kinderpornografie nicht so groß.

GERT SCOBEL: Deutlich schwieriger!

MARKUS GABRIEL: Digital heißt auch transparent, damit auch leichter fassbar, verfolgbarer, als wenn Videokassetten im Wald ausgehändigt werden. Das hat einen Vorteil. Aber wer weiß, ob im digitalen Zeitalter Gewalt gegen Kinder nicht zugenommen hat. Das können wir ja gar nicht wissen, weil die Dunkelziffer der VHS-Zeit uns ja nicht bekannt ist, sonst wäre sie keine Dunkelziffer. Das systemische Problem des Internets ist heute: Wir sind Klickfarmen überwiegend US-amerikanischer und neuerdings auch zunehmend chinesischer Unternehmen, weil wir kaum Datensouveränität haben. Wir haben von Europa aus keine einzige global verbreitete Suchmaschine. Ich selber benutze möglichst viel europäische digitale Infrastruktur, Qwant und DuckDuckGo, aber schon die Hardware kommt nicht aus Deutschland oder Europa. Dass wir dabei geistig und ökonomisch kolonisiert werden, zeigt übrigens überzeugend Jack Linchuan Qiu von der Chinese University of Hong Kong in seinem Buch *Goodbye iSlave*, in dem er zu einer digitalen Abolition aufruft.[32]

Gert Scobel: Ich stelle mir vor, wenn jetzt jemand unserem Gespräch zuhört, wird er sagen: Ist ja toll, wie ihr Intellektuellen euch hier über so ein Thema austauscht. Aber jetzt sagt mir doch mal bitte, wie soll man aus der Infrastruktur wieder rauskommen? Zieh mal die Digitalstrukturen aus unseren öffentlichen, verwaltungstechnischen, aber auch aus unserem privaten Leben raus. Geht das überhaupt noch? Die Antwort wird wahrscheinlich lauten: Nein.

Markus Gabriel: Die Antwort lautet Ja. Ich gebe das einfachste Beispiel dafür: China. China hat das gemacht.

Gert Scobel: Aber China macht doch genau das Gegenteil. China hat zwar Google und Facebook außer Kraft gesetzt, aber nur, weil sie ein paar Jahre gebraucht haben, um WeChat zu entwickeln und um dann mit weit mehr Funktionen als Google, Amazon und Facebook zusammen das Leben in China zu beherrschen.

Markus Gabriel: Ja, die Absichten Chinas mögen düster sein, aber sie haben gezeigt, dass man eine eigene Infrastruktur aufbauen kann, wenn man das will. Das derzeitige Internet ist kein unabwendbares Schicksal. Es ist unverantwortlich, insbesondere aber geopolitisch töricht, dass wir uns keine Datensouveränität sichern. Regulieren ist nicht genug. Wir brauchen vor allen Dingen unsere eigene Hardware. Wo ist das Siemens-Smartphone? Ein konkretes Beispiel: Warum haben wir in Deutschland nicht ein Device gebaut, Siemens mit SAP und der Telekom zusammen? Dieses Gerät, das so ein kleiner Tracker sein kann wie die alten Beeper, die es früher mal in den Neunzigern gab, und lediglich so etwas wie eine Bluetooth-Funktion. Darauf wird statt einer Corona-App eine geeignete Software installiert, und vorne leuchtet in einer geeigneten Farbenskala eine Wahrscheinlichkeit auf. Leuchtet es rot, ist die Wahrscheinlichkeit sehr hoch, sich angesteckt zu haben. Da guckst du immer drauf, sagst: Ups, hier, 80 Prozent, ich lasse mich testen. So, und das Ding wird an alle Deutschen verteilt, auch Kinder und Alte, jeder kriegt eines gratis von der Krankenkasse, die das über die Daten finanzieren können. Es wäre kein *Surveillance Capitalism* gewesen, der Staat hätte niemanden überwacht, und aus den anonymisierten Daten, die wir produziert hätten, hätten die Krankenkassen Kapital schlagen können.

Gert Scobel: Metadaten kann man auf Individuen zurückführen. Da gibt es genug gut untersuchte Beispiele für.

Markus Gabriel: Ja, aber mit der Corona-App ist es viel schlimmer, da können es die Amerikaner machen, auf deren Geräten sie läuft. Es gibt schon einen Grund dafür, dass sie nicht funktioniert hat, nicht zuletzt eine mangelnde Akzeptanz in der Bevölkerung sowie die Ausklammerung der Kinder, denen wir ja kein Smartphone mit Corona-App in die Kita mitgeben können, wohl aber mein Device. Natürlich hätte es hier eine Überwachungslücke gegeben, aber sie wäre so erheblich kleiner als die Überwachungslücke, die wir jetzt haben, indem wir die Corona-App auf US-amerikanischen Devices haben. Außerdem haben wir gesehen, dass die App fast nichts gebracht hat. Und wo ist bitte die europäische Warn-App?

Gert Scobel: Du hast recht. Wir, und insbesondere wir Deutschen, googeln, was das Zeug hält, streamen und skypen und zoomen, lassen also die Digitalkraken in die Wohnzimmer, in unsere Betriebssysteme und, je nachdem, sogar in unser Bewusstsein, aber machen uns in die Hose, wenn wir nach einem Corona-Test die Antwort in die App eingeben sollen, wenn sie positiv ist: Denn das ist im Moment ja freiwillig! Ich habe erst nicht glauben wollen, dass der Eintrag freiwillig ist, bis ich es selber gesehen habe. So kann es nicht funktionieren: Die App macht keinen Sinn, wenn Infizierte nicht zwingend registriert werden. Dann brauche ich keine App. Aber zu deinem Punkt: Du hast recht. Und wie hat China das gemacht? Ganz einfach: indem sie massiv erstens in das Bildungssystem und zweitens in die Förderung von KI-Technologie und Informatik investiert haben. Das blieb bei uns aus – zumal unser Bildungssystem, nicht nur, was die Informatik in der Schule angeht, in meinen Augen eher 5 plus als 4 minus ist. Wir geben auch kein Geld in die entsprechenden Kanäle, zumal wir offensichtlich glauben, Bildung sei ein dummes Investment. Wir sind knauserig gewesen mit all diesen Investitionen und haben uns stattdessen an der schwarzen Null festgehalten. Im Übrigen ist es natürlich für einen Politiker – das gebe ich gerne zu – schwierig, wenn die schwarze Null im Grunde genommen die gesetzliche Orientierung ist. Alle zerren an einem, also nicht nur die 1,6 Millionen Kinder unter der Armutsgrenze, die endlich – ich kann das nicht oft genug sagen –, endlich mehr bekommen müssen und anders behandelt werden sollten. Es zerren alle an einem, die Pfleger und Pflegerinnen, zu Recht, das Gesundheitssystem, die Informatikerinnen usw.: und alle, wirklich alle, aus gutem Grund und völlig berechtigt!

MARKUS GABRIEL: Es ist auch Aufgabe einer Staatsführung, die geopolitische Strategie eines Landes zu entwickeln und zu verstehen, wo die große Musik spielt. Es ist fatal, wenn man die Datenökonomie verpasst, weil man immer noch meint, die Autoindustrie sei die Zukunft.

GERT SCOBEL: Übrigens ist das der Autoindustrie selber klar geworden, denn sie bauen seit über zehn Jahren massiv mehr und mehr Datengeräte in ihre Autos ein, die ja im Grunde genommen zu fahrenden Smartphones werden.

MARKUS GABRIEL: Richtig. Jetzt stell dir vor, man würde diese ganzen Kompetenzen, die wir haben, insbesondere die Ingenieurskompetenz und die technische, richtig kultivieren und entwickeln, von Anfang an.

GERT SCOBEL: Wir sind auf manchen Gebieten sogar führend, was kaum jemand weiß.

MARKUS GABRIEL: Ja, klar, 3-D-Druck, das Internet der Dinge – wir sind in vielen Bereichen selbst in der digitalen Welt nicht dritte Liga. Allerdings sind wir es in den demokratisch relevanten Bereichen der Datensouveränität. Kaum eine deutsche Homepage ist so, dass auch Amerikanerinnen oder Taiwanesen sie nutzen würden, weil sie sagen: Mensch, da kommt man nicht dran vorbei. Booking.com hat den Hauptsitz in Amsterdam, immerhin, und Spotify kommt aus Schweden. Wir haben in Deutschland keine Plattform wie Booking.com. Nichts haben wir auf dem Markt, was alle Welt nutzen möchte, soweit ich weiß.

Gert Scobel: Höchstens Soundcloud bei uns, immerhin eine Berliner Gründung, dann aber nach zwei Jahren die Übernahme …

Markus Gabriel: Es müsste endlich darum gehen, ein europäisches Internet aufzubauen, das müssen wir doch einfach durchziehen, nicht wie die Chinesen, um abzuschirmen und zu kontrollieren, sondern um etwas Besseres zu machen als Facebook. Wir sollten Facebook tatsächlich so lange verbieten, bis es sozial und moralisch akzeptabel ist.

Gert Scobel: In unserer Sprache wird doch im Moment dieses Problem so diskutiert, dass man sagt: China bestimmt die möglichen Verhaltensweisen. Europa legt sich selber lahm, weil wir unterschiedliche Deltas und keine Einheit haben, die über nationale Grenzen und Interessen hinausgeht. Dass Nationalismus eine Erfindung des letzten Jahrhunderts ist, dass Nationen Fiktionen, Erfindungen sind, wie der Politikwissenschaftler Benedict Anderson in seinem wichtigen Buch *Imagined Communities* sagte, das haben wir in Europa immer noch nicht verstanden.[33] Fakt ist, wir haben diese unterschiedlichen Grenzen unseres Verhaltens, die durch die Grenzen unserer Nationalstaaten angeblich definiert werden. Russland, auch China und die Vereinigten Staaten arbeiten daran, das aufrechtzuerhalten, damit Europa sich möglichst lange zersplittert, denn solange wir uns weiter zerlegen, kommen wir auf keinen gemeinsamen Nenner und werden das gemeinsame Internet, von dem du sprichst, nicht bauen.

Wir sehen ja schon an der deutschen heiligen Kuh, der Autoindustrie, dass sie aus Kalifornien heftig unter Druck gesetzt wird. Das Tesla-Werk in Brandenburg ist ein massiver wirtschaftspolitischer Angriff. Wir nehmen das aber wahr als: Ach, wie toll, Elon Musk, der Held, war mal bei uns zu Besuch.

MARKUS GABRIEL: Und wir zeigen ihm das Cyber Valley in Tübingen, also kritische Infrastruktur, jemandem, der massiv vernetzt ist, auch finanziell. Ich würde ihn nicht durch unsere progressive Infrastruktur durchjagen. Das halte ich für ein Sicherheitsrisiko.

GERT SCOBEL: Das Demokratieproblem resultiert aus den unterschiedlichen Deltas in unserer Bevölkerung, den unterschiedlichen Interessen, übrigens auch den unterschiedlichen Lobbygruppen, die ihre Interessen mit verschieden starken ökonomischen Engagements durchbringen, manchmal auf perfide Art und Weise, aber das ist sozusagen die Ausgangslage der Demokratie, der ja an einem fairen Wettstreit von Interessen liegt. Die Frage aber lautet: Wie sollen wir nicht nur politische Probleme, sondern auch moralische Probleme in einer Demokratie lösen? Meist wird ja getan, als spiele Moral keine Rolle, wo es doch um Gesetze, Verfahren und Bürokratie gehe.

Markus Gabriel: Das ist die Frage. Die Standardantwort darauf ist, wir lösen moralische Probleme, indem wir sie an ausgewiesene Experten weitergeben, zum Beispiel an Gesundheitsexpertinnen, die erzählen uns, wie wir politisch zu agieren haben, und daraus folgt im Grunde genommen auch die beste moralische Lösung. Doch das ist ein falscher Gedanke. Damit ist nicht gesagt, dass irgendeine einzelne fachlich relevante medizinische Expertise falsch ist, ganz und gar nicht. Das Problem ist nicht Falschheit, sondern Einseitigkeit. Niemand ist Experte für alles.

Gert Scobel: Und dein Argument ist doch, zu sagen: Es sitzen im Moment viele solcher Expertinnen in unseren Talkrunden. Die bringen aber nicht nur ihre fachliche Expertise ein, sondern haben an ihr Wissen eine moralische Aufladung gehängt und suggerieren nun, dass sie qua Fachwissen ein moralisches Problem lösen, was weder sie noch wir im Übrigen gelöst haben.

Markus Gabriel: Ja, aber »suggerieren« unterstellt mehr, als ich sagen will.

Gert Scobel: Sie wissen es selber nicht, meinst du?

Markus Gabriel: Genau. Vor allem brauchen wir eine Vielzahl unterschiedlicher Stimmen.

Gert Scobel: Geschenkt! Pluralität gehört zu der Vielzahl der Unterscheidungen, die wir berücksichtigen müssen. Aber würde es die Sache besser machen, eine Philosophin einzuladen? Denn was macht eine Philosophin anderes, als sich die »Wenn A, dann B«-Argumente anzuhören und selbst zu einem Urteil zu kommen? Und wie kommt die Philosophin zu einem moralischen Urteil?

Markus Gabriel: Ja, richtig, nun haben wir genau die Frage, um die es in unserem Buch geht, anhand dieses dringlichsten Beispiels gestellt: Wie urteilen wir ethisch? Gesamtgesellschaftlich vermeiden wir ja derzeit das ethische Urteil durch Anhäufung von Experten. Das ist zwar besser, weil mehr Experten und Expertinnen, Plural, ist aber noch nicht die Lösung des ethischen Problems, leistet sogar wenig bis gar nichts dafür, dass wir endlich ethisch urteilen.

Gert Scobel: Und macht es die Lösung des ethischen Problems leichter, wenn ich, wie oft gefordert, katholische oder evangelische oder islamische oder sonstige Theologinnen und Theologen einlade, ebenfalls in die Expertenrunde zu kommen?

Markus Gabriel: Das ist nur eine Anhäufung desselben Problems, ja sogar eine Verschärfung. Wenn Virologen das Corona-Problem wegen der Konditionalität ihrer Modelle nicht lösen können, dann auch nicht, und, sagen wir mal, erst recht nicht, wenn dann noch ein Theologe dabeisitzt – oder eine Philosophin.

GERT SCOBEL: Und wie kommen wir sonst zu einem ethischen Urteil?

MARKUS GABRIEL: Der Unterschied zu vielen Fällen, die wir bislang diskutiert haben, ist ja der, dass das ethisch Gebotene nicht offensichtlich ist wie das leidende Kind, das ich jetzt retten muss. Das ist offensichtlich. Wir reden meistens, etwa in der Corona-Krise, über einen viel komplexeren Fall. Und in diesem ist es weitgehend unklar, ob ethisches Urteilen überhaupt angestrebt wird.

GERT SCOBEL: Die Ethik ist doch klar: Wir sollen möglichst viele Menschen retten. Der Rest ist Pragmatik, *wie* wir es machen, wäre dies ein Szenario?

MARKUS GABRIEL: Nun, das kann nicht zutreffen, weil wir derzeit keineswegs eindeutig daran arbeiten, möglichst viele Menschen zu retten. Dazu kann der Staat nicht beauftragt sein. Wäre das die Rolle des Staates, müsste er Süßspeisen verbieten, Alkohol, Autofahren usw. Darum geht es weder aus politischer noch aus ethischer Sicht, obwohl es fraglos wünschenswert wäre, möglichst vielen Menschen zu helfen, sich gegen das Corona-Virus und damit gegen COVID-19 zu schützen. Aber um das auf ethische Weise zu tun, müsste man Risiken gegeneinander abwägen, also nicht nur auf die Corona-Pandemie blicken, das geschieht nur bedingt und jedenfalls nicht so, dass von transdisziplinärer Forschung zur Begünstigung ethischer Urteile die Rede sein kann.

Gert Scobel: Wir spielen also letztlich kein echtes ethisches Spiel.

Markus Gabriel: Ja, jetzt ist die Frage: Gibt es hier überhaupt ein ethisches Spiel, oder ist die Corona-Pandemie womöglich primär ein komplexes Infrastrukturproblem (Stichwort: drohende Überlastung des Gesundheitssystems)? Wenn es nicht um ethisches Urteilen geht, dann ist es übrigens absurd, warum der deutsche Ethikrat bisweilen gefragt wurde.

Gert Scobel: Vielleicht aus strategischen Gründen. Oft scheinen mir die Lösungen der ethischen Corona-Probleme jedenfalls pragmatisch und technisch überspielt zu sein. Und daraus folgt, dass das moralische Problem noch gänzlich offen ist.

Markus Gabriel: So scheint es mir auch. Jetzt haben wir also Aleph, da steht so was drin wie: Schade keinem Menschen, mache keine Kinder traurig usw. Das gehört offensichtlich ins Aleph, also in das, was wir aus objektiven Gründen tun sollen, das objektiv Gute, das Offensichtliche.

GERT SCOBEL: Über das wir auch noch reden müssen – und woher wir es haben.

Und noch etwas kommt hinzu. Die Besetzungen in den Talkshows sind inzwischen personalisiert nach dem Script einer Commedia dell'arte. Jeder hat eine bestimmte Position. Dann redet man gegeneinander, statt miteinander Probleme zu lösen. Es sind die ewig gleichen Ansichten, die ohne Veränderung, ohne dass gedacht wird, aufeinandertreffen. Was Philosophinnen an diesem Punkt eigentlich machen sollten, ist, die Metaspielregeln klar und transparent zu machen. Aber genau das ist in der Talkshow nicht vorgesehen. Das wäre so, wie in sein eigenes Wohnzimmer zu … Den Geruch willst du nicht im Haus haben! Und kein Talkmaster in seiner Show. Du willst nicht transparent machen, was für ein Spiel da gerade gespielt wird: Nämlich statt tatsächlich Argumente auszutauschen und zu denken, werden lediglich Positionen personalisiert, treten die Personen gegeneinander an, ohne je nach Wahrheit zu fragen. Wie Harry Frankfurt sagen würde: »hochtrabender Bullshit«.

MARKUS GABRIEL: Dann gibt es das halt, das Genre Commedia dell'arte, das Genre Talkshow, dann ist aber das Genre Talkshow nicht dafür geeignet, der Selbstverständigungsraum der Gesellschaft darüber zu sein, was wir tun sollen. Das ist die neutralste Beschreibung. Also fordern wir doch einmal etwas Konkretes: die Einführung einer philosophischen Talkshow. Eine Talkshow, in der es wohl um die Fragen des Tages geht, es geht um alles das, was uns als Bürgerinnen und Bürger in Deutschland interessiert, aber der Einladungsgrund und der Versammlungsgrund ist das gemeinsame Herausfinden des Wahren, Guten und Schönen innerhalb einer Stunde. Dabei trägt man dem Pluralismus der Gesellschaft Rechnung, indem man versucht, wirklich alle einzubeziehen, den Taxifahrer, die Prostituierte oder wer auch immer gerade von gesellschaftlichen Themen wirklich in seinem Leben berührt ist. Die großen gesellschaftlichen Transformationsprozesse werden nach der Pandemie (meine Schätzung: frühestens 2023) nicht aufhören, sondern durch die Pandemie, ihre Folgen sowie die Folgen ihrer Bekämpfung verstärkt voranrollen, dazu bedarf es in einer aufgeklärten Gesellschaft eines geeigneten Diskussionsformats, das durchaus medial wirksam sein kann, warum auch nicht?

Historizität und Normativität

Markus Gabriel: Was wir in der Ethik immer mit in Rechnung stellen müssen, ist die Historizität. Deshalb geht es immer auch um Wandel, Veränderung, Wertewandel.

Gert Scobel: Tatsächlich variiert die Differenz von Delta und Aleph historisch, also diachron, aber eben auch synchron, wenn wir das Urteilsverhalten von verschiedenen Menschen untersuchen, das sich schon allein darin unterscheidet, dass wir nie alle gleichzeitig alle Tatsachen kennen können, die zur Beurteilung erforderlich wären. Das müssen wir vielleicht nochmals in Erinnerung rufen: Aleph ist der Bereich absoluter, universaler Werte, von denen Plato denkt, es gibt ihn wirklich, im Sinne von »wir könnten ihn aus dem Wertehimmel runterholen und anschauen wie ein normales Objekt«.

Markus Gabriel: Genau. Und wir können dann das Delta als die feststellbare Fairnessdetektorbeobachtung über die ganze Menschheit ziehen, denn wie die Kapuzineräffchen verfügen wir ja alle über einen Fairnessdetektor. Das ist Protomoral, wenn auch nicht ausgeklügelt und wohl auch nicht historisch, es sei denn, wir fänden heraus, dass wir unsere ethischen Werturteile über die Zeit systematisch verbessern.

Gert Scobel: Das Delta ist die faktische moralische Spannweite, das Intervall der für uns möglichen Handlungen zwischen größter Zustimmung, neutraler Gleichgültigkeit und dem Auslösen von Gewalt. Dieses Intervall – die Differenz zwischen zwei Grenzwerten, die wir mit Blick auf ethisches Handeln als »gut« oder »böse« bewerten – existiert jeweils mit historischen Verschiebungen, wenn wir auf verschiedene Themen schauen. Man könnte nun solche verschiedenen Themenbereiche untersuchen und die Deltas verschiedener Gruppen in der Gegenwart, also synchron, vergleichen. Die verschiedenen Intervalle der damit einhergehenden Denkweisen wirken sich aber nur teilweise auf unser Handeln aus, denn in der Regel spielen Emotionen eine viel größere Rolle als Denkmodelle und beeinflussen unser Handeln daher stärker, etwa über die Steuerung von Motivlagen oder Stimmungen.

MARKUS GABRIEL: Und das ist ja der Sinn solcher verhaltensökonomischen Studien, wie der »Moral Machine«, von denen es ja inzwischen viele gibt.

GERT SCOBEL: Da stellen wir nicht nur Unterschiede in der moralischen Bewertung seitens unterschiedlicher Kulturen fest, sondern auch Unterschiede mit Blick auf den Vergleich verschiedener Zeiten.

MARKUS GABRIEL: Richtig. Aber viele dieser Studien haben natürlich auch gezeigt, dass es einen gigantischen, kulturübergreifenden Bereich geteilter Wertvorstellungen gibt. Auch empirisch ist Ethik daher universell.

Übereinstimmung gibt es zudem nicht nur bei den kulturübergreifenden Studien, die wir gerne verlangen, wenn wir fragen: »Wie bewerten Franzosen, Chinesen, Deutsche selbstfahrende Autos?« Es gibt sie auch in Bezug auf die Zeitdimension, etwa wenn wir fragen, wie Franzosen oder die indigene Bevölkerung eines Landes im 16. Jahrhundert oder die Griechen im 3. Jahrhundert vor Christus ein bestimmtes moralisches Problem bewerteten. Auch das müssen wir mit bedenken – und die Geistes- und Sozialwissenschaften, etwa Aristoteles-Forscherinnen, können uns dabei helfen, sinnvolle und korrekte Aussagen zu treffen. All das müssen wir mit in unser Gesamtpanorama einbeziehen.

GERT SCOBEL: Weshalb auch das interdisziplinär gedacht werden muss.

MARKUS GABRIEL: Muss, denn sonst fällt man noch leichter auf den Irrtum des Algorithmizismus herein, etwa indem man glaubt, es sei ausreichend, allein das westliche Delta von heute zugrunde zu legen, und schon hätte man alles beantwortet. Aber da das Delta auch diachron und kulturübergreifend variiert, brauchen wir mehrere Bestandsaufnahmen. Das ist ein wichtiger Gedanke für die Analyse von Ethik, den wir gerade erarbeitet haben: Einerseits müssen wir bei der Bestimmung dessen, was gut ist, die Annäherung Deltas an Aleph berücksichtigen, also den normativen Maßstab, der uns aus der bloßen Verhaltensbeobachtung herausführt. Andererseits erkennen wir aber mit unserer bloßen Verhaltensbeobachtung bereits ein Verhalten, das sich an diesem Maßstab ausrichtet. Es gibt also keine grundlegende Spannung zwischen Empirie und Normativität, weil das beobachtete Verhalten ja bereits normativ geleitet ist.

Gert Scobel: Weil die Empirie immer schon die Normativität mitberücksichtigt.

Markus Gabriel: Weil Menschen eben häufig, aber nicht immer das moralisch Richtige tun, ist die Empirie ein Indikator für objektiv richtige Werte, nicht nur für subjektive Wertvorstellungen. Deswegen stimmt es nicht, dass es einen prinzipiellen Fundamentalunterschied zwischen Sein und Sollen gibt. Das Sein deckt sich partiell mit dem Sollen.

Gert Scobel: Denn wir können faktisch nicht so tun, als könnten wir die Normativität aus unserem Handeln rausnehmen.

Markus Gabriel: Insofern gibt es einen Sinn, in dem Platon recht hat: einen gültigen Aleph-Maßstab, ohne den wir Rückschritte und Fortschritte nicht beurteilen könnten. Allerdings gebe ich zu, dass mir dabei unwohl ist. Zu leicht ließe sich schließen, wir könnten durch einen geschickten Algorithmus, vorausgesetzt, wir haben genügend empirische Daten über unser Verhalten und unsere Denkweisen, vielleicht sogar über unsere Motive, mathematisch gesprochen die Attraktoren dieses Zustandsraums definieren. Wir würden die gesamte Bandbreite wahrscheinlichen Verhaltens kennen und hätten wie bei Amazon einen sehr guten prädiktiven Schlüssel für unsere Verhaltensweisen – und für das, was wir dann als Normen anführen, um unser Verhalten zu begründen. Genau das versucht *predictive analytics* ja mit Hilfe von KI und lernfähigen Algorithmen tatsächlich zu erreichen: optimale Verhaltensvorhersagen. Und wenn man die erst hat, kann man beginnen, das erwartete Verhalten auf gezielte, nämlich erwartbare Weise herbeizuführen.

Die Frage ist: Wäre es vollständig möglich, den Raum prädiktiv auszuschöpfen? Und: Wäre in einem Sinn die Freiheit gefährdet, die mit der Ethik einhergeht, in einem anderen nicht? Jemand, dessen Verhalten ich vollständig vorhersagen kann, ist dadurch nicht unfreier. Hier ist ein einfaches Gedankenexperiment, das ich entwickelt habe. Stellen wir uns eine Person vor, die nenne ich gerne Gotto. Gotto ist ein ganz normaler Typ, aber irgendwann ist allen klar: Wenn wir Gotto vor eine Alternative stellen, eine binäre Wahl A oder B, nimmt der immer das Beste. Wir gehen zum Beispiel in ein Restaurant, wir wissen alle, der Hühnchenburger ist da besser als das Lammkebap, und kennen deshalb seine Antwort auf die Frage »Was nimmst du?«. Denn er wählt immer das Beste und ist dadurch vollständig vorhersagbar.

GERT SCOBEL: Das ist der Spiegel aus der meisterhaften, gleichnamigen Science-Fiction-Novelle von Cixin Liu.[34]

MARKUS GABRIEL: In der Tat! Das hat eine große Ähnlichkeit damit.

GERT SCOBEL: Aber ich wollte dich nicht unterbrechen. Es gibt diesen Algorithmus.

MARKUS GABRIEL: Ja, genau. Gotto wählt immer das Beste aus allen Alternativen. Er weiß das nicht von sich selbst, für uns aber ist er damit vollständig vorhersagbar. Frage: Ist Gotto frei? Natürlich. Ich wäre gerne Gotto. Ich würde sagen, Gotto ist der Freieste überhaupt.

GERT SCOBEL: Er wählt immer das Gute.

MARKUS GABRIEL: Und deswegen nennen wir ihn Gotto. Gotto ist fast wie Gott, nur ein wenig anders, denn für Gott selbst steht das Böse nicht zur Wahl.

GERT SCOBEL: Er ist also nicht unfrei, denn er könnte auch anders.

MARKUS GABRIEL: Das dürfen wir in der Debatte nicht vergessen. Dass die vollständige empirische Vorhersagbarkeit auch bei freien Wesen möglich ist, wird gerne übersehen. Wir sagen es manchmal so dahin, wir sind nicht vorhersagbar, weil wir frei sind. Nein, wir könnten gerade wegen unserer Freiheit vorhersagbar sein, weil uns die Normativität leitet. Der gute Mensch ist zuverlässig, vorhersagbar, der Böse unberechenbar.

GERT SCOBEL: Der gute Mensch handelt absehbar gut – und das aus völlig freien Stücken. Weil er verlässlich ist, ist er auch vorhersehbar, aber gerade darin frei, denn er könnte ja auch unverlässlich sein. Das führt uns in die Nähe einer spannenden Diskussion über die Nichtdeterminiertheit komplexer Systeme: Alle mathematischen *Modelle*, die wir benutzen, um in komplexen chaotischen Systemen Muster zu finden und die Attraktoren dieser Zustände zu berechnen, müssen nicht die Attraktoren oder Mittelwerte liefern, die die *realen* physischen Systeme tatsächlich einnehmen. Der Mittelwert eines Modells kann, muss aber keine Entsprechung in der Realität haben. Ich kann daher auch ein Klimamodell konstruieren, das extrem gute Vorhersagen trifft, und dennoch bleibt in dem Modell die Realität unberücksichtigt, etwa wenn ein Meteor auf die Erde fällt oder jemand im sibirischen Wald ein Streichholz fallen lässt, das einen Brand entfacht, der wiederum Methan freisetzt. Dadurch könnte der *reale* Attraktor des physikalischen Systems in eine ganz andere Richtung laufen, obwohl mein bewährtes mathematisches Modell das nicht voraussehen kann.

MARKUS GABRIEL: Ja, das würde ich noch hinzurechnen. Aber durch Verhaltensmanipulation, indem wir Gotto immer nur zwei Optionen anbieten, wir ihn also digitalisieren, können wir das weitgehend unter Kontrolle bringen. Natürlich ist der Meteorfall noch möglich, Gotto bricht sich das Knie, aber da er immer das Richtige tut, vermeidet er die Situation, in der er sich das Knie bricht.

Gert Scobel: Ich meine, da müssen wir jetzt eine Diskussion über Ethik und komplexe Systeme führen. Niemand kann alles voraussehen: jedenfalls dann nicht, wenn ein System komplex ist. Gotto kann durch keine Wahl der Welt ausschließen, sich je etwas zu brechen – es sei denn, er bleibt einfach sitzen. Eine häufige Argumentation lautet: Die Naturgesetze lassen uns keine Wahl – und setzen damit die Freiheit außer Kraft, weil wir mit Blick auf die Naturgesetze keine Entscheidungen treffen können, die gegen sie verstoßen.

Markus Gabriel: Diese Argumentation halte ich insofern für Unsinn, als dass es dann ein Problem sein müsste, wenn die Naturgesetze für alles gelten, aber die Naturgesetze werden durch die Bundestagswahl nicht außer Kraft gesetzt. Natürlich, nichts setzt die Naturgesetze außer Kraft. Aber das heißt nicht, dass die Schrödingergleichung die Erklärung für das Wahlergebnis liefert, und das ist der entscheidende Unterschied.

Gert Scobel: Guter Punkt! Die Naturgesetze samt Schrödingergleichung, oder welche elaborierten Modelle auch immer kommen werden, gelten – aber sie determinieren nicht meine freie Wahl und bestimmen auch nicht den Wahlausgang. Umgekehrt kann ich meine Wahlentscheidung nicht aus Naturgesetzen ableiten.

Markus Gabriel: Da müssten wir uns nun ausführlich mit der Philosophie der Naturgesetze auseinandersetzen. Aber ich glaube, wir sollten uns an dieser Stelle nochmals auf die Historizität konzentrieren. Um sie der Algorithmizität entgegenzusetzen, müssen wir ihre relative Aussagekraft verstehen. Wir können zum Beispiel nicht ernsthaft feststellen, was sich Menschen vor 200 000 Jahren moralisch gedacht haben. Und wieso glauben wir überhaupt, der Homo sapiens sei vor 200 000 Jahren kulturell homogen gewesen?

Perspektivwechsel

Gert Scobel: Genau das zeigt ja auch die Paläoanthropologie: dass es mehr Formen und Arten der Gattung Homo gab, als wir bislang dachten. Klar ist nur, dass wir alle aus Afrika stammen – in extrem vielen Mischformen. Menschen waren also immer vielfältig. Aber mit der Vielfalt gibt es ein Problem: nämlich dann, wenn ich polarisiere. Angenommen, ich habe eine Bandbreite von Verhaltensweisen mit den Polen von Gut und Böse und zwischen diesen Extremen des Verhaltens ein Intervall der Differenz. Wenn Politik, wie Luhmann sagt, die Bereitstellung von kollektiv bindenden Entscheidungen ist, um auf diese Weise gerade die Extreme, nämlich Gewalt, auszuschließen, dann wird Politik bemüht sein, einen möglichst großen Konsens innerhalb dieser Pole herzustellen.[35] Genau das ist das

Berliner GroKo-Prinzip: ein möglichst umfassender Konsens ohne radikal abweichende Entwürfe. Leider führt das häufig dazu, dass diese politische Mitte, weil sie sich als Mitte begreift und »abgedeckt« sieht, zur schweigenden Mitte wird. Sie muss sich nicht äußern, etwa zum Fortbestand der Demokratie, denn diese läuft ja in ihrem Sinn. Das hat automatisch zur Folge, dass ich die Pole – also das extrem Gute, aber auch das extrem Böse – immer mehr an den Rand »drücke«. Denn je mehr Menschen in dem Intervall möglicher Handlungen sich um den Mittelwert herum verteilen, desto weniger finden wir in den »Ausreißern« der Extreme. Immer weniger Menschen werden folglich in diesen Polgruppierungen zu Hause sein. Um sich von der größer werdenden Mitte abzugrenzen, werden Vertreter der extremen Positionen vermutlich immer radikaler und manche nicht nur extrem denken, sondern letztlich entsprechend handeln und gewalttätig werden. Eine problematische Strategie also. Sie zeigte sich beispielsweise im radikalen Flügel der AfD oder im Schwarzen Block bei den Linken.

Es gibt aber auch die genau gegenteilige Entwicklung, sozusagen den kalten Bürgerkrieg, wie wir ihn in den USA erlebt haben und möglicherweise wieder erleben werden. Indem ich ständig alles politisiere, polarisiere ich selbst Alltäglichstes in der Mitte der Gesellschaft. Das harmlose Hören von Countrymusik wird mit einem Mal zum politischen Statement pro Republikaner.[36] Was also bei zunehmender Politisierung fehlt, ist das, was man die entpolitisierte Zone, die unpolitische Mitte, nennen könnte. Durch die Polarisierung der Massen verschiebt sich die Mehrheit in Richtung der jeweiligen Ränder. Die »Guten« sind für die anderen die »Bösen« und umgekehrt. Schließlich gibt es kaum noch ein Dazwischensein – kein *inter-esse*. Faktisch vergrößere ich also die Anzahl der Menschen, die in Richtung der Pole streben. Ich schaffe viel mehr »Linke« und viel mehr »Rechte« unter Ausschluss aller anderen. Also wird die Mitte kleiner. Irgendwann marschieren diese konträren Haltungen aufeinander zu und entladen sich wie jüngst vor dem Kapitol als symbolischem Ort des Aushandelns der Mitte. Je kleiner der Puffer der Mitte zwischen ihnen, umso höher die Wahrscheinlichkeit, dass dies nicht in Form von Streit, Polemos oder Diskussionen geschieht, sondern sich gewalttätig auf der Straße entlädt. Beides sind letztlich demokratiefeindliche oder demokratieschädliche Varianten, die bei einer zu großen GroKo-Mitte – oder einer zu kleinen Mitte wie im Zweiparteiensystem in den USA – eintreten können.

Etwas kann man daraus lernen, scheint mir. Ich gebe Michel Friedman sehr recht, der sagt, dass wir in Deutschland aus verschiedenen historischen Gründen verlernt haben zu streiten, unter anderem, weil die Generation derer, die in den Nationalsozialismus verstrickt waren, genau darüber nicht reden wollte.[37] Streit sehen wir in Deutschland häufig als Bedrohung; Spielerisch zu streiten, also ohne es persönlich zu nehmen, gelingt uns jedoch nur selten. Also verlernen wir, die Perspektive des anderen einzunehmen. Man muss aber, um sich gegenseitig zu verstehen, in der Lage sein, auch aus der »gegnerischen« Perspektive heraus zu argumentieren. Wir separieren jedoch die Sinnfelder, dichten sie puristisch, um nicht zu sagen puritanisch, gegeneinander ab, immunisieren uns – und werden dabei anfällig für jede kleine Irritation. Wir streiten wenig, weil wir keine *debating culture* entwickelt haben und alle Formen von Streit als Angriff auf unsere Identität ansehen, als Angriff auf die öffentliche Ruhe, ohne zu verstehen, dass Streit die Urteilskraft reifen lässt und öffentliche Ruhe sich nur dann wirklich als echte Ruhe oder verlässlicher Frieden herstellt, wenn tatsächlich alle Menschen in ihrer Vielfalt zu Wort kommen. Man kann und muss also lernen, dass Streit notwendig ist. Und wir müssen wieder lernen, wie man gut streitet. Um zu streiten, muss man flexibel sein und vom eigenen Rigorismus Abstand nehmen. Doch das geschieht selten. Stattdessen haben wir es mit der fatalen Wirkung falscher Pluralisierung zu tun: Jeder bleibt in seiner Ecke und vermeidet die Auseinandersetzung. Was stört, wird nach Maßgabe der *cancel culture* ausradiert. Der Geschichtssinn, den du zu Recht einforderst, geht verloren. Und all das trifft dann auf einen uralten und fatalen neurophysiologischen Mechanismus, der dazu führt, dass wir als Menschen immer zwischen einer In-Group und einer Out-Group unterscheiden wollen. Wir wollen diese sozial angelegten Pole, wollen Grenzen und setzen uns selber, egal, wo wir sind, immer in irgendein Intervall »dazwischen«, das heißt in ein System, das sich von anderen unterscheidet. Je nachdem, wie tolerant wir sind, ist unser Spielraum, anders zu sein, größer oder kleiner. Es gibt Untersuchungen über das Gewaltpotenzial von Fußballvereinen, und man kann wirklich zeigen, wie allein der Anblick des Trikots der gegnerischen Mannschaft sofort eine neurophysiologische Antwort, eine aggressive Reaktion triggert. Gekuschelt wird nach innen, aber geschlagen nach außen.

MARKUS GABRIEL: Zu hohes Oxytocin-Level, darüber habe ich auch Vorträge gehört: Das sogenannte Kuschelhormon ist auch ein Aggressionshormon.

GERT SCOBEL: Richtig, weil die Schimpansen, die einander vertrauen und gemeinsam jagen, zugleich hochaggressiv gegenüber der Out-Group sind. Diese Schimpansen haben nachweislich sowohl einen extremen Adrenalin-Ausstoß als auch einen unglaublich hohen Oxytocin-Ausstoß, der das »gute« In-Group-Verhalten regelt. All das hat man durch Kotproben frei lebender Schimpansen gemessen. Warum ist das so? Weil sie als Gruppe jagen wollen, sich als Gruppe also auch möglichst optimal verbinden müssen. Und das gelingt nur, wenn ich vertraue. Die hohe Oxytocin-Ausschüttung sorgt dafür, dass Differenzen in der Gruppe abgeschwächt werden. Wie wir als Spezies dieses in uns geradezu neurophysiologisch kodierte In-Group-/Out-Group-Verhältnis grundsätzlich vermeiden können, weiß ich nicht. Ich glaube, letztlich können wir es zwar nicht vollkommen vermeiden, aber eine bessere, durchlässigere Haltung kultivieren. Ein erster, aber entscheidender Schritt wäre es, die Mitte möglichst frei zu halten, ihr also einen größtmöglichen Spielraum zu verschaffen, um in diesem Zwischenraum viele weitere Gruppen zu etablieren.

Spielräume und Fiktionen

MARKUS GABRIEL: In diesem Sinne gilt es, in der Mitte Identitäten aufzulösen. Die Mitte muss ein Spielraum werden. Und deswegen ist, das habe ich im letzten Jahr in meinem Buch *Moralischer Fortschritt* geschrieben, Differenzpolitik zunächst einmal die Auflösung von Identitäten, und es befremdet mich, dass wir nach Jahrzehnten antiessenzialistischer Dekonstruktion, also seit den späten Sechzigerjahren, wieder so reden, als gäbe es einfach Frauen und Männer oder gar Weiße und Schwarze. Das ist ein Rückfall. So, wie wir leider wieder in das Vertrauen auf Nationalitäten zurückgefallen sind. Sie sind Fiktionen! Niemand kennt »die« Deutschen oder »die« Japaner, nicht einmal »den« Menschen! *The Lies That Bind*, wie Kwame Anthony Appiah sagt und sein Buch über Identitäten genannt hat.[38] Auch Amartya Sen hat das in *Identity and Violence*[39] eigentlich alles schon widerlegt. Ich verstehe nicht, warum der identitätspolitische Diskurs, gemessen an der emanzipatorischen Kraft der früheren vielfältigen feministischen und anderen, natürlich auch rassismustheoretischen Diskursen, in irgendeinem Sinne nicht einen unvorstellbaren Rückschritt darstellt. Das konnte mir noch niemand erläutern, im Gegenteil, dann nur über die rückschrittliche Komponente. Müssen wir jetzt wirklich wieder bei Judith Butler anfangen? Das scheint so zu sein, wir müssen *Gender Trouble*[40] erst mal wieder lesen, obgleich wir doch längst 100 Varianten durchdacht haben, um voranzukommen, und der Konsens, der kluge Konsens, war Antiessenzialismus. Denn richtige Indifferenzpolitik wäre es, wenn du mit dem chinesischen Philosophen oder der afrikanischen Philosophin über ein philosophisches Problem redest und der Gedanke, dass sie eine afrikanische Philosophin oder er ein chinesischer Philosoph ist, keine Rolle spielt.

GERT SCOBEL: Da ein Verfahren wie beim *blind auditing* im Vortrag von Argumenten kaum durchführbar ist, könnte man jedoch versuchen, bewusst die Perspektiven zu vertauschen, um besser zu verstehen, was genau die eigene Blindheit und Vorurteile erzeugt. Es ist gut möglich, dass ich dann erkenne: »Ihr glaubt, ihr bildet die Menschheit ab, und führt im Grunde genommen nur einen Diskurs zwischen weißen Männern.«

Markus Gabriel: Wenn ich in Deutschland mehr mit weißen Männern rede, liegt das daran, dass hier besonders viele weiße Männer die Professuren innehaben, auch wenn sich dies langsam, aber sichtlich verändert. Die Erklärung meines Tuns als das eines weißen Mannes ist eben ein rassistisches Stereotyp, das gegen mich gerichtet wird, selbst wenn ich der Meinung bin, mein bestehendes Privileg doch benannt zu haben. Das ist, was ich daran verwerflich finde. Die Identitätspolitik ist im allerbesten Fall Taktik, aber eine moralisch verwerfliche, Guerillataktik, Kriegsführung. Und wir wollen doch nicht einen Krieg der Rassen führen, um den Krieg der Rassen zu überwinden. In manchen Auswüchsen macht das aber die Identitätspolitik.

Wo wollen wir damit hin? Genau dahin, meine ich, dass wir das nicht mehr besprechen müssen. Und zwar nicht, weil wir darüber schweigen, unsere Differenzen verschweigen und insgeheim doch weiter rassistisch sind. Sondern weil wir die Auswüchse identitärer Fiktionen nicht mehr brauchen, weil wir sie als Fiktionen durchschaut und hinter uns gelassen haben, ohne farben- oder genderblind geworden zu sein.

Gert Scobel: Was man lernen kann, ist, dass Essenzialismus immer die Gefahr in sich birgt, eine Out-Group zu bilden. Also Essenzialismus in der Weise, dass man sagt: Ein Mensch ist Folgendes: …; ein Afrikaner ist xyz …, und dann kommen all die empirischen Merkmale und die angeblich klaren, empirisch fundierten

Definitionen dessen, was »das Wesen« eines Menschen sei. Und alle anderen, die nicht diese empirischen Kriterien, eine bestimmte Hautfarbe oder Denkweise oder was auch immer erfüllen, sind demzufolge keine Menschen. Damit bilde ich automatisch eine Out-Group und besetze die leere Mitte. Dass die Definition des Menschen eben kein guter Ausgangspunkt ist und die Definitionen des Wesens stets eine Reihe von Gefahren mit sich bringen, weil wir an ihr alles messen wollen, hat die Philosophin Maria Kronfeldner kürzlich brillant herausgearbeitet.[41] Man muss also aufpassen, wenn man über den Begriff *des* Menschen spricht statt von den Menschen im Plural.

MARKUS GABRIEL: Deswegen habe ich in dem *taz*-Interview jetzt an diesem Wochenende, an dem wir uns unterhalten, vorgeschlagen, von »Leuten« zu reden. Alle sind Leute.[42]

GERT SCOBEL: Folgt man den Studien von Politikwissenschaftlerinnen, die einen kalten Bürgerkrieg in den USA diagnostiziert hatten, dann ist einer von vielen Gründen, die zu dieser Polarisierung und Spaltung geführt haben, dass den Amerikanern die Orte abhandengekommen sind, an denen sich Menschen mit unterschiedlichen politischen Ansichten überhaupt begegnen können. Immer weiter wurden die zivilgesellschaftlich organisierten Möglichkeiten abgeschnitten, sich über die politischen oder ethischen Grenzen hinweg zu begegnen. Weggefallen sind auch die niedrigschwelligen, eher harmlosen, aber gerade deshalb stabilisierenden Überschneidungen von Lebensstilen und physischer Alltagswelt. In der Architektur nennt man diese Räume »third places«, also all das, was zwischen Wohnung und Arbeit geschieht. Auch Vereine oder ehrenamtliches Engagement spielen dabei eine wichtige Rolle. Eines von vielen Beispielen für diesen Isolationismus ist Davidson County: eine verschworene Hochburg der Demokraten mitten im republikanisch wählenden Bundesstaat Tennessee.

Zur Praxis der Mitte würde es gehören, Formate zu entwickeln, die Bewegung und Begegnung ermöglichen. Je homogener Gemeinschaften und Wohnorte sind, umso schwerer wird es, Toleranz und Empathie gegenüber denen zu fordern, die anders sind, also eine Differenz mit sich bringen oder in sich tragen und damit nicht in die Gleichverteilung von Aussehen, Meinungen und Gewohnheiten passen. Es geht um Orte, im wörtlichen wie im übertragenen Sinne, die einerseits eine Kultur des zivilisierten und freundlichen Streitens miteinander ermöglichen, andererseits aber auch dazu beitragen, leere Mitten zu schaffen, um anstelle der ewigen Polarisierungen Neues zu wagen. Untersuchungen in Deutschland zeigen immer wieder, dass die Häufigkeit von Hassverbrechen in keinem signifikanten Zusammenhang mit dem Anteil der Geflüchteten in den einzelnen Bezirken steht. Man kann also gerade nicht sagen, je höher der Anteil »anderer« Menschen, desto größer die Gewalt. Das überrascht immer noch viele, dass im Gegenteil gilt: Gewalt gegen Minderheiten steigt gerade dann, wenn der Gesamtanteil der Ausländerinnen und Ausländer in einem Bezirk eher gering ist. Wir brauchen daher Vielfalt, aber auch Freiräume oder Zwischenräume, in denen wir uns aufhalten können. Entscheidend ist, nicht gleich vereinnahmt zu werden. Nur wenn wir uns frei machen können, ohne dass sich jemand dem Regime des einen oder des anderen Pols unterordnen muss, wird etwas Neues entstehen.

Markus Gabriel: Das wäre der Weg. Wenn man jemanden zur Besinnung bringen will, weil ein Streit ausgebrochen ist, vielleicht gerade zwischen identitätspolitischen Gruppierungen, und einer kommt dazwischen, um zu schlichten, und sagt beherzt: »Leute! – Das geht auch anders.«

中*

AN-ARCHIE

»Ich bin in der Tat heute der Meinung, dass das Böse immer nur extrem ist, aber niemals radikal, es hat keine Tiefe, auch keine Dämonie. Es kann die ganze Erde verwüsten, gerade weil es wie ein Pilz an der Oberfläche weiterwuchert. Tief aber und radikal ist immer nur das Gute.«

HANNAH ARENDT, 20. JULI 1963

* Zhōng, chinesisch. Mitte, zwischen Extremen

Tugend

GERT SCOBEL: »An-archie« und »Mitte«: Beide Begriffe sind erklärungsbedürftig, nicht zuletzt durch die Verbindung zur chinesischen Philosophie, die wir ziehen – und das umso mehr, weil wir mit dem Begriff »Mitte« weder Mittelmaß noch Durchschnitt, weder eine statistische Mitte noch einen Mittelpunkt meinen, den es nicht gibt, im Universum nicht und auch nicht in der Ethik. »Mitte« ist also kein selbstverständlicher oder naheliegender Begriff, zumal er in unserer Verwendung auch nicht auf den in der Logik verwendeten Terminus des *tertium datur* zielt, der eine wie auch immer geartete Zone zwischen zwei Gegensätzen bezeichnet. In der europäischen oder abendländischen Philosophie ist »Mitte« überraschenderweise weniger logisch, sondern ethisch konnotiert: *Mesotes* findet sich als zentraler Begriff in der aristotelischen Tugendlehre. Offenbar führte Aristoteles, der Lehrer Alexanders des Großen, ihn in die antike Philosophie ein. Der Begriff hatte möglicherweise bereits eine längere asiatische Vorgeschichte und stammt insofern also vielleicht gar nicht ursprünglich von Aristoteles ab, sondern kam unter anderem mit den Feldzügen Alexanders des Großen, die tief ins Persische Reich nach Indien hineinführten, nach Griechenland.[43] Aber das ist wie so viele Aspekte der frühen griechischen Philosophie, etwa ihre Verbindung zum indischen Yoga, immer noch nicht ausreichend erforscht. Jedenfalls besetzt eine Tugend bei Aristoteles die mittlere Stellung zwischen zwei einander entgegengesetzten Fehlhaltungen oder Lastern. Auf der einen Seite herrscht ein Übermaß, auf der anderen ein Mangel. Das klassische Beispiel ist die Tugend *andreia* oder Mannhaftigkeit. Wer *andreia* hat, ist *andreios*, also mannhaft, tüchtig, mutig und tapfer. Damit erfüllt der oder die Betreffende die Position zwischen den beiden falschen Extremen der Tollkühnheit und der Feigheit. Die Konzeption der Mitte als eine Vorstellung von Tugend und politischem Handeln zielt also auf den maßvollen Ausgleich der Extreme. Diese Mitte im Handeln zu verwirklichen, ist Aristoteles' Anliegen. Eine erste Frage wäre also, ob wir von der Position des Aristoteles abrücken sollten? Vielleicht dann, wenn die Mitte *nur* der Ausgleich und damit vielleicht ein fauler Kompromiss wäre? Dann könnte das, was das Gute ist, nie radikal sein, sondern immer nur Mittelmaß. Im Grunde genommen arbeitet Aristoteles an dem Thema, das wir bereits im vorigen Kapitel angegangen sind: Er schaut sich an, wo das »gute Intervall« liegt, durch welche Differenz es definiert ist, und bestimmt wie bei einer mathematischen Kurvendiskussion die Extreme oder MiniMax-Werte dieses Intervalls: Er bestimmt das unterste schlechte Ende, den Mangel, und das oberste übertriebene Ende, das Übermaß. Beides ist negativ.

Irgendwo dazwischen, im Zentrum der Gauß'schen Normalverteilungskurve, liegt das, was er positiv als Mitte und damit als Tugend definiert. Im Grunde bezeichnet das eine Art philosophischer GroKo-Methode: die Gauß'sche Normalverteilung angewendet auf Probleme der Ethik oder des politischen Handelns.

MARKUS GABRIEL: Das erste Problem dieses Modells, so wie du es beschreibst, besteht darin, dass es nicht erklären kann, wie man sich als Gemeinschaft in moralischen Fragen täuschen kann. Die gesamte Gemeinschaft, die gesamte Polis kann damit nicht mehr ohne Weiteres falschliegen. Das ist das grundsätzliche Problem jedes Konsensmodells. Man kann eben einen Konsens auch dahingehend finden, dass man das objektiv Falsche tut.

GERT SCOBEL: Der gemeinsame Nenner dieser »So viele Fliegen können sich nicht irren«-Haltung ist der Konsens. Man freut sich drüber, man hat ihn endlich gefunden, man hat die Mitte erreicht! Überall Zustimmung – und trotzdem kann man völlig falschliegen.

MARKUS GABRIEL: Ein Konsens kann auch schlecht sein. Wenn die Nationalsozialisten miteinander diskutieren, welche Variante der Endlösung sozusagen die effektivste ist, und sie kommen zu irgendeinem Ergebnis, dann entsteht das radikal Böse. Das heißt, an diesem extremen Fall sieht man ganz einfach, dass

Konsensfindung, wenn sie nicht an einem Guten orientiert ist, das die Konsensfindung transzendiert, scheitern muss. Also muss es eine Norm geben, an der sie bemessen wird, eine Norm, die nicht ihrerseits von einem weiteren Konsens abhängt, sondern vom Konsens unabhängig und in dieser Hinsicht objektiv feststeht. Konsens kann begrifflich weder mit dem Wahren noch mit dem Guten identisch sein, weil das Wahre und das Gute die Norm für den Konsens sind und nicht umgekehrt der Konsens die Norm für das Wahre und Gute. Deswegen können wir vielmehr sagen, dass wir eine Gemeinschaft daran bemessen können, ob ihre Konsensfindung am Guten und Wahren orientiert ist. Auf dieser Ebene hat Platon gegen Aristoteles recht.

GERT SCOBEL: Ich stimme dir zu: Konsens stellt nicht das Gute her, sondern ist im besten Fall eine Antwort auf das, was faktisch für gut gehalten wird, und ist identisch mit dem, was faktisch in der Mitte liegt.

MARKUS GABRIEL: Und hier irrt Aristoteles, weil er glaubt, dass die Heuristik, also das Auffinden des Guten, nicht am Guten orientiert sein kann. Das ist ja seine Kritik an Platon, die leider das Kind mit dem Bade ausschüttet. Platon sagt, das Gute geht der Konsensfindung voraus, und Aristoteles wundert sich dann, wie man es erkennen kann. Denn selbst wenn es ein Wahres und Gutes gibt, bleibt für Aristoteles immer noch die Frage, wie wir es finden können, und das

Finden des Wahren und Guten kann natürlich nicht darin bestehen, dass man sozusagen unbefangen auf das Wahre und Gute zeigt. Das wäre ja kein Finden, sondern ein Zeigen. Also fragt sich Aristoteles, wie das geht, und findet die Antwort in diesem seinem tugendethischen Mechanismus der Mesotes, was meines Erachtens in der Tat eine Antizipation des Gedankens ist, der im moralisch Richtigen das Mittelmäßige sieht. Natürlich begründet er all dies nicht noch mal eigens, sondern kommt mit dieser nach heutigen Standards idiosynkratischen Tugendlehre auf eine Position, die den Eindruck vermittelt, er würde nur mehr lokale Gepflogenheiten der griechischen Elite hypostasieren, und zwar zum Guten selbst, womit er implizit seiner eigenen Kritik an Platon das Wasser abgräbt. Bei diesen ganzen kommunitaristischen Positionen von Aristoteles bis Alasdair MacIntyre läuft das immer darauf hinaus, dass man die eigene Gemeinschaft bzw. eine Vorstellung davon, wie sie beschaffen ist, als Ausgangspunkt wählt, um von dort aus das Gute als Delta dieser Gemeinschaft zu hypostasieren. Das ist nicht die Mitte, die wir meinen, jenes bewegliche Zwischen, das Gut und Böse voneinander trennt, dabei selbst aber keinen wohlbestimmten Ort hat, sondern den Gedanken einer eindeutigen Verortung unterminiert und damit unserer grundlegenden Erfahrung von Freiheit entspricht, die wir in Anspruch nehmen, wenn wir das ethische Urteilen ernst nehmen.

Gert Scobel: Seltsamerweise weicht Aristoteles damit dem zentralen philosophischen Problem aus. Wenn wir davon ausgehen, dass es das Gute gibt, wir das Gute aber nicht unmittelbar an der Wirklichkeit ablesen können, es also keinen eindeutigen empirischen Zugang zur Wirklichkeit gibt, jedenfalls keinen direkten empirischen Zugang, muss er sich ja die Frage stellen, mit welcher Heuristik, mit welcher hermeneutischen Technologie sich das Gute erschließen lässt, also das, was Platon, wie du ja gesagt hast, mit der Idee des Guten meint. Dieser Frage weicht Aristoteles aus. Er sagt nicht, wie sich das Gute, das man erfahren und auf das man zeigen kann, ohne es allerdings weder unmittelbar empirisch noch propositional im Denken einfangen zu können, dennoch im Handeln verwirklichen lässt. Das macht er übrigens auch in der *Nikomachischen Ethik*, wenn es darum geht, zu bestimmen, was das Gute für das Gemeinwohl, das politisch Gute ist. Denn weder die Handwerker noch die Krieger usw. können alleine für sich entscheiden, was gut für die Polis ist und wie daher, im Sinne des Gemeinwohls, politisch zu handeln sei. Alle unterschiedlichen Gruppen einschließlich der Ärzte, der Kaufleute oder Philosophen haben ihre jeweils eigenen Methoden und Regeln. Man kann diesen Gedanken der *Nikomachischen Ethik* analog zur Pandemie heute direkt auf unsere gegenwärtigen Diskussionen über die Expertokratie der Virologinnen, Epidemologen oder Wirtschaftswissenschaftlerinnen übertragen.

Menschlichkeit?

Markus Gabriel: Dieser Frage weicht Aristoteles aus, wir heute aber auch. Und das soll der Begriff der Tugend irgendwie kompensieren. Die tugendethischen Ansätze wollen das Problem der Erkenntnis des Guten in die Tugend verlagern, denn eine Tugend wäre ja etwas, was als Charakterformation die Wahrscheinlichkeit erhöht, dass man das moralisch Richtige tut. Wenn man aber nicht sagen kann, was das moralisch Richtige ist, bringt auch der Begriff der Tugend nichts. Dann ist er nur mehr ein leerer Hinweis darauf, dass man das Gute finden können muss, und die Tugendhaften sind eben diejenigen, die das können. Richtig erscheint mir allerdings, dass man für das radikal Gute und das radikal Böse Beispiele geben können muss. Darin steckt der Gedanke des Vorbilds für das ethische Urteilen, der ja entscheidend für jede moralische Erziehung ist. *Orthos logos* nennt das Aristoteles, das richtige Denken. Doch wo kriegt man den richtigen *Logos* her? Die Antwort lautet: durch Erziehung. An dieser Stelle setzt der Begriff der »Pädagogik« ein. Aber auch das ist nur eine weitere analytische Bestimmung der Sachlage, wie sie wäre, hätte man das Gute schon gefunden. Durch die Tradition werden dann die Vorbilder weitergegeben. Aber wer sagt denn, dass der Anfang der Kette gut ist? Am Anfang, wenn es einen solchen gibt, muss die Einsicht in das Gute stehen, und wenn die nicht da ist, bringt die ganze Kette nichts. Sie fällt in sich zusammen. Gerade am Beispiel der Griechen sehen wir: Der Anfang der Kette ist unsauber. Da stehen Sklaverei und Misogynie, gerade auch bei Aristoteles, der mit *andreia* als Tugend den Mann zum Vorbild nimmt usw.

GERT SCOBEL: Was wenig, im Grunde sogar überhaupt nicht in der »griechischen« Ethik reflektiert wird. Und selbst in unserer moderneren, größtenteils patriarchalen Aufklärungstradition, die weiblichen Aufklärerinnen ausgenommen, wurde das ja letztlich nicht konsequent thematisiert. Denken wir beispielsweise an den Rassismus bei Kant, obwohl dieser für Menschenrechte und das Weltbürgertum eintritt, oder bei Hegel.

MARKUS GABRIEL: Nun, es besteht kein Zweifel daran, dass es bei Kant, Hegel oder auch bei Marx eindeutig rassistische und antisemitische Passagen gibt sowie teils extreme Formen der Dehumanisierung von Menschen, die ihnen fremd sind; ganz zu schweigen von Nietzsche, bei dem auf dieser Ebene die Post abgeht. Das ist einer der Gründe, warum wir nicht von *Jenseits von Gut und Böse*, sondern davon reden, dass wir ein *Zwischen* beschreiben müssen, das die grundlegende Normativität des Guten und Bösen nicht bestreitet.

GERT SCOBEL: Und wir uns zugleich, bildhaft gesprochen, ins Gemenge der Wirklichkeit hineinbegeben, statt lediglich über sie zu räsonieren. Man philosophiert, indem man dem *call of the wild* folgt und selber denkt und urteilt. Und tatsächlich: Über die Wirklichkeit der Sklavinnen und Sklaven reden Kant und Hegel nicht.

Markus Gabriel: Doch, an wenigen Stellen diskutieren sie darüber, und Nietzsche verteidigt die Sklaverei sogar, weil er in etwa meint, ohne sie seien höhere kulturelle Leistungen unmöglich.

Gert Scobel: Dennoch redet Kant unkritisch über Sklaverei. Er schreibt beispielsweise, dass sich das weibliche Geschlecht in »den Ländern der Schwarzen« in tiefer Sklaverei befinde. Statt das zu kritisieren, kommentiert er, dass man kaum etwas anderes erwarten könne, da ja Sklaverei generell in den Ländern verbreitet sei.[44] Aber du hast dennoch einen aus heutiger Sicht blinden Fleck angesprochen – und den hat Kant, kategorischer Imperativ hin oder her, eben nicht gesehen. Bei all diesen Philosophen gibt es, mehr oder weniger uneingestanden, problematische Abstufungen der Menschlichkeit. Was zur Frage führt, ob es nicht, ähnlich wie in der griechischen Philosophie, auch in der Aufklärung von Anfang an diese Schieflage, diesen blinden Fleck, gab?

Markus Gabriel: Nun, im 18. Jahrhundert begann ein feministischer Diskurs, der dadurch ermöglicht wurde, dass viele brillante und mutige Frauen intellektuell und durch Freiheitskämpfe an der Französischen Revolution mitgewirkt haben. Außerdem trugen sie zur Entstehung der modernen Literatur und damit wesentlich dazu bei, dass sich das Selbstbild des Menschen langsam wandelte. Es ist natürlich erschreckend, wie lange es daraufhin noch dauerte, bis es überhaupt an vielen Orten selbstverständlich werden konnte, dass Frauen die gleichen Rechte wie Männer haben. Und davon sind wir teilweise immer noch weit entfernt, auch bei uns. Prozesse der Emanzipation, auch derjenigen unserer weiblichen Mitbürgerinnen, sind keineswegs zu allgemeiner ethischer Zufriedenheit abgeschlossen.

Gert Scobel: Das war das Projekt der Kritischen Theorie, die Aufklärung vollends über sich selbst aufzuklären – und mir scheint, dass wir inzwischen zu selbstsicher, zu arrogant geworden sind, um dieses Projekt noch ernst zu nehmen. Das Sammeln von Daten, die automatisiert ausgewertet werden, wird inzwischen für ausreichende Aufklärung gehalten und hat, angeblich, die Funktion der Kritischen Theorie übernommen. Leider haben wir erst allmählich damit begonnen, tatsächlich den kritischen Blick endlich auf uns selbst zu richten: ausgelöst etwa durch die Diskussionen über das Nazigold oder die Restitution von geraubten Kunstwerken, aber auch durch das wachsende Bewusstsein für die Gräueltaten unseres europäischen Kolonialismus. Du hast eben einen sehr wichtigen Punkt angesprochen: Wer über Ethik nachdenkt, wird Beispiele für das radikal Böse angeben müssen. Ich denke dabei allerdings nicht als Erstes an ein theoretisches Beispiel, sondern an die faktische industrielle Vernichtung der Juden durch Nazideutsche.

MARKUS GABRIEL: Das ist und bleibt das erschreckende welthistorische Beispiel dafür, dass das radikal Böse möglich ist. Was meint hier *radikal*? Der Ausdruck bezieht sich auf Kants Theorie des radikal Bösen, der zufolge im Menschen der Hang zum Bösen verwurzelt (radikal kommt ja von *radix* = Wurzel) ist und seine Maximen gegen Universalisierbarkeit laufen. Nach Kant ist also der Mensch deswegen radikal böse, weil er immer schon seine Maximen verdreht. Wir sind allein dadurch böse, dass wir diejenigen sind, die wir sind, also geistige Lebewesen, deren individuelle Interessen grundsätzlich unsere Entscheidungen mehr beeinflussen als die rein moralischen Impulse, die für Kant alle im Gedanken einer reinen Achtung für das moralische Gesetz gipfeln. Unsere Maximen sind nie ganz dem heiligen Willen untergeordnet. Das heißt, wir haben auf jeden Fall nicht nur den guten Willen, sondern einen Willen, der so oder so ausschlagen kann, einen freien Willen. Bei Kant heißt radikal böse also nur, dass wir moralisch endlich sind – nicht mehr und nicht weniger. Damit meint er nicht Hitler oder ein anderes moralisches Monster.

Deswegen reden wir hier über etwas anderes, Schrecklicheres, als es Kant vorschwebte, wozu natürlich auch Vergewaltigung, Kinderpornografie, fundamentalistischer Terrorismus und andere Formen des Massenmords gehören. Diese Fälle rechne ich deswegen dem *radikal* Bösen zu, weil sie den Extrempunkt auf dem Wertespektrum markieren. Das sind Beispiele für etwas, was wir unter allen Umständen vermeiden sollen, und zwar selbstverständlich kulturübergreifend. Wir stehen sprachlos vor dem historischen Mahnmal des Holocausts, weil im Holocaust alles, was radikal böse ist, durchgeführt wurde. Wenn man diesen Horror nicht als Paradigma des radikal Bösen anerkennt, dann hat man keinen Begriff mehr für das Böse, würde ich sagen.

GERT SCOBEL: Bedeutet radikal: Wenn ich *das* tue, dann ist das nicht nur ein eindeutiges Beispiel für das Böse, sondern es zeigt auch, dass das, was Menschen und ihre Würde überhaupt ausmacht, ausgelöscht wird?

MARKUS GABRIEL: Genau, so sehe ich das, wobei ich hinzufügen würde, dass dieses Unmenschliche leider menschlich ist, das heißt, dass Menschen dazu fähig sind, andere Menschen zu dehumanisieren.

GERT SCOBEL: Du hast recht: Das Menschliche selber aufzulösen, ist ein fataler Zug des Menschen. Der Nobelpreisträger und Auschwitz-Überlebende Imre Kertész hat dafür eine ebenso wahre wie harte Formulierung: Er hält es für Kitsch, den Holocaust als »etwas der menschlichen Natur Fremdes« festmachen zu wollen, denn das drängt ihn hinaus »aus dem Erfahrungsbereich des Menschen«.[45] Auschwitz und der Holocaust sind leider keine unmenschlichen Taten. Menschenfeindlichkeit, einschließlich der Vernichtung anderer Menschen, ist nichts der menschlichen Natur Fremdes, auch nicht in unserer angeblich aufgeklärten Gegenwart.

Verantwortung und Ethik haben für mich damit zu tun, diesem unheilvollen Zug des Menschen entgegenzuwirken: durch Argumente und möglicherweise eben auch in einem entsprechenden Handeln.

MARKUS GABRIEL: Es gibt einen wunderbaren Satz von Stanley Cavell in *The Claim of Reason*: »Nothing is more human than the wish to deny one's own humanity.«[46] Oder, um es mit einem Vers aus einem berühmten Chorlied von Sophokles' *Antigone* zu sagen: »Vieles ist furchtbar, aber nichts ist furchtbarer als der Mensch.« Verbrechen gegen die Menschlichkeit sind daher ein Zug des Menschen.

Gut und Böse

GERT SCOBEL: Damit sind wir doch relativ nah bei Hannah Arendt. Bei ihr hat der Gebrauch des Begriffes des »radikal Bösen«, für den sie massiv angegriffen wurde, eine interessante Wendung genommen. In einem Brief an Gershom Scholem schreibt sie 1963: »Sie haben vollkommen recht, I changed my mind und spreche nicht mehr vom radikal Bösen. Wir haben uns lange nicht gesehen, sonst wären wir vielleicht darauf zu sprechen gekommen. Unklar ist mir, warum Sie die Wendung von der ›Banalität des Bösen‹ ein ›Schlagwort‹ nennen. Soviel ich weiß, hat noch niemand dieses Wort gebraucht, aber das ist ja egal. Ich bin in der Tat heute der Meinung« – und mit »heute« meint sie, nachdem sie 1961 beim Eichmann-Prozess in Jerusalem Eichmann persönlich erlebt hatte –, »dass das Böse immer nur extrem ist, aber niemals radikal, es hat keine Tiefe, auch keine Dämonie. Es kann die ganze Erde verwüsten, gerade weil es wie ein Pilz an der Oberfläche weiterwuchert. Tief aber und radikal ist immer nur das Gute.«[47] Diesen Satz könnte man in etwa so verstehen: Wenn etwas überhaupt eine Wurzel im Menschlichen hat, dann genau das, was dieses Menschliche fördert – und das ist das Gute. Alles andere schneidet in Wahrheit die Wurzel und mit ihr den Menschen ab: Und das ist das Böse. Aber es kann nicht radikal sein, weil es ja dem, was der Mensch ist, widerspricht. Indem Hannah Arendt das sagt, behauptet sie, dass nur das Gute das Radikale sein kann: Und das ist, scheint mir, eine starke Option dafür, dass die eigentliche Anlage des Menschen – da sind wir fast bei Platon – die des guten Menschen sei.

Markus Gabriel: Das würde ich unterschreiben. Stellen wir ruhig die alte Frage, ob der Mensch, wie man so sagt, von Natur aus gut oder böse ist. Da würde ich sagen: gut. Das heißt: Das Böse bedarf einer besonderen Erklärung, das Gute nicht. Wir müssen die Abweichung erklären, den Hang, wie Kant sagt. Doch da reicht es nicht, vom radikal Bösen zu sprechen, vielmehr braucht es empirische und existenzielle Erklärungen dafür, wie es immer wieder dazu kommen kann, dass Menschen Systeme des radikal Bösen etablieren können, die ja nicht von unserem Planeten verschwunden sind, man denke nur an Nordkorea oder das immer noch bestehende syrische Regime mit seinen Folterkellern.

GERT SCOBEL: Das Problem ist, dass wir nicht unmittelbar erfassen, was das Gute in einer Situation ist. Wäre es gut gewesen, frühzeitig in Syrien einzugreifen, statt buchstäblich zuzusehen? Oder umgekehrt gerade nicht in Afghanistan einzugreifen? Wir brauchen oft unsäglich viel Zeit, die wir mit Nachdenken – und entsprechendem Nichtstun – verbringen, während das Töten und Sterben weitergehen. Aber unsere Prüfung ist nicht ersetzbar durch eine unmittelbare moralische Wahrnehmung, die automatisch zum Richtigen führen würde. Das zeigt übrigens auch die Diskussion über die Corona-Pandemie sehr genau. Wenn wir also sagen, der Mensch sei gut, dann haben wir damit noch nicht viel gesagt, weil der nächste Schritt ja darin besteht, zu sagen: »Dann zeig mir doch mal, was das Gute *jetzt*, in einem so schwierigen Fall ist – und sage mir dann, wie du es genau umsetzen willst, um tatsächlich so zu handeln!« Natürlich läuft, wenn wir den Alltag betrachten, vieles gut ab, wie du sagst. Menschen töten sich nicht ständig gegenseitig. Aber ist das im moralischen Sinne schon das Gute?

Markus Gabriel: Das hängt jetzt natürlich immer von den Einzelfällen ab. Aber ein Beispiel für das radikal Gute ist ein einfacher Fall, den ich gerne anführe: Wenn Menschen ein ertrinkendes Kleinkind wahrnehmen, stellen sie alle anderen Interessen sofort hintan, um das Kind zu retten, sofern ihnen das möglich ist. Wir bräuchten eine ganz ungewöhnliche Erklärung für den Fall, dass jemand hier anders handelt. Wenn man sich selbst nicht schadet, also keinerlei Risiko eingeht, wie in den gefährlichen Rhein zu springen, ist der Fall völlig eindeutig. Ich würde sogar sagen, dass die meisten Menschen, die wissen, dass sie schwimmen können, in den Rhein springen und ihr Leben für das Leben des Kindes riskieren.

Gert Scobel: Obwohl immer wieder Menschenretter selbst deswegen sterben. Der Einzige, der meiner Ansicht nach diesen Fall ernsthaft philosophisch diskutiert und damit behauptet hat, dass die eigentliche radikale Form des Bösen die Gleichgültigkeit sei – ist Albert Camus. Weshalb ich auch glaube, dass sein Roman *Der Fall* eigentlich das Buch unserer Zeit ist und weniger *Die Pest*.

MARKUS GABRIEL: Das ist wichtig, man muss Camus immer wieder lesen.

Gleichgültigkeit

GERT SCOBEL: In *La Chute*, *Der Fall*, geht es genau darum: Springst du von der Brücke und rettest jemanden? Clemens, die Hauptfigur, spricht ja die ganze Zeit im Monolog darüber, warum er nicht gesprungen ist, ist sich selber aber auch nicht gewiss, ob er das nun rechtfertigen kann oder nicht. Was sich aber in ihm zeigt, ist eine sich über alles legende, erbärmliche Gleichgültigkeit. Ihm ist das eigentlich gleichgültig, ob er springt oder nicht, ob da ein Mensch ertrinkt oder nicht: All das ist gleich-gültig. Faktisch ist das übrigens genau die Haltung, mit der wir auf die Flüchtlingslager in Griechenland reagieren oder auf das, was Migranten im Mittelmeer oder verhungernden Menschen im Krieg im Jemen tagtäglich geschieht. Camus' Gleichgültigkeit ist leider keine Fiktion, sondern die eigentliche moralische Herausforderung: Und genau das wollte er zeigen. *Wir* sind gegenwärtig dem nichtspringenden, andere nichtrettenden, gleichgültigen Menschen näher denn je. Es geht, platt gesagt, genau darum: Springe ich jetzt, rette ich das Kind, nehme ich ertrinkende Flüchtlinge an Bord, auch an Bord der EU, oder lässt mich das völlig kalt?

Markus Gabriel: Unser Umgang mit ertrinkenden Menschen an unseren Außengrenzen ist ein Beispiel des Bösen. Das ist nicht gleichgültig. Das ist böse, ja, eindeutig böse. Grenzschutz darf nicht bedeuten, dass man Menschen ertrinken lässt. Das Böse und auch das radikal Böse findet nicht immer nur anderswo, sondern weiterhin unter uns und in uns statt. Gestern habe ich etwas gelesen, das ich kaum aussprechen kann, so tief hat mich das erschüttert. Es wurde wieder einmal von Gewalt gegen Kinder berichtet, ein großes Problem auch in Deutschland, wo Kinderrechte bisher keineswegs angemessen berücksichtigt sind, was sich nur langsam und ein wenig auch durch die Erfahrung mit der Pandemie ändert, in der neben vorerkrankten Menschen, die besonders vom Virus bedroht werden, vor allem Kinder an den Pandemiebekämpfungsmaßnahmen leiden.

Gert Scobel: Die Fälle von Gewalt gegen Kinder und gegen Frauen haben während der Pandemie, wie häufig in Notsituationen, zugenommen.

Markus Gabriel: Aus einem Prozess wurde berichtet, dass das Kind als Letztes, woran sich die Mutter erinnert, bevor sie das Kind getötet hat, gesagt haben soll, »Mama, du tust mir weh«. So viel Leid steckt in diesem einen Satz, dass man ihn kaum aussprechen kann.

GERT SCOBEL: Unser Problem ist, dass der Einzelne vielleicht erzittert: nicht aber die Bürokratie, diese Herrschaft des Niemand, wie Arendt sie nennt. Unsere Institutionen, die wir brauchen, um Gerechtigkeit oder Recht überhaupt durchsetzen zu können, erweisen sich in solchen Momenten als völlig unbeweglich und hart und damit als unmenschlich. Ist das nicht die Pathologie, auf die wir reagieren müssten? Der eigentlich relevante Fall, den man heute diskutieren muss? Keine Bürokratie springt in den Fluss. Mich schockiert das genau wie dich; und der Gedanke daran erwischt mich manchmal im Alltag: dass Menschen ins Kino oder ins Theater gingen, während in Auschwitz die Tötungsmaschinerie lief. Auch heute noch gehen wir unseren Geschäften nach, faktisch im Wissen, dass Unrecht geschieht.

MARKUS GABRIEL: Ja, vergessen wir nicht, was in unseren eigenen Tagen alles weltweit passiert, etwa im syrischen Bürgerkrieg, im Mittelmeer, wo Flüchtende ertrinken.

Beginnen wir aber durchaus in unserem deutschen Alltag: Es gibt Menschen, die heute ein Automobil kaufen und fahren, von dem man mit relativ hoher Gewissheit sagen kann, dass Menschen aus Arbeitslagern in China an der Produktion beteiligt waren. Wer sehenden Auges in Kauf nimmt, dass unsere Konsumgüter durch Systeme des Bösen produziert werden, trägt eine Mitschuld. Deswegen ist es Aufgabe der politisch Verantwortlichen und des Journalismus usw., darüber aufzuklären und die teils horrenden moralischen Missstände unseres Wohlstandes umgehend zu überwinden, und zwar um jeden denkbaren Preis. So, wie wir in die Pandemiebekämpfung investiert haben, um teils das moralisch Richtige zu tun, also Menschen zu schützen, müssen wir in eine moralischere Wertschöpfungskette investieren, sonst sind und bleiben wir als Konsumenten sinnloser Güter eingebettet in moralische Monstrositäten.

Gert Scobel: Daran schließt sich das Problem an, dass es aufgrund der Komplexität unserer Gesellschaft und unserer Produktionsformen sehr schwierig ist, bis ins Letzte nachzuvollziehen, ob tatsächlich Sklavenhandel, Rassismus, Kinderarbeit usw. in dieser Produktionskette stecken. Komplexität verschleiert also auch bzw. wird als Ausrede dafür benutzt, aktiv zu verschleiern. Die Politik scheint ähnlich zu argumentieren. Tatsächlich haben Wirtschaft und Wirtschaftsministerium entsprechende Gesetzesvorhaben immer wieder abgeschmettert: »Das ist zu komplex für unsere armen Unternehmen! Wie sollen die denn all diese Produktionsketten, die Zeitarbeitsverträge in den Schlachthäusern oder die Arbeitsbedingungen in einer Kleiderfabrik nachverfolgen, um am Ende von einem Betroffenen aus Bangladesch, dessen Menschenrechte verletzt wurden, auch noch vor ein deutsches Gericht gebracht zu werden? Das ist doch nicht möglich …«

Markus Gabriel: Ja, das möchte ich tatsächlich jetzt mal in aller Öffentlichkeit bestreiten. Das ist ganz einfach nachvollziehbar. Man muss nur die Leute fragen, die diese Unternehmen zum Beispiel leiten. Irgendjemand weiß am Ende der Kette genau, was geschieht, und das ist der Hauptverantwortliche.

Gert Scobel: Man muss verbieten, dass es Tochterunternehmen von Tochterunternehmen von Tochterunternehmen gibt, die verschleiern können, was tatsächlich passiert und wer verantwortlich ist.

Markus Gabriel: Es wird gar nichts verschleiert, vielmehr wird es nur nicht notiert. Wer an der Spitze eines Konzerns sitzt, an dessen Ende sich solche Ketten anreihen, weiß davon. Der Konsument sieht die Produktionsbedingungen nicht, wie etwa die einer Fleischwurst, sagen wir, an die auch Gräueltaten gegen nicht menschliche Tiere sowie teils inakzeptable Arbeitsbedingungen geknüpft sind. Darüber muss man diskutieren! Das wäre übrigens, anders als die teils unsinnigen Scheingefechte der Identitätspolitik, ein echtes linkes Thema.

Gert Scobel: Aber das würde bedeuten, ich habe eine Produktionstochterfirma oder einen Kooperationspartner in Bangladesch, der wiederum mit Unterkooperationspartnern in verschiedenen Dörfern arbeitet, die ihrerseits unterdelegieren. Da müsste ich vor Ort klären und von außen so in die Politik Bangladeschs eingreifen, dass ich klar sagen kann, welche Bedingungen verboten werden und welche Standards gelten müssen, um miteinander ins Geschäft zu kommen. Wir müssen eine glasklare identifizierbare Informationskette schaffen, die es uns ermöglicht festzustellen, wer am Ende diese Arbeit gemacht hat und unter welchen Bedingungen.

Markus Gabriel: Ich könnte nicht verstehen, wie man zu einem anderen Ergebnis kommt, wenn man darüber nachdenkt. Und damit haben wir hier einen Fall des Guten. Das Gute ist die Herstellung dieser transparenten Lieferketten, das Böse ist seine Unterbindung.

Gert Scobel: Und auch die Verschleierung von Information, die ist …

Markus Gabriel: … ein Weg zum Bösen. Der Informationsschleier ist die Anbahnung des Bösen, weswegen durch die Verbreitung sozialer Netzwerke in unserer Lebenswelt das Böse spürbar zunimmt, weil sie in ihrer Datenstruktur, also algorithmisch, schon auf Polarisierung und auf elementare Affekte hin programmiert sind, damit die User sie immer wieder und immer weiter nutzen wollen, was inzwischen eine gigantische Forschungs- und Alltagsliteratur über die Kulturen des Silicon Valley belegt, etwa das Buch *Welt ohne Geist* von Franklin Foer, um nur eines von vielen Beispielen zu nennen. Oder die beeindruckenden Bücher von Yvonne Hofstetter.[10]

GERT SCOBEL: Diesen Weg zum Bösen beschreibt Hannah Arendt auch: Die Unterbindung von Denken, also die Unterbindung der Aufklärung solcher Ketten zum Beispiel, ist bereits der Anfang des Bösen. Es beginnt also in unserem Denken und der Art und Weise, wie wir Unterscheidungen treffen.

MARKUS GABRIEL: Genau, so kommt es in die Welt – schleichend. Natürlich ist es so, dass viele Produkte, die wir Konsumenten erwerben, unter Bedingungen hergestellt worden sind, von denen wir nicht wissen, wie schlimm sie sind. Wir ahnen das im Einzelfall nur. Es wird jetzt also nicht jeder einzelne Konsument von mir moralisch verhaftet, aber die Struktur der Arbeitsteilung, die solche Bedingungen erst ermöglicht, wird haftbar gemacht, und damit ist es unter anderem Auftrag der Politiker, dafür zu sorgen, dass zum Beispiel durch Lieferkettengesetze und strenge Überwachung das Böse reduziert wird. Die vollständige Elimination des Bösen ist utopisch, aber wir müssen ja nicht über die Utopie reden, sondern erst mal nur über das Offensichtliche sowie das real Mögliche.

GERT SCOBEL: Es gibt noch einen zweiten Punkt, der mit dem zu tun hat, was du eben angesprochen hast: Das ist die Gleichgültigkeit. Wir nehmen ja im Alltag diese Bösartigkeit des Handelns, diesen Pilz, der sich, wie Hannah Arendt sagt, über die Oberfläche der Erde legt, sehr oft nicht wahr, obwohl wir ihn sehen könnten. So, wie viele Deutsche im Nationalsozialismus offensichtlich der Judenvernichtung gegenüber gleichgültig eingestellt waren. Ich glaube, dass Camus mit dieser Gleichgültigkeit auch die Gleichgültigkeit im Holocaust meint. Ich glaube, sein moralisches Thema ist diese Form der Gleichgültigkeit, die vermutlich immer irgendwo mit Bequemlichkeit, aber auch mit Angst verbunden ist. In den Rhein zu springen, das wäre ja sozusagen der unmittelbare Vergleich zu Camus' Sprung in die Seine: Da riskiere ich tatsächlich viel, weil die Strudel und die Unterströmungen so stark sind. Camus denkt Moral also existenzialistisch als Einsatz des Lebens für das Gute. Ich riskiere bei dem Versuch, das Kind zu retten, mein eigenes Leben. Wenn ich für Juden im »Dritten Reich« eintrete, riskiere ich mein Leben. Wenn ich aber heute dem Sterben der Asylsuchenden im Mittelmeer zuschaue, riskiere ich rein gar nichts! Diese Gleichgültigkeit ist nur ein anderer Ausdruck dafür, zu sagen: Ich bin nicht nur nicht bereit, für das Gute mein Leben zu riskieren; ich bin nicht bereit, irgendetwas zu tun für das Gute.

Markus Gabriel: Ja, aber da wäre ich auch vorsichtig. Die komplexeren Fälle zeigen, warum ich gegen die Identifikation von moralischem Handeln mit altruistischem Handeln bin. Da jeder der andere eines anderen ist, bin ich ja auch Gegenstand moralischer Achtung. Ethik kann sich nicht ausschließlich mit dem Handeln zugunsten anderer beschäftigen, sondern muss in Rechnung stellen, dass damit eben jeder von uns in die moralische Betrachtung einbezogen ist. Wer nicht in den Rhein springt, weil er sich selbst retten muss, begeht damit keinen moralischen Fehler, sondern befindet sich in einer tragischen Situation, in der er nicht helfen kann.

GERT SCOBEL: Die Achtung vor anderen schließt also Selbstachtung ein?

MARKUS GABRIEL: Natürlich, Würde ist etwas an sich, sie liegt nicht im Auge des Betrachters.

GERT SCOBEL: Tatsächlich warnt die DLRG immer wieder davor, in die Rheinschnellen zu springen, um jemanden zu retten: weil dann nicht nur ein Mensch stirbt, sondern auch die Retterin oder der Retter.

MARKUS GABRIEL: Das ist auch ein moralisch korrektes, durchdachtes ethisches Urteil. Das ethische Urteilen darf uns nicht abverlangen, Heilige zu sein. Heilige (wie Buddha, Jesus, Mohammed usw.) sind Vorbilder des radikal Guten. Sie zeigen, wie man individuelle Interessen, die schleichend zum Bösen führen, überwindet. Doch in ihrer Radikalität sind sie einzigartig. Der radikale Extrempunkt auf der Werteskala, das reine Gute, ist gesellschaftlich nicht realisierbar, er dient aber der Orientierung.

Die Radikalität der Mitte

Gert Scobel: Damit sprichst du auch einen extrem heiklen Punkt an. Was ist einem Menschen zuzumuten, um einem anderen das Leben zu retten? Wo verläuft hier die Grenze zwischen Gut und Böse – zumal ich vom Anderen aus gesehen auch jemand bin, der, zumindest wenn er sich in Lebensgefahr begibt, gerettet werden sollte? Interessant ist, worauf der Sozialpsychologe Harald Welzer aufmerksam machte: dass viele derjenigen Menschen, die bei der Judenverfolgung tatsächlich geholfen haben, nicht unbedingt Heldinnen oder Helden mit Ankündigung waren. Vielmehr gab es, so sagt er, »irgendeinen Moment, in dem sie sich veranlasst gefühlt haben, vom Pfad abzuweichen. Und das ist der entscheidende Punkt: In dem Augenblick, in dem ich mich abweichend verhalte, bin ich in einem totalitären System plötzlich aufseiten der potenziellen Opfer und nicht mehr aufseiten der Mitmacher. Das erklärt, warum wir regelrechte Helferkarrieren nachzeichnen können: Da fängt jemand wider Willen an, eine Person für ein, zwei Nächte zu verstecken, und ein paar Monate später versteckt er sieben, acht Menschen auf Dauer unter abenteuerlichsten Umständen.«[49] Die Radikalität der Mitte besteht darin, sich der Wirklichkeit, also beidem, auszusetzen: dem Anspruch derer, die Hilfe brauchen, und dem Druck derer, die sie aus fadenscheinigen, unmoralischen Gründen verfolgen.

MARKUS GABRIEL: Im Denken müssen wir, etwa in einer komplexen Lage wie der Corona-Pandemie, in der wir noch keine Erfahrungen gesammelt haben und es vieles gibt, was wir schlichtweg nicht wissen, danach streben, Klarheit zu erlangen, damit wir nicht von einer Tragödie in die nächste, von Lockdown zu Lockdown schlittern, was Ausdruck unserer Hilflosigkeit ist, die leider durch die immer wiederkehrende Behauptung, man habe das Wissen, dass die eine oder andere Maßnahme alternativlos sei, überkompensiert wird, denn das stimmt einfach nicht und ist im schlimmsten Fall sogar eine politische Lüge, also das wissentliche Behaupten des Falschen zum Ziel der Manipulation der Bevölkerung. Gerade in einer Situation, die uns alle betrifft, wäre das moralisch verwerflich, ja sogar böse.

GERT SCOBEL: Das Problem ist ja, dass die Informationsketten faktisch versiegen, weil die Datenlage zu schlecht ist. Deshalb müssen wir daran arbeiten, um »ansprechbar« zu bleiben!

MARKUS GABRIEL: In der Tat ist selbst nach einem Jahr Pandemie die Datenlage viel zu schlecht. Die medizinischen Wissenschaften haben bei Weitem noch nicht alles geklärt, und es gibt vieles in dieser Pandemie, was die Naturwissenschaften ohnehin nicht wissen können, etwa was die sozioökonomischen und politischen Dimensionen betrifft. Kurzum: Wir können nicht eindeutig sagen, was denn hier das Gute und was gar das Böse ist. Die moralischen Tatsachen der Corona-Pandemiebekämpfung liegen nicht offen zutage, sondern müssen ans Licht gebracht werden. Wir müssen die Extrempunkte durchdenken, also konkret berechnen, was es bedeuten würde, staatlich gar nichts zu tun, um die Pandemie zu bekämpfen (als ein inakzeptables System), und was umgekehrt strenge autoritäre Maßnahmen (wie ein Lockdown mit stetiger Verschärfung bis zum Ende) nach sich ziehen würde, was ebenso inakzeptabel ist, weil die Schäden der Pandemiebekämpfung damit eindeutig zu hoch wären.

Gert Scobel: Du meinst, weil der Mangel an Information uns nicht nur wissenschaftlich, sondern auch moralisch einen Strich durch die Rechnung macht? Ich bin mir nicht sicher. Ich muss noch mal auf Hannah Arendt zurückkommen und darauf, was es bedeutet, in so einer Lage wie im »Dritten Reich« aktiv Juden zu retten. Hannah Arendt hat in einem Brief an Karl Jaspers vom 4. März 1951 zwei für unser Thema elementare Dinge formuliert. Zum einen schreibt sie: »Was das radikal Böse nun wirklich ist, weiß ich nicht, aber mir scheint, es hat irgendwie mit den folgenden Phänomenen zu tun: Die Überflüssigmachung von Menschen als Menschen (nicht sie als Mittel benutzen, was ja ihr Menschsein unangetastet läßt und nur ihre Menschenwürde verletzt), sondern sie qua Menschen überflüssig macht.« Das wäre im Fall der Judenvernichtung oder in einem der Kriege, denen wir mehr oder weniger zusehen, wie in Syrien oder Afghanistan, der Fall. Pol Pot hat das ausgeführt: Er hielt viele Menschen in seinem Land für überflüssig, brauchte sie schlicht nicht, um sein neues, besseres Kambodscha aufzubauen. Das Radikale zielt auf die Vernichtung des Menschen als Menschen. Wenige Zeilen später fügt Hannah Arendt noch etwas hinzu. Sie hat das Gefühl, dass die Allmacht *des* Menschen, des einen *besseren* Typus, der alle anderen überflüssig macht, nur ein Teil der Geschichte sein kann – der, der leichter zu durchschauen ist. Sie äußert nämlich den Verdacht, »daß die Philosophie an dieser Bescherung nicht ganz unschuldig ist. Nicht natürlich in dem Sinne, dass Hitler etwas mit Plato zu tun hätte. (Ich habe mir nicht zuletzt solche Mühe gegeben, die Elemente der totalitären Regierungsformen herauszukriegen, um die abendländische Tradition von Plato bis Nietzsche inklusive von solchen Verdächten zu reinigen.) Aber wohl in dem Sinne, dass diese abendländische Philosophie nie einen reinen Begriff des Politischen gehabt hat und auch nicht haben konnte, weil sie notgedrungen von *dem* Menschen sprach und die Tatsache der Pluralität nebenbei behandelte.«[50] Ist das im Fall von Corona anders? Wir wissen, dass wir viele sind und nicht alle über einen Kamm scheren können. Wir wissen aber nicht unmittelbar, was es in der Pandemie genau bedeutet, sowohl richtig als auch gut zu handeln. Daraus ergibt sich meiner Ansicht nach ein für uns wesentlicher Gedanke: Richtiges Denken setzt eine umfassende Urteilskraft voraus, ein Vermögen, nicht nur etwa im Sinne der Medizin, das Richtige zu tun, sondern auch im Sinne des Sozialen oder Moralischen zu einem guten Urteil zu finden. Wie aber funktioniert diese umfassende Urteilskraft, die die unterschiedlichen Ansprüche, die Komplexität der Wirklichkeit, ordnet? Darüber ist erstaunlicherweise extrem selten in der abendländischen Philosophiegeschichte nachgedacht worden. Nach Hannah Arendt gibt es überhaupt nur zwei Quellen in den letzten zweieinhalbtausend Jahren, nämlich Aristoteles und Kant. Der Erste aber beschrieb das Problem nur und verschob es dann, wie wir gezeigt haben. Und Kant? Er denkt über die Urteilskraft vor allem in seiner *Kritik der Urteilskraft* nach, die in der Regel für eine ästhetische Schrift gehalten wird – fälschlicherweise, wie Arendt zeigt. Denn Kant entwickelt in Wahrheit dort einen Begriff des Politischen bzw. eine politische Theorie. Etwas verkürzt sagt er, dass das, was mich zu einem Urteil mit Blick auf die Fragen, die wir jetzt diskutieren, also des moralisch Guten, befähigt, nicht eine kalte Rationalität ist, bei der es sich im Grunde genommen um eine Art von logischem Algorithmus handelt, den ich mit bestimmten Informationen füttere, damit er mir aufgrund strenger mathematischer Regeln am

Ende ein Ergebnis liefern möge. Vielmehr funktioniert unsere Urteilskraft nur, so Kant, wenn ich mich der Wirklichkeit in ihrer Komplexität und Widersprüchlichkeit aussetze. Und das erfordert neben dem kritischen Denken vor allem auch einen Sinn, einen *Sensus communis*, der uns *allen* als Menschen gemein ist, den wir also gemeinsam haben – den wir aber gemeinsam weiter kultivieren und fördern müssen, um zu einem guten Urteil zu kommen. Und wie? Indem wir uns in solche schwierigen Lagen in der Wirklichkeit begeben und darüber austauschen. Nur wenn wir selbst mittendrin sind, können wir überhaupt ein gutes Urteil etwa über moralische Fragen fällen.

MARKUS GABRIEL: Ich spreche in diesem Zusammenhang vom *Sinn des Denkens*. Die Urteilskraft führt ja bei Kant in Paradoxien und kann deswegen nicht die Antwort auf das Problem sein. Kant postuliert wie Nietzsche immer wieder ein *Vermögen*, wenn er nicht weiterkommt. Nietzsche sagt, Kant krame im Sack der Vermögen.

GERT SCOBEL: Richtig. Aber die Idee einer Philosophie der radikalen Mitte wäre der Versuch einer sowohl zeitgemäßen als auch klareren Formulierung dessen, was Kant mit Urteilsvermögen oder Urteilskraft gemeint hat und womöglich fälschlicherweise als Lösung ansah. Denn in der Tat ist es, wie du sagst: Kants Begriff der Urteilskraft führt auch nicht weiter, weil unklar bleibt, was er genau darunter versteht. Immerhin ging er weiter als Aristoteles.

Markus Gabriel: Ja, außerdem hat Kant das Problem ja verschärft. Wenn Kant mit dem kategorischen Imperativ ein moralisches Prinzip für alle moralischen Prinzipien formuliert, bleibt immer noch die Frage, wie ich in einer gegebenen Handlungssituation zu einem Urteil kommen kann. An dieser Stelle setzt schon früh Schiller mit seiner Kant-Kritik ein und wirft Kant in *Über Anmut und Würde* Herzlosigkeit vor.[51] Das kann man so auf den Punkt bringen: Wer sich in einer Handlungssituation fragen muss, ob die Maxime, das Kind nicht ertrinken zu lassen, universalisierbar ist, ist damit schon ein Paradigma für jemanden, der nicht moralisch gut handeln kann. Schelling hat das auch so gesehen und weist in seinen einflussreichen *Philosophischen Untersuchungen über das Wesen der menschlichen Freiheit und die damit zusammenhängenden Gegenstände*[52] deswegen darauf hin, dass man das Gute im Idealfall aus unmittelbarer Einsicht, also ohne Urteilskraft, ja sogar ohne Urteil tut. Wie man den kategorischen Imperativ im Einzelfall anwendet, kann Kant nie erklären, und deswegen sagt er, wir haben halt ein Vermögen, im Einzelfall richtig zu handeln, doch das löst das Problem nicht, sondern postuliert nur eine Lösung.

Gert Scobel: Weshalb er selber ja auch sagt, dass die dritte Kritik, die *Kritik der Urteilskraft,* die wichtigste sei. Vermutlich hat er das Problem seiner *Kritik der praktischen Vernunft* erkannt. Also folgte mit der nächsten Kritik das nächste Vermögen, welches das Problem endlich lösen sollte, über das wir gerade gesprochen haben: aber nicht löst.

MARKUS GABRIEL: Und vergessen wir nicht, Urteil heißt auf Griechisch *krisis,* und wir sind in der Corona- und in anderen Krisen, wir sind im Urteilen. Jetzt ist die Frage, was würde denn Kant selbst sagen, wie würde er die Frage beantworten, ab welcher Infektionszahl wir Restaurants schließen sollen, und da sieht man ganz schnell, dass der kategorische Imperativ uns hier nicht weiterhilft. Der kategorische Imperativ sagt uns bestenfalls, wir müssen dafür sorgen, dass möglichst wenig Menschen sterben. Schön, das wissen wir (fast) alle (ausgenommen diejenigen Extremisten, die man derzeit als Corona-Leugner bezeichnet).

GERT SCOBEL: Wenn die Maxime einfach nur lautet, möglichst viele Leben retten, dann können wir die Optimierung der Verhaltensweisen der computergestützten Analyse von Daten überlassen, also der Mustererkennung in großen Datensätzen, die uns in vielen Fällen ja vorliegen. Das läuft darauf hinaus, lernfähige Algorithmen anzuwenden, die uns genau diese Frage beantworten, wie wir mittels verschiedener Modelle und Handlungsweisen eine maximale Anzahl von Menschen retten können. Wir füttern diese Ethische-

Muster-Erkennungs-Wundersoftware mit allen möglichen wissenschaftlichen, soziologischen, ökonomischen oder psychologischen Daten … und dann? Daten und Datenverarbeitung alleine, gleich welcher Art, können keine Lösung ethischer Probleme sein. Und folglich auch nicht, dass wir die Antworten auf die vielen Fragen in der Krise am liebsten an eine KI delegieren würden, weil wir sie selbst nicht finden.

MARKUS GABRIEL: Ganz und gar nicht, das ist reine Verblendung! Lernfähige Algorithmen sind moralisch gesehen noch dümmer und unnützer als jemand, der den kategorischen Imperativ niemals anwenden kann. Es geht in der Ethik nicht algorithmisch zu, vielmehr müssen wir erst einmal die Faktenlage möglichst vollständig zur Kenntnis nehmen. In der derzeitigen Pandemie gehört dazu die moralisch offensichtliche Tatsache, dass wir möglichst viele Menschen vor Infektionen schützen sollten, was aber nicht bedeuten kann, dass dies das Einzige ist, worum es gehen darf, weil der Schutz der einen eben der Schaden der anderen sein kann.

GERT SCOBEL: Das ist wie in deinem Kinderbeispiel.

MARKUS GABRIEL: Genau, da brauche ich keinen kategorischen Imperativ, das Beispiel zeigt das moralisch Offensichtliche.

Gert Scobel: Wie entscheiden wir nun die Schließungen von Restaurants oder Bars, wie gehen wir mit dem Ausschalten von Kultur um? All das schädigt viele Menschen, treibt sie unter Umständen in den Selbstmord, in den Ruin. Was manche auf die Idee bringt, nun die Schadensmeldungen zu sammeln, als käme man allein durch Aufrechnen der Konsequenzen zu einem Ergebnis. Auch das ist ein Irrtum.

Markus Gabriel: Genau, auch über das Kollateralschaden-Argument müssen wir diskutieren. Es gibt eben eine konsequenzialistische Dimension jeder Krise, die wir mit in Rechnung stellen müssen. Deswegen scheitert ein strenger Kantianismus an Corona, der uns so lange in den Lockdown schicken würde, bis COVID-19 ausgerottet ist, selbst wenn Menschen gerade dadurch ihr Leben verlieren. Das wäre aber die einzige Antwort auf die einzige Frage, wie wir möglichst viele Menschen retten können. Deswegen müssen wir verschiedene Anwendungen des kategorischen Imperativs in ein Verhältnis setzen, doch genau dafür hat Kant keinen Raum.

Gert Scobel: Das ist ein interessanter Zusammenhang: dass uns die Analyse der Krisis jetzt an einen Punkt gebracht hat, an dem die beiden klassischen großen Ethikansätze, sowohl die deontologische Ethik als auch die konsequenzialistische Ethik, scheitern.

MARKUS GABRIEL: Genau. Der Utilitarismus bietet den Entscheidern in einer Triage-Situation oder in der Kollateralschaden-Problematik nur wenig Hilfe. Was soll der Bundeskanzlerin eine utilitaristische Rechnung bringen, wenn ihr allein schon die Daten fehlen? Natürlich schaut sie auch auf Zahlen und wägt ab, nicht aber nach einem klaren Algorithmus. Es gibt im Moment angesichts unseres Nichtwissens keinen eindeutigen Output.

Und ein rein deontologischer Ansatz scheitert ebenfalls daran, dass wir die faktischen Details unserer Lage nicht kennen. Und selbst wenn wir sie kennten, könnte er eben nicht Schäden gegeneinander aufwiegen, weil dies wiederum konsequenzialistisch gedacht wäre. Deswegen brauchen wir ein neues Modell, und das Modell, das ich vorgeschlagen habe, lautet: Moralisches Nachdenken, also die Findung des optimalen Urteils, muss darin bestehen, dass wir die nicht moralischen Tatsachen mit dem moralisch Offensichtlichen paaren. Das ethische Urteil ist eine Paarung des moralisch Offensichtlichen mit dem nicht moralisch Tatsächlichen. Genau dieses ethische Urteil wurde bisher nicht gefällt, weil die relevante massiv transdisziplinäre Forschung schlichtweg nicht gefördert und realisiert wird. Deswegen ist die derzeitige Krisenbewältigung letztlich ethisch völlig kopflos, wenn sie auch unter anderen, etwa politischen Gesichtspunkten nationaler Interessen durchdacht sein mag. Die Lösung der Corona-Krise bestünde darin, dass wir transdisziplinäre Expertenteams beteiligen. Vertreter der Geistes-, Sozial-, Natur-, Technowissenschaften könnten zum Beispiel gemeinsam die nicht moralischen Tatsachen auflisten. Transdisziplinär bezieht sich dabei aber nicht nur auf die Wissenschaften, sondern auf möglichst viele Teilsysteme, auf die Sparkassen-Direktorin, den Leiter einer Kita, den Ingenieur, die Lehrerin, die Bahnmanagerin, den Pfleger usw., die wir an einen Tisch bringen und fragen: Was ist bei euch los? Eine je kleine Runde von Ministerpräsident*innen und Landesregierungen, Stadträten usw. wird diese Krise nicht ethisch durchdacht lösen können, dazu müssten Tausende an der Lösung beteiligt sein, und zwar nicht kompetitiv, sondern in echter Kooperation. Davon aber kann seit einem Jahr keine Rede sein, und daher scheitern wir auch kläglich an der Krise, immer wieder auf andere Weise. Das Virus hat eben uns im Griff und nicht umgekehrt.

Gert Scobel: Ich bin mir nicht sicher, ob wir nicht jetzt die Idee einer umfassenden Urteilskraft einfach durch den Begriff des »Transdisziplinären« ersetzt haben. Ich würde ihn so übersetzen: »Begib dich *tatsächlich* in die Mitte all dieser Menschen und Fakten.« Der Sinologe François Jullien beschreibt das so: Diese Mitte, die wir meinen, ist das genaue Gegenteil von einem ängstlichen und resignierenden relativistischen Denken, »das sich vor Extremen fürchtet und durch seine Beschränkung auf das Mittelmaß dazu führen würde, gleichsam nur halb zu leben; sondern ein Denken der Extreme, das es durch beständiges Variieren von einem Pol zum anderen sowie durch das Fehlen jeglicher Voreingenommenheit und Verschlossenheit in einer Idee gestattet, das Reale in *all seinen Möglichkeiten* zu entfalten«.[53]

MARKUS GABRIEL: Genau, das wäre die radikale Mitte. In einer Expertenrunde liegt die Wahrheit zwischen den Stühlen und nicht auf den Stühlen, und wer sie dort erkennt, ist ein Weiser. Die Idee eines Weisen ist die Idee von jemandem, der das Zwischen erkennt und sich in die Mitte begibt.

Weisheit der leeren Mitte

GERT SCOBEL: Leider spielt Weisheit weder in der Gesellschaft noch in der Politik eine nennenswerte Rolle, obwohl gerade Weisheit so wichtig wäre. Der Begriff der Wirtschaftsweisen ist, verglichen mit dem, was Weisheit sein könnte, bestenfalls eine Farce.[54] Aber du hast recht. In den Texten der Weisheitstradition Asiens geraten Weise nicht nur immer zwischen die Fronten: Sie setzen sich auch selber in aller Gelassenheit zwischen die Stühle, selbst wenn diese Situation prekär ist. Mit ihren Antworten und in ihrem Verhalten versuchen sie, einen Ausweg aus Aporien und Konflikten zu weisen. Wer sich bewusst zwischen Gut und Böse, zwischen die Extreme begibt, wird schnell von allen attackiert: Er oder sie ist verdächtig, weil man zwischen den Stühlen keinem Lager angehört. Was uns auf eine weitere Bedeutung des Begriffs der Mitte bringt.

Im Go-Spiel bezeichnet *Tengen* den sogenannten Himmelspunkt. Gemeint ist damit derjenige Punkt, der in der Mitte des Spielbretts liegt und in der Regel lange leer und unbesetzt bleibt – die leere Mitte der Go-Welt. Der Sinologe Helwig Schmidt-Glintzer hat das in seinem Buch *Chinas leere Mitte* aufgenommen. Traditionell war der Herrscher im Altertum – und nicht nur in China – der Angelpunkt von Himmel, Erde und Mensch und im Zentrum positioniert, von wo aus er alles beherrschen konnte. Und zu herrschen bedeutet unter anderem, alles andere einzuteilen und vom Zentrum aus zu bestimmen. Schmidt-Glintzer schreibt, dass in dem Begriff, den wir mit China übersetzen – wörtlich »Mitten-Reich« oder »Reich der Mitte« –, in Wahrheit nicht die Mitte selbst im Vordergrund steht, sondern die Vielfalt, die man im vollen Umfang jedoch erst dann erfährt und vielleicht auch ordnen kann, wenn man sich, bildhaft gesprochen, mitten auf das Spielfeld begeben hat. Das Schriftzeichen der Mitte 中 kann man symbolhaft als ein rechteckiges Feld deuten, das zentriert wird: durch einen senkrechten Stock oder Strich, den sogenannten zweiten Radikal bzw. das zweite Wurzelzeichen der chinesischen Schrift. Es bezeichnet die Zahl »1« und ebenso eine »vertikale Verbundenheit«, die von oben nach unten und wieder nach oben führt. Der Begriff der »leeren Mitte« zielt auf das offene und bewusste

»Sich-zwischen-die-Dinge-Begeben« und ist häufig mit Formen der meditativen Praxis verbunden. Es geht um die Praxis der tatsächlichen Erfahrung der Vielfalt der Menschen, der Dinge und der Wirklichkeit. Erst aus dieser Vielfalt heraus, die ja real existiert, kann sich, wenn überhaupt, eine tragfähige Einheit ergeben. Im Grunde geht es bei der Praxis der Leere um nichts anderes als um eine möglichst schonungslose, möglichst vorurteilsfreie Konfrontation mit dem, was ist: mit der Realität. Ursprünglich, so Schmidt-Glintzer, sollte nach dem Zweiten Weltkrieg der Kaiserliche Palast im Herzen Pekings weichen und stattdessen eine neue Mitte geschaffen werden, die leer bleiben sollte. Wie ambivalent das sein kann, sieht man heute. Jetzt bildet der Platz des Himmlischen Friedens faktisch diese leere Mitte – aber diese Leere ist nicht offen und positiv, sondern resultiert aus einer eklatanten Verdrängung und ist damit zum traurigen Sinnbild geworden für die »frappierende Fähigkeit zum Aushalten von Selbstwidersprüchen«.[55] In Wahrheit ist diese Leere also zum Zeichen einer unsichtbaren, aber überall wirksamen Macht geworden. Die Frage ist also, um zurück zur Strategie des Go-Spiels und politisch zum Platz des Himmlischen Friedens zu kommen, ob die Mitte wirklich frei bleibt bzw. wer diese freie Mitte besetzen wird. Mao? Die Partei? Das Gemeinwesen? Die Mitte des ehemaligen Kaiserreichs hat heute ein großes Mao-Bild eingenommen, das jedoch, wenn man genau hinsieht, gerade nicht die Mitte am Tiananmen-Platz bildet, dessen erschreckende weltgeschichtliche Bedeutung, nämlich das Massaker von 1989, in China heute vollkommen verschwiegen wird. Insofern versucht man in China immer noch vehement, diese leere Mitte zu besetzen. Ein Mittel dabei ist die Auslöschung jeglichen historischen Gedächtnisses, jedes Hinweises auf die Ereignisse vom 4. Juni 1989, gerade auch in den sozialen Medien Chinas und im dort zugänglichen Internet. Für unsere Argumentation spielt das jedoch keine Rolle, weil es uns nicht um die korrumpierte Form der Mitte geht, auch wenn die Möglichkeit der Korruption besteht. Die Weisheit, um die es uns geht und die du eben angesprochen hast, liegt in Anknüpfung an die daoistische Tradition darin, diese Mitte tatsächlich leer zu lassen, um auf diese Weise mit der Komplexität der veränderlichen Wirklichkeit flexibler, aber auch nachhaltiger umgehen zu können. Nachhaltig deshalb, weil man flexibel bleiben muss, um negative Wirkungen, die man zunächst nicht kommen sieht, rechtzeitig auszugleichen. Wer starr bleibt, stirbt – das ist eine Regel, die nicht nur im Go-Spiel gilt. Was diese Mitte konkret ist, kann man also erfahren, aber nicht in Worten ausdrücken oder in ein Theorem packen. Denn sobald man versuchen würde, diese Erfahrung begrifflich zu erfassen, befindet man sich bereits wieder im »gefüllten« Feld der Unterscheidungen und dualistischen Zuschreibungen, über die wir im ersten Kapitel gesprochen haben. Es ist also wichtig, zu verstehen, dass die Leere des Daoismus weder ein Nichts bezeichnet – denn es *gibt* dort etwas zu erfahren – noch eine Art von ängstlicher Gleichgültigkeit im Sinne von »lass besser leer, interessiert mich nicht, was da passiert, wo die widerstreitenden Kräfte aufeinandertreffen«. Die Leere, auf die sich die Weisheitstraditionen des Daoismus und Buddhismus beziehen, hat vielmehr mit einer langjährigen Übungspraxis zu tun, die sich der Realität aussetzt, aber in die Erfahrung des sogenannten »Erwachens« münden kann – sozusagen die buddhistische Variante von *enlightenment*, Aufklärung. Was die leere Mitte bezeichnet, ist also eine umfassende Bewusstseinspraxis oder Bewusstseinskultur, die auf eine Klärung nicht nur unserer Gedanken zielt, sondern eine Klarheit all dessen, was sich »in« unserem Bewusstsein spiegelt. Dieser Spiegel kann nur dann funktionieren, wenn er, bildhaft gesprochen, ungetrübt und klar, also leer ist. Das Selbst ist darin verschwunden. Von dieser Praxis der leeren Mitte handelt ein in China extrem wichtig gewordener Text, der eine, wenn nicht die entscheidende Rolle bei der Weitergabe des Buddhismus nach Japan durch Zenji Dōgen spielte und den Titel »Kultivierung des Leeren Feldes« trägt.[56] Leere bedeutet bei Hongzhi Zhengjue, dem Autor, der diesen Begriff geprägt hat, die Wahrnehmung der Wirklichkeit in ihrer ganzen Vielfalt ohne dualistische Unterscheidungen, ohne begriffliche Interpretation. So verstanden folgt aus der Kultivierung der Leerheit: Ich lasse mich nicht vereinnahmen, weder von Extremen noch von Gedanken oder Begriffen wie »Gut« und »Böse«, und bleibe gelassen. Stattdessen setze ich mich den »zehntausend Dingen« aus, folge den »hundert Strömen«, begebe mich mitten hinein in das Feld zwischen Gut und Böse und sehe, wo die »Ströme in den Ozean fließen«. »Wenn der Geist und die Achtsamkeit von allen Umständen ungehindert gelassen ist«, heißt es bei Hongzhi Zhengjue, losgelöst und frei fließend, ist »der große Platz ohne Ecken« – dann »setze Deine Energie ein, antworte auf die Bedingungen unbekümmert, wie Wolken, die schließlich regnen. Das Feld der grenzenlosen Leerheit ist das, was von allem Anfang an existiert. Du mußt alle inneren Tendenzen, aus denen du offensichtliche Gewohnheiten gemacht hast, reinigen, abschaben, abschleifen und wegfegen.« In diesem Prozess der Kultivierung des leeren Feldes besteht die Radikalität dieser Praxis der Mitte. Ich gebe zu, dass das eine sehr poetische, in der westlichen Philosophie ungewohnte Sprache und eine noch ungewohntere Übungspraxis ist. Vor allem beinhaltet sie eine völlig ungewohnte Sicht des Selbst. Denn es geht darum, sein Haus wirklich zu verlassen, »um ohne Mühe und ohne Hindernisse zu antworten«.

MARKUS GABRIEL: Doch was heißt das für unsere Krisen?

GERT SCOBEL: Mit Bezug auf Corona könnte das bedeuten: Ich lasse mich weder von den Virologen noch alleine von den Epidemiologinnen, aber auch nicht von den Bar- und Restaurantbesitzerinnen oder Künstlern, im Übrigen auch nicht von Politikerinnen in eine extreme Position verführen, sondern ich begebe mich in die Mitte, um mir selbst ein Bild zu machen und um zu erfahren, was dort überhaupt passiert, wie sich die Kräfte dort verhalten. Daraus entwickeln sich, paradoxerweise, Stabilität und Klarheit.

MARKUS GABRIEL: Die Weisheit besteht jetzt darin, auszuwählen, welche Stimmen man sich anhört.

GERT SCOBEL: Richtig, und dafür gibt es keinen Algorithmus. Denn das »Hören« der vielen Stimmen ist Ausdruck der praktizierten Würde der vielen Menschen: Ich müsste jedem zuhören, »ohne Unterschied ihrer Stellung«. Das ist eine sehr offene, dem Leiden zugewandte Haltung. Es ist schwer, sie in analytischen Begriffen wiederzugeben, denn es geht nicht in erster Linie um ein Begreifen, sondern um ein Vertrautwerden mit der Komplexität dessen, was ist – und das ist ein anderer Vorgang, eine völlig andere Praxis.

MARKUS GABRIEL: Im Idealfall müsste ich jedem zuhören, und deswegen ist der Umstand, dass wir einer Abstraktion bedürfen, schon die Quelle der Fallibilität. Im ethischen Urteilen in dieser komplexen Sachlage täuschen wir uns genau deswegen, weil schon die Wahl des Abstraktionsniveaus und damit die Frage, wen höre ich nicht, ethisch relevant ist. Warum haben wir die Kinder nicht gehört? Diesmal werden im zweiten

Lockdown wenigstens die Kitas nicht ganz so brutal geschlossen, weil irgendwer mal darauf hingewiesen hat: Hört die Kinder. Diesmal wurden die Kinder ein wenig mehr gehört, dafür aber nicht die Friseure. Wie der viel zu lange zweite Lockdown beweist, ist das undifferenzierte Schließen möglichst vieler Teile der Gesellschaft der falsche Weg. Wenn man einfach niemandem zuhört als einer kleinen Gruppe von Virologen, Epidemiologinnen, Physikern und der einen oder anderen Psychologin, entstehen dadurch Schäden bei all denjenigen, deren konkrete Bedürfnisse ignoriert werden.

GERT SCOBEL: Es gibt systematisch ja in jeder Gesellschaft bestimmte Gruppen, die nicht gehört werden.

MARKUS GABRIEL: Und im Moment werden weniger gehört denn je. In dieser gigantischen Krise müssten wir jetzt versuchen, die Ausschluss- und Inklusionsmechanismen zu verändern, wir müssten deshalb in dieser leeren Mitte, wie du sie beschrieben hast, rotieren, um möglichst alles aufzunehmen, damit dieses Bild die Grundlage für das richtige Handeln werden kann. So versteht es sich von selbst, dass es nicht damit getan ist, lediglich auf die medizinischen Parameter zu achten.

GERT SCOBEL: Die Inklusion – und dafür steht die leere Mitte ja auch – fällt deshalb so schwer, weil es mehr als eine Technik oder Denkroutine verlangt. Vielmehr verlangt es, sich von sich selbst frei zu machen und von der eigenen Position. Es geht nicht um eine Transformation von oben, die man durchführt, weil man bereits alles weiß und eine Theorie hat, sondern darum, die Realität erst einmal zu erfassen, wie sie tatsächlich ist, um daraus, aus ihren faktischen Tendenzen, die nun einmal in diesem Moment da sind, der Situation eine Wendung zu geben. Bildhaft gesprochen: Statt wie der »Master of the Universe« einzugreifen, arbeitet man behutsam mit dem, was in der Situation angelegt ist. Manchmal braucht es nur eine kleine Bewegung, den entscheidenden letzten Millimeter, den Windhauch – und die Veränderung findet statt. Das Prinzip *Wu-Wei*[57], das fließende Nicht-handelnde-Handeln, ist in seiner Ausübung, auch wenn das seltsam klingt, konsequent angewandte Weisheitspraxis: und damit grundlegend anders als das Handeln nach virologischen oder medizinischen Imperativen und Zahlen.

Markus Gabriel: In der Tat sind Menschen im Moment Gegenstände, ja sogar Instrumente einer Sozialtechnik. Diese ist nur dürftig durch den Hinweis auf den virologischen Imperativ gerechtfertigt, der uns dazu auffordert, das Gesundheitssystem nicht zu zerstören oder zusammenbrechen zu lassen. Überdies lassen sich womöglich viele Menschenleben mit einer solchen Sozialtechnik retten. Doch die Rechnung wird hierbei buchstäblich ohne den Wirt gemacht, weil gigantische Kollateralschäden in Kauf genommen werden, die niemand angemessen in Rechnung stellt. Diese Eindimensionalität richtet riesige Schäden an. Dagegen wäre in der Tat eine Praxis der Weisheit empfehlenswert, wobei ich nicht glaube, dass wir uns hierbei am Daoismus orientieren sollten, ganz im Gegenteil. Die radikale Mitte wird nicht angemessen von *Wu-Wei* repräsentiert, vielmehr gehört es ja zu ihrem Wesen, nur dialektisch, also im Gespräch und damit im Denken abbildbar zu sein. Das *Wu-Wei* wird nicht im Gespräch ermittelt, es fehlt also die Angabe einer Heuristik, selbst wenn in die richtige Richtung gewiesen wird.

Gert Scobel: Worum es geht, ist ein Denken und Handeln, das dem Leben dient. Daher gehören Denken und damit die Reflexion der »anderen Seite« durchaus dazu. Gespräche sind ja nicht ausgeschlossen – zumal eine große Zahl daoistischer Texte aus Gesprächen besteht, in denen es darum geht, das richtige Handeln zu ermitteln. Wer denkt und sich unvoreingenommen dem Augenblick öffnet, macht ja zugleich auch eine Erfahrung. Das sollte man nicht vergessen – ebenso wenig wie den Umstand, dass der eine Zeit lang konsensfähige virologische Imperativ, trotz Denken, weit von der Radikalität der Mitte entfernt ist.

Markus Gabriel: Ja, der virologische Imperativ ist ein einseitiger, nämlich extremer Gesichtspunkt. Deswegen gibt es auch einen Corona-Bekämpfungsextremismus. Das ist der Gedanke, dass nur noch Corona zählt, der sich leider so weit durchgesetzt hat, dass wir uns seit einem Jahr in einem kopflosen, irrationalen Blindflug befinden, der sich mit dem Titel der Wissenschaft schmückt, dem wissenschaftlichen Anspruch aber nicht gerecht wird, den eine komplexe Lage wie eine globale Pandemie erfordert.

GERT SCOBEL: Bei diesem Gedanken sind jetzt vermutlich gleich zwei Gruppen irritiert. Die eine Gruppe ist die der Wissenschaftlerinnen, die sagt: »Wir können nichts anderes machen, als Zahlen und Daten zu vergleichen und letztlich auf mathematischem Wege zu einer Abschätzung zu kommen und dann zu einem Urteil, das die größte Wahrscheinlichkeit der Richtigkeit hat.« Das ist die eine Gruppe, die sagt, das ist komisch mit eurem Gedanken der Mitte, denn dafür gibt es sozusagen keine klare Mathematik, keinen klaren Algorithmus. Die zweite Gruppe, die sich irritiert fühlt, sind die Leute, die glauben, dass Aufklärung in nichts anderem besteht als in einer bestimmten Form von Rationalität, die ich sehr abstrakt betreiben kann. Und ich kann sie auch betreiben, ohne mich je tatsächlich dort in die Wirklichkeit zu begeben und inmitten der Menschen zu meinem Urteilen zu kommen. Beide Gruppen sind irritiert.

MARKUS GABRIEL: Ja, aber die täuschen sich halt. Also der Gedanke, dass die wesentlichen Belange des Menschen, insbesondere die ethischen Urteile, die Form der Mathematik haben sollten, ist ein Irrglaube. Die Mathematik hat im ethischen Urteilen nichts zu suchen, aber sie liefert uns eine wichtige Unterstützung bei der Erhebung relevanter nicht moralischer Tatsachen, woran ich nicht zweifeln möchte.

GERT SCOBEL: Das impliziert die Form wissenschaftlicher Urteile auch nicht zwingend.

MARKUS GABRIEL: Nein, überhaupt nicht. Viele wissenschaftliche Urteile werden selbstverständlich in der geeigneten formalen Sprache zu fällen sein, mit den dafür geeigneten Methoden. Es gibt nicht die Spur eines Zweifels daran. Numerische Methoden sind nicht geeignet für das ethische Urteilen, weil schon die schiere Auswahl von Stimmen, die wir hören müssen, um eine Krise wie die Corona- oder gar die Klimakrise angemessen zu bewältigen, nicht algorithmisch erfassbar ist. Zudem diese Auswahl schon nicht nach algorithmischen Gesichtspunkten geschieht. Das ist allen epidemiologischen Überlegungen vor- oder über- oder nebengeordnet, ist also was ganz anderes.

Im Allgemeinen gilt: Was man in der Philosophie nicht normalsprachlich ausdrücken kann, lässt sich nicht ausdrücken. Mathematische Symbolsysteme sind ja, das ist die alte und richtige Ansicht von Leibniz, Abkürzungen, Gedankenstützen. Wenn ich mit Gleichungen und mathematischen Symbolen arbeiten kann, dann ist das unter Umständen ökonomischer. Ich muss nicht alles ausformulieren. Man könnte auch komplexe mathematische Sachverhalte ausschreiben, aber es ist viel eleganter, diese in formaler Sprache auszudrücken, weil man sich damit Umwege erspart. Das ist der Witz dieser Art von Abstraktion, und sie ist unvorstellbar effektiv, wie die moderne Naturwissenschaft und Technik belegen. Aber sie ersetzt kein ethisches Urteil.

Gert Scobel: Allerdings sehe ich einen radikalen Unterschied in der Vorgehensweise zwischen den frühen, regelbasierten Systemen oder Expertensystemen, die ja letztlich auf einer definierten Logik beruhen, und den heutigen KI-Systemen, die aus Daten »lernen«. Expertensysteme waren die erste Stufe der KI und nicht besonders erfolgreich. Für viele Anwendungen gibt es nämlich keine klaren Regeln, insbesondere wenn ich »in der Wildnis« der Wirklichkeit praktiziere.[58] Ich müsste ja für alle Eventualitäten eine Regel entwickeln: Aber so funktioniert das Leben eben nicht. Die viel perfidere Form ist eigentlich die, die wir heute haben, nämlich die des sogenannten Maschinenlernens. Das »Lernen nach Daten« beruht nicht mehr auf einer solchen Ja-Nein-Logik, letztlich überhaupt nicht mehr auf Logik, sondern auf einem Training und auf Wahrscheinlichkeiten. Aus diesem Grund kann ich von vornherein bestimmte Fälle und damit empirische Vorkommnisse, die über Daten repräsentiert werden, ausschließen. Denn ich kann sagen: »Diese Fälle liegen so weit links und so weit rechts von der Mitte der Normalverteilung – der richtigen Antwort –, dass sie mich nicht interessieren und sie für meinen Lernvorgang auch nicht notwendig sind.« Das ist eine willkommene Abkürzung, aber es ist als Abkürzung eben ein systematischer Ausschluss bestimmter Aspekte der Wirklichkeit.

MARKUS GABRIEL: Was sich ja Abstraktion nennt und eine wichtige Rolle in der Informatik spielt. Doch dürfen wir dabei nicht von relevanten Parametern der Wirklichkeit abstrahieren, die wir nicht ihrerseits bereits abstrahiert zur Kenntnis nehmen können. Wenn wir von der Wirklichkeit abstrahieren, ist das natürlich immer eine schlechte Nachricht, denn wir haben es im Moment sowie in allen künftigen Großkrisen, mit denen wir zu kämpfen haben, mit der Wirklichkeit zu tun. Diese Pandemie ist ein Wirklichkeitsschock, ein Schlag ins Gesicht, kein kleiner Rechenfehler. Daher lauern an allen Ecken und Enden Überraschungen, wie etwa Mutationen, die wiederum niemand genau versteht und einschätzen kann. Solange wir nur rechnen wollen, lösen wir die relevante Aufgabe eben nicht, das heißt die Aufgabe, wie wir ein Leben in Freiheit und Würde führen können.

GERT SCOBEL: Im Gegenteil: Ich habe das Gefühl, dass die Bürokratie in vielen Bereichen unseres Lebens, gerade mit Blick auf die Klimakrise, gute Ideen ausbremst. Ich schaffe beispielsweise eine Institution wie das BaFin, also die Bundesanstalt für Finanzdienstleistungsaufsicht, statte aber diese Behörde in manchen Schlüsselbereichen personell so schwach aus, dass ein Skandal wie der um Wirecard geradezu vorprogrammiert ist. Interessant finde ich aber, dass wir uns über die Ethik der Mitte einer Philosophie annähern – klassisch die Definition von Hegel, Philosophie sei ihre Zeit in Gedanken erfasst –, die fast journalistisch ist. Denn als Journalist begebe ich mich ja in die Wirklichkeit, in die Zustände hinein und versuche sie zunächst möglichst offen zu beschreiben. Das ist aber genau das, was ich als Philosoph auch machen muss, wenn ich zu einem guten ethischen Urteil kommen will: Erstens muss ich mich mitten in die Situation hineinbegeben; zweitens sollte ich die Extreme vermeiden und anderen auch darüber berichten, um dann, drittens, mit anderen über das ins Gespräch zu kommen, was ich gesehen habe und was sie gesehen haben, und um schließlich, viertens, zu einem Urteil zu kommen, wie wir in dieser Situation handeln.

MARKUS GABRIEL: Eine Funktion der Medien ist ja genau das: der Aufweis der leeren Mitte, um so gesellschaftliche Vermittlung zu ermöglichen. Deswegen wünschen wir uns neutrale Berichterstattung, wie man so sagt. Die Neutralität der neutralen Berichterstattung besteht nicht darin, dass man einfach Neutrales sagt, soundso viele sind gestorben, sondern dass man weder das eine noch das andere in seiner extremen Verformung darstellt. Deswegen ist auch das Mediale selbstverständlich ein Träger des Ethischen, aber nur, wenn es darum geht, der Wahrheit, der Wirklichkeit und dem ethisch Richtigen durch Anhörung und Aussöhnung verschiedener Stimmen und Perspektiven ein Gesicht zu geben.

GERT SCOBEL: Doch das kann auch scheitern, wenn sie zum Beispiel kommerziell gesteuert sind oder weil sie ein politisches Interesse verfolgen.

MARKUS GABRIEL: Das Ziel einer immer auch medial orchestrierten Ethik der radikalen Mitte ist das Herausfinden dessen, was wir aus moralischen Gründen tun beziehungsweise unterlassen sollen. Wenn wir diesen Standard unterbieten, dürfen wir uns nicht wundern, dass die Grundstruktur der liberalen Demokratie durch Polarisierung, Fake News, Bullshit usw. aus den Fugen gerät.

GERT SCOBEL: Mein Ziel als Journalist ist in dem Fall nicht sofort die ethische *Conclusio*. Mich interessiert sehr der Aspekt der Weisheit, den wir eben angesprochen haben. Weisheit gehörte mal zur Jobbeschreibung von Philosophie, auch wenn der Begriff »Weisheit«, *sophia*, zunächst abwertend gemeint war. Da, finde ich, gibt es zwei Punkte, auf die man aufmerksam werden sollte. Der eine ist, dass das Sich-Hineinbegeben in die leere Mitte ja nur mehr eine Formulierung dafür ist, dass ich versuche, mich möglichst allem auszusetzen. Das bedeutet, diese Gleichzeitigkeit der Wirklichkeit in all ihren unterschiedlichen Aspekten, das ist eigentlich der Ort, an den ich mich begebe, um zu einem Urteil zu kommen. Diese »Gleichzeitigkeit von allem« ist ein anderer Begriff für die Komplexität der Wirklichkeit. Das ist das eine. Das Zweite ist, dass, wenn man von den Weisheitstraditionen Asiens ausgeht, nicht nur ein kognitiv-argumentatives Training dazugehört, das es zum Beispiel in den tibetischen Klöstern in extrem ausgeklügelter Weise gibt, ähnlich der *Disputatio* in den mittelalterlichen Klosterschulen, einer Art von »Debating«. Zum Weisheitstraining gehört aber in demselben Maße auch ein Training des Nichtdiskursiven: Ein Meditationstraining des sogenannten Nur-Sitzens oder Nicht-Denkens, wie es die Caodong- oder Soto-Zen-Linie zum Beispiel entwickelt hat, kann mich dahin bringen, eine Blume nicht nur als einen ästhetischen Gegenstand zu verstehen, sondern – sehr pathetisch formuliert – die Blume einfach nur als *diese* Blume zu verstehen, also als eine Form der Realisierung von Wirklichkeit unter Ausschluss all der Kategorien, mit denen ich diese Blume beurteilen kann, indem ich sage: »Sie ist rot, sie ist grün, sie ist schön, sie riecht« – all das versuche ich rauszulassen.[59]

Das schockiert klassische Anhänger und Anhängerinnen unserer westlichen Aufklärung, weil sie ja in der Regel behaupten, dass ich zu einem Urteil nur durch den Gebrauch meines Verstandes kommen kann, also nicht nur durch den Gebrauch der Vernunft, die mir die Idee des Guten liefert, sondern meines Verstandes, der die Idee des Guten irgendwie verrechnet – wie, das wissen wir bis heute nicht. Zur Weisheit gehört also erstens die Wahrnehmung von Komplexität, ohne die auch keine Nachhaltigkeit möglich wäre; und zweitens eine Übung des Nicht-Diskursiven – das, was bereits in der indischen Philosophie, aber auch im chinesischen Chan-Buddhismus *sunyata*, also »Erfahrung der Leere«, genannt wird. Was ist deine Meinung zu diesem Ansatzpunkt, dass zur Praxis der leeren Mitte auch das Sich-Leeren von Konzepten gehört?

MARKUS GABRIEL: Also, ich glaube, dass dieses von dir beschriebene Sich-Leeren von Konzepten selber begrifflich ist. Am Denken führt kein sinnvoller Weg vorbei.

GERT SCOBEL: Klar, wenn ich es jetzt so beschreibe, ist es natürlich begrifflich, denn ich spreche ja. Die Frage ist nur, ob dieses Loslassen als *Praxis*, als Prozess der Bewusstseinskultur, auch Denken ist? Schließlich macht das Denken nur einen Teil unseres Bewusstseins aus! In der Praxis des sogenannten stillen Sitzens, *shikantaza*, geht es darum, Gedanken und Gefühle wahrzunehmen, sie aber nicht zu bewerten, also weder etwas zu wollen, weil es positiv ist, noch etwas abzulehnen, weil es negativ ist. Bildhaft wird das mit den Wolken verglichen, die am Berg vorbeiziehen. Es geht also nicht nur darum, zu denken, sondern all die anderen Prozesse einzubeziehen, die mit dem Denken verbunden sind – wie Gefühle, Wünsche, Stimmungen oder äußere Einflüsse.

Räume dazwischen

MARKUS GABRIEL: Die Praxis des ethischen Urteilens ist das Tun des Guten beziehungsweise das Tun des Bösen, und das ist kein Vorgang eines sozusagen stillen und privaten Verstandes, sondern einer des Tuns. Dieses Tun ist auch kein praktischer Syllogismus. Das ist eine Verzerrung. Es ist nicht so, dass ich eine Maxime habe, die einen bestimmten Grad der Allgemeinheit aufweist, und leite jetzt daraus ab, was ich vor Ort tun soll. Das heißt, das Tun des Denkens unterscheidet sich natürlich kategorial von der Form, in der wir es erfassen. Die Logik, wozu auch die deontologische Logik, das heißt die Theorie der logischen Form von Werturteilen, gehört, erfasst die Idealstruktur unseres ethischen Urteilens, was aber nicht heißt, dass dieses sich sozusagen inferentiell, in der Form stiller Schlüsse, im menschlichen Geist oder Verstand vollzieht.

Gert Scobel: Das wäre eine grobe Konzeptionalisierung des Denkens.

Markus Gabriel: Ja, ich würde einfach sagen, eine Modellierung oder meinetwegen auch Formalisierung. Das heißt, die Form, in der wir dem Denken auf die Schliche kommen, unterscheidet sich kategorial vom Denken, auch wenn es da Überlappungen geben muss, weil man sonst nicht logisch richtig denken könnte, und das ist natürlich ein hartes Problem – auch heute noch in der Metalogik. In der Ethik und Metaethik verhält es sich in etwa so, dass eben das Tun, das wir im ethischen Urteilen in die richtige Richtung lenken wollen, in der metaethischen Modellierung erfassbar ist, es sich aber in der Wirklichkeit damit nicht so vollzieht, wie wir es abbilden.

Gert Scobel: Es gibt daher nicht »die eine« richtige Form für alle Menschen. So plural, wie die Menschen sind, sind es vielleicht auch die Methoden. Aber zentral ist, dass es etwas anderes ist als das rein Diskursive, es aber ergänzt: und sei es eben der von Kant und später von Hannah Arendt ins Spiel gebrachte *Sensus communis*.

Markus Gabriel: So sehe ich es auch. Es reicht nicht, sich nur intensiv genug in Meditation zu schulen, dann läuft das ethische Urteilen schon. Himmler war auch ein großer Freund der asiatischen Weisheit, aber er war

Himmler. Viele Aspekte etwa der indischen Denktraditionen, man denke nur an den Hinduismus, beruhen auf kriegerischen Motiven. Die Meditation kann auch als Waffe verwendet werden.

GERT SCOBEL: Damit hast du völlig recht. »Meditiere, und du wirst ein guter Mensch« funktioniert nicht. Da muss man sich nur die vielen im Sinne der Tradition ehrwürdigen und erleuchteten Zen-Meister ansehen, die tief in den Faschismus in Japan verstrickt waren und wie unsere Priester Militärflugzeuge gesegnet haben …

MARKUS GABRIEL: Die Kyoto-Schule selbst war verstrickt in den Faschismus. Oder Heidegger, ein großer Freund des Nichtpropositionalen, war strammer Nationalsozialist und hat aus seiner Einsicht in das Nichtdiskursive jedenfalls niemals abgeleitet, dass das radikale Böse dasjenige ist, was nicht sein soll. Das Nichtpropositionale ist der Bereich dessen, was sich nicht mehr sinnvoll als wahr oder falsch beurteilen lässt. Dieser Bereich ist nicht logisch durchdringbar, weil auch die Idee mehrerer Wahrheitswerte neben einem Dualismus von Wahr und Falsch ja Wahr und Falsch als Eckpunkte benötigt. Das Nichtpropositionale entzieht sich, das hat Heidegger richtig gesehen, aber er hat es dann leider für eine falsche Sache eingesetzt.

Gert Scobel: Und Heidegger hatte ja sogar, ähnlich wie wir das eben formuliert haben, eine Abneigung gegen das Rechnen, das er als Gegenpol zum Denken sah. All das bringt uns mit der Weisheit und dem Guten in ein schwieriges Terrain, weil viele, die dieses »Nichtpropositionale« promotet haben – so will ich es jetzt mal vorsichtig ausdrücken –, und von denen Heidegger sicher einer der Exponiertesten war, in der Tat etwas Richtiges sehen – dass nämlich der Bereich, in den wir uns begeben, tatsächlich ein nicht ausschließlich propositionaler Bereich ist. Er ist nicht notwendig irrational, aber a-rational. Trotzdem sind sie häufig blind gegenüber der Gefahr, dass alles auch in einer bösen Weise ausgenutzt werden kann und es zudem möglich ist, sich in sich selbst und seinen Motiven zu irren oder zu belügen.

Markus Gabriel: Ja, wenn das Tun des Guten und das Tun des Bösen, wenn man so will, im nicht propositionalen Bereich verortet sind, folgt daraus, dass das Nichtpropositionale natürlich nicht als solches das Gute ist. Es ist ein Irrtum, zu glauben, das Nichtpropositionale sei als solches das Gute. Das Tun ist nicht propositional, es folgt keiner bereits vorliegenden allgemeingültigen Logik, sondern generiert neue Denk- und Handlungsmuster, und in diesem Sinne kommt es im ethischen Urteilen darauf an, was man *tut*, nicht nur auf das, was man sagt.

Gert Scobel: Aber daraus ergibt sich für die radikale Mitte ja eine weitere praktische Folgerung. Diese besteht darin, dass wir propositionale Anteile – im Sinne von Überlegungen, Techniken, auch Sozialtechniken, aber auch im weitesten Sinne Wissenschaft – verbinden müssen mit dem, was nicht propositional ist. Und das ist leider in unserer Kultur extrem unterbelichtet. Auf diesem Auge sind wir weitgehend blind.

Markus Gabriel: Das kann man laut sagen, da sind wir insofern blind, als unsere Vorstellung von einer Sozialtechnik schon immer an dem Gedanken orientiert ist, man müsste die gesamte Gesellschaft eigentlich als propositionales Geflecht verstehen. Das ist genau dasjenige, was Jacques Derrida völlig zu Recht als Logozentrismus kritisiert hat. Logozentrismus ist der Gedanke, dass das Zentrum des Gesellschaftlichen der Logos sei.[60] Der Logos ist das Proportionale und Propositionale. Dem Verlauf unseres Gesprächs entnehme ich die Idee, dass wir es im ethischen Bereich immer auch mit dem Nichtproportionalen zu tun haben, dem schlichtweg nicht Verrechenbaren. Das ist ja das Erste, was gegen den Utilitarismus spricht, dass man nicht sagen kann, ein Konzentrationslager, in dem weniger getötet wurde, also ein kleineres, sei sozusagen weniger schlimm als ein großes. Hier kann man nicht rechnen, wenn man natürlich immer auch zugleich die entsetzlichen Zahlen von Millionen von Opfern des Nationalsozialismus betonen muss.

Gert Scobel: Noch etwas folgt ja aus der Position der radikalen Mitte, aus diesem »Zwischen Gut und Böse«: und zwar, dass es auch für die Antinomie, die wir wieder zwischen propositionalen und nicht propositionalen Anteilen konstruiert haben, ein *Tertium datur* gibt. Dass es auch hier anstelle des binären Codes, der mich jetzt in eine Paradoxie bringt und anzunehmen verleitet, ich könnte das Problem ja gar nicht lösen, einen dritten Weg und damit wieder eine Mitte gibt.

Markus Gabriel: Genau. Das ist bei Aristoteles teilweise natürlich auch mitgedacht, er nennt es *metaxy*, über das wir schon gesprochen haben, das sich von der Mesotes-Lehre unterscheidet. Dieses Zwischen ist im Unterschied zu kontradiktorischen und konträren Urteilen schon logisch vorgesehen. Es gibt ja den Fall, dass zwei Menschen, die sich widersprechen, beide unrecht haben.

Gert Scobel: Was der einfache Fall ist.

Markus Gabriel: Ja, genau. Über dieses *metaxy* hat einer meiner philosophischen Lehrer, Wolfram Hogrebe, ein wunderbares Buch geschrieben, ein großer Denker unserer Zeit, der sich intensiv mit dem Verhältnis des Nichtpropositionalen im Propositionalen befasst hat.[61] Aristoteles ist ein Denker des *Tertium datur*.

Das heißt, das Kontinuierliche, also die Räume dazwischen, sind schon auch durch die Griechen besetzt.

Platon nennt das den Raum *(chôra)*. Die *chôra* ist der Ort zwischen Himmel und Erde, Hesiod spricht hier von einem gähnenden Abgrund, was auf Griechisch Chaos heißt und von *chainein*, gähnen, stammt. Die Ethik schaut in diesen Abgrund, sie sucht Handlungsoptionen, die sich nur im Zwischenbereich finden lassen, wobei wir dank unserer Einsicht in das moralisch Offensichtliche nicht völlig orientierungslos sind. Wir haben einen Kompass, wir dürfen deswegen nicht auf Sicht fahren.

Gert Scobel: Und das ist ja auch die praktische Folgerung aus einer Philosophie der Mitte: *Move into the gaps*[62], geh in die Brüche und in die Risse, geh in die Zwischenräume hinein, also begib dich zwischen die Positionen. Nur so findest du eine Antwort.

Markus Gabriel: An der Stelle möchte ich dann eines meiner Lieblingsgedichte von Fernando Pessoa zitieren, »King of Gaps« heißt das. Pessoa, einer der größten Dichter aller Zeiten, schreibt dort:

> *»There lived, I know not when, never perhaps –*
> *But the fact is he lived – an unknown king*
> *Whose kingdom was the strange Kingdom of Gaps.*
> *He was lord of what is twixt thing and thing,*
> *Of interbeings, of that part of us*
> *That lies between our waking and our sleep,*
> *Between our silence and our speech, between*

Us and the consciousness of us; and thus
A strange mute kingdom did that weird king keep
Sequestered from our thought of time and scene.

Those supreme purposes that never reach
The deed – between them and the deed undone
Is between eyes and sight, nor blind nor seeing
Himself is never ended nor begun,
Above his own void presence empty shelf.
All he is but a chasm in his own being,
The lidless box holding not – being's no pelf.

All think that he is God, except himself.«[63]

Was Pessoa hier ausspricht, sind sozusagen die unsichtbaren Nähte zwischen den Sinnfeldern, wenn man so will. Das fasse ich im Moment im Begriff des »Un-Sinns«. Diese Lücke wird von den Übersetzern des Gedichts im selben Band im Portugiesischen als *vazio*, also als das Leere, angesprochen.

GERT SCOBEL: Oder »Nicht-Sinn«: Das wäre doch der bessere Begriff.

MARKUS GABRIEL: Auf jeden Fall. Der Nicht-Sinn ist vom Standpunkt des Logozentrismus aus gesehen der Unsinn, den man vermeiden möchte.

Gert Scobel: Auch das ist eine leere Mitte. Nur Leere kann weder trennen noch nicht trennen. Es gibt »nichts«, das man trennen könnte.

Markus Gabriel: Hier entfaltet sie sich nun, die leere Mitte, als Sprung von einem ins andere Sinnfeld. Wir kennen sie auch lebensweltlich, ganz alltäglich. Heute Morgen waren wir beide auf dem Weg hierher, jetzt sind wir hier. Was ist dazwischen passiert, wann genau war der Übergang? Situationen sind voneinander getrennt. Irgendwann heute Abend, kurz vor dem Einschlafen, denkst du: »Ach, jetzt bin ich wieder in einer anderen Situation.« Aber wie bist du dahin gelangt? Was ist zwischen den Situationen passiert? Das ist wie in einem Kinofilm, was machen die Figuren, wenn sie nicht gezeigt werden, und in einer bestimmten Weise gilt das auch für uns. Das ist nicht so eindeutig, wie man zunächst annimmt. Jetzt kann man jemanden fragen, der dabei war, was wir sozusagen in der Zwischenzeit gemacht haben, aber niemand hat alles gesehen. Wir wissen im Grunde genommen nicht, wie löchrig die Wirklichkeit ist. Das liegt ja im Wesen dieser Lücken, dass wir sie nicht sehen, Dichter wie Pessoa sie aber ausdrücken können.

Gert Scobel: Damit sind wir wieder bei Luhmann und dem fundamentalen Unterschied zwischen dem System und der Grenze, die immer zum System gehört, und der Umwelt, dem *unmarked space*, den ich nie vom System aus beurteilen kann.[64] Dieser unmarkierte, nicht durch Unterscheidungen besetzte Raum ist immer größer als das System. Genau das macht die Komplexität des *unmarked space* aus, die immer größer ist als die Komplexität eines Systems.

MARKUS GABRIEL: Ich würde es noch härter formulieren: Es gibt kein Verhältnis des *unmarked space* zu den Markierungen. Das heißt, er ist das Absolute. Er ist also weder propositional noch nicht propositional. Und er ist nicht proportional. Das ist die ontologische Anarchie!

GERT SCOBEL: Das Unmarkierte entzieht sich jeder Markierung. Es ist los-gelöst von Unterscheidungen und Markierungen – das ist ja die Bedeutung von *absolutus*. Es gibt daher auch keinen Ursprung – so müsste man das griechische Wort für An-archie, nämlich als Nicht-Anfang übersetzen. Und doch werden die ganzen Verzweigungen des Systems von dort aus, rückblickend, definiert und vermessen.

MARKUS GABRIEL: Du kannst an verschiedenen Punkten beginnen, aber keiner ist der absolute Anfang. Das Absolute zeigt sich vielmehr darin, dass es keinen Anfang gibt, sonst stünde es in einem Verhältnis. Wir beginnen bereits in der Mitte, der Indifferenz. Die Setzung des ersten Ausgangspunktes geschieht in einem Schritt, durch den ein Raum eröffnet wird. Das ähnelt der bekannten Situation, dass man einen Teich vor sich hat und einen Kieselstein wirft, der trifft irgendwo auf, und es bildet sich eine Struktur, die du nun beobachten und vermessen, für die du physikalische Gesetze formulieren kannst. Aber der Teich selbst ist erst mal nur da. Mit dem Steinwurf ist etwas geschehen, und man kann beginnen zu begreifen. Aber wer setzt die erste Unterscheidung? Die Antwort lautet: Niemand. Das geht nicht. Es gibt keine erste Unterscheidung.

GERT SCOBEL: Der Teich ist der unmarkierte Raum. Die Würde des Menschen ist in gewisser Weise die Berechtigung aller Menschen, für sich ein solcher erster Anfang zu sein.

MARKUS GABRIEL: Es gibt keinen ersten Anfang.

GERT SCOBEL: Du hast recht, aber aus ihrer Perspektive erscheint es so, als setze ihr Handeln einen ersten Anfang. Wenn man den einzelnen Menschen eingebettet in die »gesamte Wirklichkeit« betrachtet, ist es natürlich Unsinn: Da hat alles immer schon angefangen.

MARKUS GABRIEL: Ja, aber natürlich gibt es auch nicht die gesamte Wirklichkeit.

GERT SCOBEL: Natürlich, denn die Wirklichkeit ist unmarkiert. Was sollte da »gesamt« sein? Der Begriff ist tatsächlich un-sinnig. Was es zweifellos aber gibt, ist diese ursprungslos-weite Gleichzeitigkeit von all dem, was in diesem Moment – bildhaft gesprochen – simultan im gesamten Universum gerade geworden ist und *jetzt* zum Sein kommt. Und das – die Wirklichkeit in ihrer Gleichzeitigkeit – können wir nicht erfassen.

Die Wirklichkeit

MARKUS GABRIEL: Es gibt keine Wirklichkeit als Ganzes. Deswegen reicht die Anarchie immer tiefer, als man meint. Die Anarchie geht so tief, dass der Versuch, für das Ganze des Seienden einen Ausgangspunkt zu finden, schon daran scheitert, dass es das Ganze des Seienden nicht gibt. Das ist weit radikaler, als zu denken, der Ausgangspunkt sei sozusagen schwer zu finden.

GERT SCOBEL: Wovon die Wissenschaften aber bis heute ausgehen. Denn sie suchen diesen einen Anfang und sagen: Irgendwann finden wir ihn schon, diesen Big Bang oder …

MARKUS GABRIEL: Wie auch immer, es gibt ihn nicht. Egal, was ich finde, da wird sich dieselbe Frage stellen. Es gibt keine befriedigende Antwort auf die Frage, warum überhaupt etwas ist und nicht vielmehr nichts, und daran sehen wir, dass das eine falsch gestellte Frage ist. Die Frage ist Unsinn. Aber der Unsinn ist nicht gehaltlos, sondern zeigt uns, dass zwischen den Bereichen sinnvoller Erfahrung etwas stattfindet, was sich allerdings nicht propositional und damit auch theoretisch nur unzureichend beschreiben lässt. Unsere Vermutung, der wir hier nachgehen, könnte man so formulieren, dass wir diesem Zwischen zutrauen, eine Quelle moralischer Einsicht und damit ein Raum für das ethische Urteilen zu sein.

GERT SCOBEL: Im chinesischen Chan- und später im japanischen Zen-Buddhismus gibt es die sogenannte Koan-Übung.[65] Eines der berühmtesten Koans ist die Antwort auf die Frage, ob ein Hund die Buddha-Natur habe. Sie lautet »Mu (Nichts/da ist nichts)«. Eines meiner Lieblings-Koans lautet: Was ist der Grund, die Wurzel, der Anfang von Mu? Das ist genau deine Frage, wobei die Koan-Übung auf die Erkenntnis zielt, dass die Antwort eben keine ist. Wenn du glaubst, du hast die Antwort auf die Struktur der Wirklichkeit deiner Existenz gefunden, nämlich die Leere, was ist dann die Wurzel der Leere? Leere!

MARKUS GABRIEL: Aus diesem Grund ist der Gedanke, dass die Leere – die leere Mitte – ein Prinzip von allem ist, eben ein ganz falscher. Die Leere ist kein Prinzip, sondern ein Nicht-Prinzip, An-Archie.

GERT SCOBEL: Völlig richtig! Bei der Philosophie der radikalen Mitte geht es nicht um neue Prinzipien der

Philosophie bzw. Ethik, sondern um eine Praxis und Erfahrung, die paradoxerweise keine Methode hat. Das kann leicht missverstanden werden und dazu führen, gleich wieder eine Theorie daraus zu machen. Uns geht es aber primär darum, sich tatsächlich in die Vielfalt der Wirklichkeit hineinzubegeben. Diese radikale Mitte ist immer prekär und leicht anzugreifen. Sie erscheint schwächer als die »starke« Position einer Prinzipienphilosophie und übrigens auch weitaus schwächer als das, was eine ideologisch ausgerichtete Politik vertritt. Man geht auch ein existenzielles Risiko ein, wenn man faktisch die Vielfalt und damit die widersprüchliche Komplexität der Realität erkundet und am eigenen Leib erfährt. In einem wichtigen Text des Buddhismus heißt es zu Recht: Die Mitte ist die wahre Realität – dort entscheidet und enthüllt sich, was Realität ist.[66] Sie ist Realität in ihrer faktischen Komplexität – und kein Prinzip.

MARKUS GABRIEL: Dabei besteht die radikale Mitte darin, dass jeder Versuch, sie dinghaft zu machen, scheitert. Also kann man auch nicht sagen, zwischen den Propositionen liegt der Schluss, das wäre der Hegel'sche Trick, den in der Gegenwartsphilosophie der wirklich bemerkenswerte amerikanische Philosoph Robert B. Brandom ausgearbeitet hat. Diese Position, auch als Inferentialismus bekannt, meint, die Verbindung zwischen den Propositionen sei doch der Schluss, und jetzt glaubt man, mit dem Schluss hätte man das Problem gelöst, indem man statt einer radikalen Mitte eine logische Form dazwischengeschoben hat.[67] Am Ende merkt das sogar Hegel selbst, das heißt am Schluss seiner *Wissenschaft der Logik*. An die Stelle des Schlusses tritt dort der Ent-Schluss. So nennt er das. Also in Wahrheit: ein beabsichtigtes Wortspiel.

GERT SCOBEL: Eigentlich das Loslassen des Schlusses.

MARKUS GABRIEL: Genau. Gelassenheit und damit Unsinn, der auf die radikale Mitte zeigt. Und nach dem Schluss beginnt ein neues Denken, nach dem Ende der Vorstellung, was passiert dann? Die Wirklichkeit.

GERT SCOBEL: Die weitergeht.

MARKUS GABRIEL: Ja, und diese Erfahrung manifestiert sich im ethischen Urteilen als eine Art, die Endgültigkeit zu vermeiden, obwohl man …

GERT SCOBEL: … immer danach strebt.

MARKUS GABRIEL: Ja, genau, du musst immer danach streben, das ethische Urteil soll ja gefällt werden.

GERT SCOBEL: Und mein Handeln soll ja auch ein Ende, und zwar ein gutes Ende, finden.

MARKUS GABRIEL: Sonst wären wir blockiert.

Gert Scobel: Dieses Tun ist dann eindeutig und hinterlässt eine Spur in der Wirklichkeit.

Markus Gabriel: Und das hat wiederum alles einen spürbaren Gegenwartsbezug. Denn das Urteil wird in der Pandemielage dauernd geändert. Die Menschen sind einerseits irritiert darüber, dass es keine klaren Leitlinien gibt, aber vielleicht ist die Abwesenheit klarer Leitlinien in dieser Pandemie Indikator dafür, dass geurteilt wird. Im ersten Lockdown waren die Kitas geschlossen und dafür der Einzelhandel auf. Im zweiten sind die Kitas so lange auf wie nur möglich, weil man sagt, das können wir den Kindern und Familien nicht nochmals zumuten. Daran sieht man aber, dass diese Art des Urteils nicht wissensbasiert war. Es ist nicht so, wenn die Wissenschaft im März oder November gesagt hat, ein strikter Lockdown sei notwendig, um die Pandemie zu bewältigen …

Gert Scobel: … dass wir es dann gleich wieder machen. Genau so funktioniert die Wissenschaft – wir müssen bereit sein, zu revidieren, wenn sich die Faktenlage ändert – und ebenso eine Ethik der radikalen Mitte, die sich an der Wirklichkeit orientiert, um tatsächlich »gutes Handeln« zu ermöglichen. Wären alle Fakten und Schlüsse eindeutig gewesen, hätte man auch nach dem ersten Lockdown entsprechend handeln müssen.

MARKUS GABRIEL: Der schiere Umstand, dass einmal dies, dann jenes geschlossen wird und mal diese Maßnahme gelockert wird und dann jene, das heißt die Variationsbreite in der Pandemiebekämpfung, ist Indikator dafür, dass die Pandemie eben nicht wissensbasiert bekämpft wird, sondern ein leider eher erfolgsarmer Tanz um die leere Mitte stattfindet.

GERT SCOBEL: Weil wir vieles eben nicht wissen. Noch schlimmer wäre es natürlich, ideologisch zu handeln – also vorzugeben, wir würden die Wirklichkeit kennen – und deshalb Fakten ausblenden, die gegen unser Bild sprechen. In gewisser Weise geht es in der Pandemie ähnlich wie beim Fußball zu: Jeder und jede fühlt sich kompetent, nur weil er oder sie das passende Organ besitze oder, bei der Pandemie, über Lockdown-Erfahrung verfüge. Alle sind betroffen. Also dürfen alle alles sagen, glauben viele. Revidieren, umdenken und anders handeln zu können, bedeutet jedoch, dass man bereit ist, von anderen die Wahrheit über sich zu erfahren und daraus zu lernen. Manchmal hat der andere die Wahrheit, nicht ich. Und eine freie Gesellschaft besteht darin, das zu erkennen und sich gegenseitig zu fördern. Das ist auch die Idee der offenen Gesellschaft, die für Karl Popper ja das Ideal einer demokratischen Gesellschaft war.[68]

MARKUS GABRIEL: Ja, die offene Gesellschaft ist tatsächlich der Spielraum, in dem unsere Pandemiebekämpfung, das heißt das Krisenmanagement, stattfindet.

Gert Scobel: Das ist unser Spielraum – und doch sind viele wie etwa ein bestimmter Teil der Corona-Leugner nicht bereit, von anderen die Wahrheit über ihre eigene Lage zu erfahren. Dabei müsste doch klar sein: Jeder, der die Faktizität der Vielfalt, der Daten wie der Perspektiven, ignoriert, lebt nicht in der Wirklichkeit. Und die ist nun mal komplex. Vielleicht ist Anarchie das eigentliche Wesen von Komplexität. Denn in komplexen Systemen findest du sehr unterschiedliche Systemeinheiten, die miteinander in enger Beziehung stehen, aber auch autonom agieren. Es gibt keinen vorprogrammierten Masterplan. In gewisser Weise geht es alleine darum, zu überleben, das heißt so zu handeln, dass das Gesamtsystem erhalten bleibt. Was man festhalten muss, ist, dass die Umwelt eines Systems faktisch immer komplexer ist als das System, das selber nur bestimmte Optionen selektieren kann – während in der Umwelt noch ganz andere Aktionen möglich sind. Die Komplexität des Gesamtsystems wird erhöht durch eine möglichst große innere Vielfalt dieses Systems, die ihrerseits durch eine möglichst flexible, variierende Verknüpfung der einzelnen Elemente dieses Systems realisiert wird.

Komplexität und Nichtwissen

MARKUS GABRIEL: Komplexitätsreduktion ist deshalb keine gute Lösung. Im Gegenteil, würde ich sagen, brauchen wir eher eine Komplexitätsproliferation. Also auch den Bart wachsen lassen, nicht Ockhams Rasiermesser, sondern das Gegenteil. Wir müssen erkennen, dass die Wirklichkeit ein bunter Strauß ist, eine An-Archie der Dinge und Prozesse, die wir niemals kontrollieren können.

GERT SCOBEL: Tatsächlich zeigt unsere Geschichte ja, dass die Komplexität unserer Lebensweise zunimmt. Paul Feyerabend hat diese Zunahme als nicht eliminativen Pluralismus bezeichnet.[69] Statt etwas völlig auszuschließen, nehme ich es mit, verändere es – aber behalte all das, was eine gute Idee, eine gute Vorlage, ein guter Einfall der Evolution war. Lebewesen setzen sich der Komplexität der Wirklichkeit, der Vielfalt des Lebens aus. Sie sind nicht einfältig. In gewisser Weise leben sie nach der Devise *Complexify your life*. Andererseits muss ich aber auch handeln. Ich muss aus den Möglichkeiten auswählen und folglich irgendwann selektieren.

MARKUS GABRIEL: Die Aufgabe eines Dialogs ist es, Komplexität zu erhöhen, indem nicht eine einzige Argumentationslinie verfolgt, sondern Ab- und Umbrüche möglich werden, die es uns erlauben, den Raum auszuloten, der uns trennt, aber auch verbindet. Daher ist Dialog gerade für Platon so wichtig. Als Meister des Dialogs führte er die Idee des Guten ein, weil er dachte, dass man die Idee des Guten nur im Dialog findet.

GERT SCOBEL: Und deshalb tritt sein Sokrates unter den vielen auf, auf dem Marktplatz, der Agora, und geht …

MARKUS GABRIEL: … in die Mitte …

GERT SCOBEL: … und in die Zwischenräume.

MARKUS GABRIEL: Sokrates ist immer in den Zwischenräumen. Sokrates stört. Jemand möchte zur Schlacht eilen, vor Gericht ziehen oder eilt nach Hause und trifft Sokrates, der ihn davon abhält. Sokrates ist zwischen den Sinnfeldern zu finden. Er ist der Nichtsinn, ein Unsinnmacher, der die Lücken in der scheinbar nahtlos gestrickten Gesellschaftsordnung identifiziert.

GERT SCOBEL: Weshalb ihn viele gehasst haben: Denn er hat sie mit Fragen belästigt, die sie nicht beantworten konnten. Und er hat sich in der Regel geweigert, eine Antwort anzubieten oder selber eine zu geben.

MARKUS GABRIEL: In der Tat. Sokrates ist damit die Urfigur aller Philosophie. Philosophie ist und bleibt sokratisch, und die Sokrates-Figur ähnelt ja am ehesten noch dem, was man aus sogenannten asiatischen Traditionen als Weisen kennt. Sokrates ist der Weise, ja, ich stimme dem Orakel von Delphi zu, das ihn als den Weisesten aller Menschen bezeichnet hat.

GERT SCOBEL: Und die Weisheit besteht nach Sokrates ja im Umgang mit Nichtwissen. Damit ist nicht die oft zitierte, aber falsch verstandene Übersetzung gemeint, das »Ich weiß, dass ich nichts weiß«, sondern die wörtliche: »Ich weiß, dass ich *nicht* weiß«, mein Wissen hat also Grenzen, über die hinaus ich nicht weiß. Es gibt etwas, das ich nicht weiß.

MARKUS GABRIEL: Das ist schon einer der wichtigsten Sätze, ein Wissenssatz, schauen wir ihn uns genauer an: *synoida emautôi ouden epistemanôi*, was übersetzt werden kann als: »Ich weiß von mir selbst, dass ich nichts weiß.« Er weiß also etwas, nämlich *ouden*, das Nichts. *Ouden*, das altgriechische Wort für nichts bzw. das Nichts, bedeutet: nicht einmal eines. Das Nichts ist keines der Dinge, es liegt in den Zwischenräumen, und die bewohnt Sokrates.

GERT SCOBEL: Wörtlich also: Ich weiß, dass ich nicht einmal eines weiß. Nichts von alledem ist also das, was Sokrates weiß. Und damit sieht er sich und sein Wissen im Zwischen.

MARKUS GABRIEL: Denn keiner der Gegenstände ist das Gute. Das ist die Einsicht, und das weiß Sokrates, dass keiner der Gegenstände des Wissens das Gute ist, weil das Gute in den Zwischenräumen liegt. Das ist sein Wissen und die Grundlage des ethischen Urteilens. Wie wir eingangs gesagt haben: Das Gute ist keine metaphysische Wurst, auch nicht für Platon, wenn man genauer liest.

Gert Scobel: Deshalb gibt Sokrates auch keine Antworten, obwohl sie von ihm erwartet werden. Man könnte also auch sagen: Nicht nur in den Dingen, sondern auch in keinem dieser einzelnen Diskurse liegt das Gute.

Markus Gabriel: Deswegen betritt er die Agora, den Ort der Versammlung, um zu zeigen, dass eine gerechte Gesellschaft nur aus dem Nichtwissen, nicht aus dem falschen Wissen der angeblichen und dem partiellen Wissen der echten Experten zusammengesetzt werden kann.

Gert Scobel: Und er zeigt ja wiederholt Politikern durch Argumente, dass ihr Wissen in Wahrheit ein Scheinwissen ist. Die Agora versammelt all diese in ihrer Vielstimmigkeit irritierenden Diskurse, sodass Sokrates versucht, Wissen, Einsicht und Erkenntnis über ihre Zwischenräume zu vermitteln. Das ist eine Praxis des Nichtwissens.

Markus Gabriel: Auf diese Weise unterscheidet sich die Versammlung der Agora von der Auslese, die der Logos trifft. Beide griechischen Ausdrücke, also Agora und Logos, beziehen sich auf Formen der Versammlung. Der Unterschied ist, dass sich auf der Agora die Perspektiven, die vielstimmigen Aspekte der Demokratie versammeln, das heißt alle. Und genau das entspricht traditionell der Idee der Öffentlichkeit. Die Öffentlichkeit ist der Ort, wo sich alle versammeln. Da sind die Kinder, die Alten, die Gesunden, die Kranken, die Pfleger, die Opfer und die Täter, die Polizisten und die Verbrecher. Die Form dieser Versammlung kann natürlich nicht determiniert werden von irgendeiner dieser Gruppen, auch nicht von der Politik. Die Politik ist nur eine Stimme in der Öffentlichkeit, genau das ist eine der zentralen Einsichten von Sokrates, den man als Vertreter einer radikalen Demokratie verstehen kann, der die Idee der Mitte auf die Spitze treibt: An-Archie. Demokratie ist An-Archie. Wir haben eine strukturelle Spitze in unserer Demokratie, die in sich plural ist: Eine Parteienvielfalt, Bundeskanzlerin, Bundespräsident, Bundestag usw. Dabei ist diese Führungsspitze dem Souverän, also sozusagen der Menge, also allen untertan. In einem demokratischen Rechtsstaat sind alle allen untertan und damit letztlich niemand irgendjemandem. Wir sind nicht die Untertanen von Angela Merkel. Wir stehen gar nicht unter ihr, sondern sie hat bestimmte Befugnisse, die sie sehr genau kennt und die ihre Handlungsspielräume definieren, die sie aber als erfahrene Politikerin besonders geschickt verschieben kann. Aber die Rahmenbedingungen ihres Handelns gibt der Souverän vor. Die Rolle von Sokrates besteht darin, den Souverän genau daran zu erinnern, dass es keine Untertanen gibt, sondern allenfalls Menschen, die sich freiwillig unterwerfen. Und damit denkt Sokrates von der Vielheit aus, während die Funktion der leeren Mitte in der klassischen chinesischen Philosophie, vor allem im Daoismus, das Gegenteil ist, weil sie dem Kaiser, der Spitze dienen soll, um die Menge in Schach zu halten.

GERT SCOBEL: So wird es natürlich von der Regierungsspitze bzw. denen, die faktisch Macht haben, interpretiert und praktiziert. Aber in den meisten Geschichten und Anekdoten suchen die Weisen ja gerade die Ferne von den Zentren der Macht. In China gehen die Mönche auf Wanderschaft und leben oft an entlegenen Orten, die schwer zugänglich sind. In Japan entstehen die Klöster weit von der Hauptstadt entfernt. Auch das hat eine anarchistische Komponente.

MARKUS GABRIEL: Das stimmt, weil die Wirklichkeit nicht ultimativ von einem Punkt aus kontrollierbar ist, es gibt nicht den berühmten archimedischen Standpunkt, von dem aus man die ganze Welt bewegen bzw. beobachten kann. Alle sind mittendrin, alle gehören dazu, aber dadurch bildet sich eine interne Struktur aus, die leider dazu führt, dass Menschen ins Abseits gedrängt, überhört, ausgebeutet und dehumanisiert werden, und zwar zu jeder Zeit. Sokrates macht dies sichtbar, indem er die Illusion ewig stabiler Machtverhältnisse zugunsten einer absoluten Dynamik sprengt, die Platon mit der Idee des Guten verbindet, von der es heißt, dass sie über alles Geschehen dynamisch *(dynamei)* hinausrage. Die Dynastie der Dinge gründet nicht in einer Spitze, sondern in ihrer Abwesenheit, ein Gedanke, der mit der Figur des Weisen, sei dies im Westen oder im Osten, verbunden ist.

GERT SCOBEL: Konkret kann man das vielleicht daran sehen: Wie der deutsche Föderalismus in der Corona-Krise agiert, ist in meinen Augen zwar problematisch und zeugt häufig eher vom Länder-Egoismus und Handeln im Wahlkampfmodus, ist andererseits aber im Vergleich zur Ebene des Bundes oder zum französischen Zentralismus geradezu lokal-anarchistisch.

Ein weiteres Beispiel ist auch hier: die Wissenschaft. Sie ist in dem Sinne an-archistisch, dass sie sich immer weiter differenzieren muss: nicht nur, um neue Erkenntnisse zu gewinnen, sondern vor allem auch, um zu erkennen, was sie in Wahrheit ist und was sie wie macht. Schließlich ist auch die Vernunft der Wissenschaft nicht immer vernünftig – und auch das muss sie erkennen. Und daher stellt sie, so Jean-François Lyotard, »in ihrer Pragmatik das Anti-Modell des stabilen Systems dar«. Wissenschaft ist also ein offenes System – mit der Fähigkeit, zwischen den Formen hin und her zu fließen.[70] Dieses geschmeidige Fließen-und-sich-wandeln-Können, *sveltezza*, war für Lyotard die Tugend in einer Zeit steigender Vielheit und Komplexität, von ihm Postmoderne genannt, die Tugend schlechthin.[71] Genau das kann die Wissenschaft, wenn sie gut ist, so wie es der Weise praktiziert: fließend wie Wasser oder Wolken zu sein.

Markus Gabriel: Lyotard darf man niemals unterschätzen, ebenso wenig Baudrillard, beides Theoretiker, die mittels systematischer Übertreibung Megatrends anvisiert haben, die auch in Deutschland bis zum heutigen Tag dominieren. Jedenfalls hängen Demokratie und Anarchie sehr eng miteinander zusammen. Natürlich gibt es Herrschaft in der Demokratie: die Herrschaft des Gesetzes vor allen Dingen in einem demokratischen Rechtsstaat, daneben natürlich eine Machtverteilung, Befugnisse in den politischen Kreisläufen. So manchen stört, dass es so anarchisch zugeht, viele wünschen sich mehr Ordnung. Aber das ist eine Illusion. Wir brauchen weniger Ordnung, weniger Bürokratie, die der Fluidität allzu rigide Grenzen setzt. Wir scheitern in der derzeitigen Pandemie aber nicht an einem Mangel an Anarchie, sondern daran, dass der bürokratische Apparat nicht flexibel genug gebaut ist, also daran, dass an der falschen Stelle Hierarchie eingebaut ist.

Gert Scobel: Absolut! Die Frage ist also, wie wir angesichts der gigantischen Transformationen, die auf uns zukommen und denen wir nicht ausweichen können, so handeln, dass wir mit unseren Verwaltungen, unserer Bürokratie und unseren Hierarchien dennoch geschmeidig handeln können. Wie reagieren unsere Bürokratien auf Komplexität? Ich finde, meist auf erschreckende und häufig bizarr sture Weise. Das emotional Schwierige, insbesondere in einer Pandemie, ist, dass zum Umgang mit der unübersichtlichen Wirklichkeit, in der wir vieles nicht wissen, die Umwege gehören. Es sind genau die Umwege, die die Wirklichkeit geht. Eine Abkürzung nehmen zu wollen, würde bedeuten, über die nicht lineare Komplexität der Wirklichkeit bestimmen und sich über ihren Lauf hinwegsetzen zu können, was so gut wie nie gelingt und eher von unserem Größenwahn zeugt. Natürlich können wir Aspekte der Wirklichkeit formen, wir können etwa durch vorsätzliches Handeln bestimmte Systeme beeinflussen, aber wir können nicht *die* Wirklichkeit ändern.

Markus Gabriel: Wirklichkeit ist in einem bestimmten Sinne das, was man gerade nicht ändern kann. Das spielt schon eine Rolle im Gedanken der Wirklichkeit oder in der Wirklichkeit selbst. Deswegen ist die Anarchie, das Unordentliche, ein entscheidendes Merkmal der Wirklichkeit.

Gert Scobel: Im Grunde genommen, meinst du, haben die Deutschen also ihre anarchistische Wurzel nicht verstanden und meinen, sie lebten sozusagen immer noch in den Klauen eines Diktators, also eines linearen, andere Stimmen ausschließenden Systems, einem Prinzip, das sie führt und dem sie Gehorsam schulden.

Markus Gabriel: Genau, das glauben bzw. empfinden viele Menschen so, und dieses Empfinden scheint gerade in dieser Pandemie zuzunehmen. Eine Rolle spielt sicher auch die äußerst misslungene Kommunikation der Bundesregierung, die Menschen über teils uninterpretierte und damit an sich bedeutungslose Zahlen steuert. Natürlich wäre es jetzt schwierig, wenn Angela Merkel eine Rede hält und die Anarchie ausruft. Da hätten wir ein Problem. Das kann man so nicht sagen.

Gert Scobel: Das derzeitige Empfinden der Menschen hat auch mit Ängsten zu tun und natürlich mit der Verunsicherung, die man umso deutlicher spürt, je mehr man sich den verschiedenen Stimmen, Meinungen, aber auch Fakten aussetzt. Genau das ist ja eines der Probleme in der Pandemie: Wir wissen wenig. Und das, was wir wissen, ist häufig widersprüchlich. Erkenntnisse des einen Falls lassen sich nicht ohne Weiteres auf den anderen übertragen. Erkenntnisse sind häufig lokal: Was für A gilt, ist in B längst Geschichte und in C wieder ganz anders. Aber gerade diese universelle Übertragbarkeit wird ja von den Wissenschaftlern und den Politikerinnen erwartet! Nicht jeder kann in gleicher Weise mit unklaren Grenzen und Gefahren umgehen, viele Menschen scheint diese Vielzahl der unterschiedlichen Stimmen erst mal zu zerreißen. Wir alle geraten dabei in eine schwierige Situation des Nichtwissens, in der wir versuchen, uns erst einmal völlig neu zu orientieren und zu besinnen, um zu einer Lösung zu kommen. Nur gibt es hier weder absolute Information noch genügend Zeit für »Besinnung«.

Auswege finden

MARKUS GABRIEL: Das Ziel der Anarchie ist wohlgemerkt nicht die Ziellosigkeit, sondern das ethische Urteil, das versucht, die moralischen Tatsachen zu entdecken, dabei aber darauf angewiesen ist, dass wir die Mitte nicht zu weit verlassen, sondern immer wieder nachjustieren, damit die Agora offen bleibt.

GERT SCOBEL: Ja, das Ziel ist die Praxis des Guten.

MARKUS GABRIEL: Es geht gar nicht darum, sich in die Opposition zu begeben. Das ist ja die Idee der radikalen Mitte, die sich nicht in die Opposition begibt, die aber auch jeglichen Gruppenzwang unterminiert, der auf der Agora zu Asymmetrien und impliziten wie expliziten Exklusionsmechanismen führt, wie heute etwa die

Identitätspolitik, die einerseits im Namen der Inklusion der Exkludierten spricht (was richtig ist), dabei aber neue Exklusionsmechanismen einführt, die völlig inakzeptable Auswüchse wie eine entfesselte Cancel Culture mit sich führt, die im Namen des Guten eine Form des teils rasenden Tugendterrors in sozialen Netzwerken verbreitet. Wir sollen inklusiv denken, dazu bedarf es natürlich emanzipatorischer Prozesse, welche die Stimmlosen zu Gehör bringt. Das schafft man aber nicht über soziale Netzwerke, deren Wesen die strukturelle Asymmetrie zwischen US-amerikanischen Tech-Milliardären ist, die sich an der Polarisierung der Öffentlichkeit bereichern. Die radikale Mitte eröffnet einen Raum zwischen den Polen, um uns einen Ausblick auf Formate der Versöhnung zu geben, sie praktiziert deswegen Differenzpolitik, nicht Identitätspolitik, auch mit dem Ziel der Emanzipation der Menschen.

GERT SCOBEL: Weshalb ihr Reflexionsstil ja auch das ist, was man Dialektik nennt – mit dem Wort, dem Logos, der Herrschaft gegen die Herrschaft. Diese dialektischen Verhältnisse, der Widerstreit, befindet sich ja in der Wirklichkeit selbst. Es gilt, ihn zur Kenntnis zu nehmen und mit dem Widerstreit … zu spielen klingt vielleicht zu leichtfertig, aber gelassen damit umzugehen und inmitten des Widerstreits zu handeln. Genau das kennzeichnet Anarchie und die Praxis der Mitte.

Markus Gabriel: Und dazu gehört, sich der Mitte auszusetzen, mittendrin zu sein und mittendrin zu bleiben, an den Punkt vorzudringen, wo es schmerzt, und die Unsicherheit, ob man sich überhaupt auf dem richtigen Weg befindet, auszuhalten. Der richtige Weg ist unbequem, weil man ihn noch niemals gegangen ist – auf jeden Fall unangenehm, in einer Krise … Und wir befinden uns faktisch in einer sich selbst bewussten Krisenzeit. Wir befinden uns also, wie wir in Teil I festgehalten haben, in einem riesigen Urteil. Das macht die apokalyptische Stimmung mit aus. Es ist ja nicht zufällig die Rede vom Jüngsten Gericht, in dem ein Urteil gefällt wird. Es wird gerade ein Urteil gefällt, und wir fällen es.

Gert Scobel: Wir fällen es über uns selbst – indem wir so handeln, wie wir handeln. Und leider ereignet sich dieses Urteil auch im Fall des Klimawandels. Indem wir nicht handeln, urteilen wir über die Zukunft der Erde. Und dieses Urteil hat viel weitreichendere Auswirkungen als die Pandemie, Auswirkungen auf uns alle – und auf alle anderen Arten auf diesem blauen Planeten, der aus dem Weltall so zerbrechlich erscheint.

Markus Gabriel: Die Krisenzeit sollte uns gelehrt haben, dass wir uns nicht im sogenannten Anthropozän befinden, der Mensch ist nicht die Spitze im Reich des Lebendigen, der Planet braucht uns nicht, wir sind auch nicht die Treiber der Natur. Vielmehr liegt es an uns, wie und ob es überhaupt mit dem Menschsein weitergeht. Wir sind in der Urteilsfindung. Wir wähnen uns gerade in einer groß angelegten heuristischen Übung, aber diese Übung ist der Ernst. Das Exerzitium namens »Corona« ist das Vorspiel eines Naturverständnisses, das wir noch nicht haben und das uns bescheiden machen sollte. Solange wir glauben, wir steuerten diesen Planeten oder gar die Natur als solche im Anthropozän, werden wir weiter wüten, in diesem Zeitalter des Zorns, in dem der Mensch sauer ist, weil er nicht der Herr des Seins, sondern ein Lebewesen ist, das auf einer bestimmten, sehr beschränkten Skala des Universums existiert. Die Mikroben oder auch die Pflanzen sind viel mächtiger und wichtiger für unseren Planeten als wir. Wir können die Natur und damit übrigens auch die Pandemie nicht bekämpfen, wir können uns nur anpassen, natürlich auch mithilfe der Technik, wozu Vakzine gehören.

GERT SCOBEL: Und wir können es nicht planen: Denn komplexe Systeme sind in den meisten Fällen in ihrem Verhalten nicht prognostizierbar. Und sie sind emergent. Es gibt keine Möglichkeit, auszusteigen und parallel anders wie in einem Experiment zu leben, um dann zur Wirklichkeit zurückzukehren. Wir haben nur einen Planeten – und den brauchen wir mehr als einmal pro Jahr auf! Wir können den Ernstfall nicht mehrfach durchspielen, so wie wir nicht einfach weitermachen und zwei Erden verbrauchen können, auch wenn wir so tun, als wäre das möglich. Und dann auch noch das dumme Geschwätz auf dem Hightech-Silicon-Tal der Erdflüchtingen, die glauben, dass wir uns alle aufmachen und den Mars oder sonst was besiedeln können. Was für ein eskapistischer Unsinn, genau wie die meisten transhumanistischen Science-Fiction-Ideen! Selbst dann, wenn wir gute Schlüsse ziehen sollten und weiterleben, können wir nicht sagen, beim nächsten Mal machen wir es wieder so, und es wird uns wieder gelingen. In komplexen Systemen gibt es keine Regel, die beim zweiten Mal genauso gilt und zum selben Ergebnis führt. Deshalb muss auch in einer ethischen Entscheidung jedes mal aufs Neue neu gedacht, geurteilt und gehandelt werden.

MARKUS GABRIEL: Die Wirklichkeit ist und bleibt anarchisch, und der Jahrhundertfehler seit dem Beginn der Moderne (den ich in der Industrialisierung sehe, die mit der politischen Instabilität der Französischen Revolution gekoppelt war), durch den wir uns in die Lage der potenziellen Selbstausrottung der Menschheit hineinmanövriert haben, dieser Fehler war die maßlose Überschätzung des Propositionalen. Die Kritik am Logozentrismus von Heidegger, Derrida und vielen, vielen anderen ist schon richtig, sie wurde auch vom Feminismus und anderen entscheidenden emanzipatorischen Bewegungen aufgegriffen. Die Reduktion von Denken auf Rechnen, die auf Thomas Hobbes als Vordenker eines totalitären Staatsbegriffs zurückgeht, das Algorithmische ist der Fehler, und deswegen ist die KI oder die Digitalisierung auch nicht der Ausweg, vielmehr ist die Digitalisierung in ihrem Wesen ein Symptom desselben Problems. Das heißt aber auch, den Klimawandel mit Digitalisierung zu bekämpfen, ist Unsinn, damit steuert man weiterhin maßlos auf den Untergang zu. Wer zum Beispiel denkt, wir brauchen ja keine Geschäftsreisen mehr, wir machen das jetzt digital, muss sich doch fragen: Warum haben wir überhaupt ein Tochterunternehmen in Asien? Wie viele Emissionen sind in den Bau der Firmenzentrale in China geflossen, wie viele Emissionen verursachen die Videokonferenzen usw.? Dies ist kein Manifest gegen die Globalisierung, das heißt die globale Vernetzung der Menschheit, aber wir müssen eine Art der Globalisierung hervorbringen, die einen ethischen Zusammenhalt aller Menschen und kein brutales Grenzregime produziert.

Insbesondere müssen wir lernen, keine falschen Hoffnungen zu haben, etwa, dass alles einfach besser wird, wenn Trump weg ist. Jetzt ist Trump so gut wie weg, und nun? Der Populismus geht in Frankreich und Italien durch die Decke, ganz zu schweigen von Polen oder Ungarn. Die Erleichterung tritt nicht ein, weil unter anderem einer der ersten Pläne der neuen Regierung in den USA vorsieht, wieder mehr Atomkraftwerke zu bauen. Mit der Behauptung, diesmal seien die sicherer, weil kleiner usw., versucht man, den Klimawandel anzupacken. Doch wo kommt der Müll hin? Jetzt machen wir in der nächsten Schleife denselben Fehler. Das hatten wir doch schon mal. Das ist die Lage, in die wir uns jetzt begeben, und wenn dann einer auf die Idee kommt, wir schießen den Atommüll einfach auf den Mars, dann hast du den Schrott im All, und wenn eine einzige Rakete …

Gert Scobel: … runterkommt, haben wir ein zweites Fukushima. Verbuddeln können wir den radioaktiven Müll auch nicht, ohne über kurz oder lang auch diesen Boden zu kontaminieren, es gibt schlicht noch keine Lösung für ein Endlager, das ist alles bekannt.

Markus Gabriel: Wollen wir aus all dem einen Ausweg finden, müssen wir radikal anders leben und denken. Wie das geht, können wir nur gemeinsam herausfinden, indem wir es zulassen, dass aus den Zwischenräumen gefunkt wird, dass sich alle Menschen miteinander mit dem Ziel verbinden, eine globale Kooperation zu ermöglichen. Kooperation statt Konfrontation setzt voraus, dass wir am selben Ort koexistieren, in der leeren und dadurch radikalen Mitte, die nicht woanders ist, sondern hier. Genau hier.

Die Praxis der radikalen Mitte

Monate sind seit den Gesprächen vergangen, die Grundlage dieses Buches sind. Seither ist vieles geschehen. Nicht nur die anhaltende Corona-Krise, auch die Havarie eines einzigen Schiffes im Suezkanal bestätigte erneut, wie leicht der gesamte Welthandel von einem einzigen Ereignis empfindlich getroffen werden kann. Moderne Gesellschaften, Wirtschaftssysteme, Technologien, Politik, aber auch unser individuelles Verhalten: All das ist hochgradig miteinander vernetzt und dadurch nicht nur immer feiner und sensibler aufeinander abgestimmt, sondern auch störanfälliger geworden. Aus diesem Buch ergibt sich eine klare Einschätzung: Wir halten die Tendenz, bei der Gestaltung der Zukunft allein auf ein einziges System zu setzen, für verantwortungslos. Dies gilt umso mehr, als wir auch nach der Pandemie, mit der wir aller Voraussicht nach zu leben lernen müssen, mit einer Reihe von sehr unterschiedlichen Problemen konfrontiert sein werden. Sie machen uns zu schaffen und sind weder durch technologischen Fortschritt allein, etwa in der Digitalisierung, noch alleine seitens der Politik, der Ökonomie, der Naturwissenschaften oder der Philosophie zu lösen. Es entbehrt nicht der Ironie, dass sich ausgerechnet unweit der altägyptischen Pyramiden und des antiken Nildeltas die Bedeutung des uralten, komplexen Zusammenspiels von Mensch und Natur aufs Neue zeigte: Sorgte doch ausgerechnet der Vollmond für eine besonders starke Flut und half dabei, die »Ever Given« freizubekommen.

Die gestiegene Wahrnehmung, aber auch die faktische Zunahme von Komplexität, etwa durch die Digitalisierung, sind entscheidende Merkmale unserer Zeit. Zu keinem Zeitpunkt in der Menschheitsgeschichte blieb Komplexität für die Arbeitsweise der ethischen Urteilskraft ohne Folgen. Es liegt in der Konsequenz unseres Buches, dass kein einzelner Staat, keine einzelne Institution, kein einzelnes System allein je die komplexen Probleme unserer Zeit wird lösen können. Wir halten die liberale Demokratie für eine Grundbedingung echter Freiheit in der Moderne. Die angezielte Mitmenschlichkeit, die die Demokratie ermöglicht und die sich erst in der freiwilligen gegenseitigen Förderung, der Weiterentwicklung von Menschen durch Menschen verwirklicht, wird aber nur dann überlebensfähig sein, wenn die Rechte *aller* Individuen angemessen gewürdigt werden.[72]

Wie auch immer man den Umgang mit der bestehenden Komplexität unseres Lebens einschätzt oder die Möglichkeiten, die anstehenden, vielfältigen Transformationen tatsächlich zu bewältigen: Seit dem Abschluss der Arbeit an unserem Buch haben wir zu unserem Erstaunen ähnliche und gute Erfahrungen mit dem gemacht, was wir als *Philosophie der radikalen Mitte* skizziert hatten. Wir waren überrascht, wie anwendbar und hilfreich sich unsere Überlegungen auch in unterschiedlichen Situationen im Alltag erwiesen. Das von uns begonnene Gespräch setzte sich in anderen Kontexten fort und verband sich überraschend leicht mit vielen unterschiedlichen Situationen und Menschen. Die »leere Mitte« erwies sich als ein äußerst praktisches, direkt umsetzbares Werkzeug – etwa bei der Analyse der fortschreitenden Pandemie, aber auch bei anderen Prozessen der Entscheidungsfindung im Alltag. Dabei wurden gerade in den letzten Monaten zunehmend Risse im politischen Gebälk sichtbar und führten verstärkt zu Unsicherheit und Zweifeln, etwa mit Blick auf politische Verfahren oder die überkommenen Formen diskursiver Methodik, wie die Kanzlerinnenrunde mit den Ministern und Ministerinnen der Bundesländer. Je mehr die Kommunikation misslang und das Vertrauen in der Bevölkerung schwand, umso deutlicher zeigte sich, wie notwendig nicht nur Streit, sondern vor allem der freie Austausch miteinander und die gemeinsame Entwicklung eines Sinnes ist, der auf das Gemeinwohl ausgerichtet ist. Viele gesellschaftliche Debatten sowohl in der Politik als auch in den Medien leben dagegen von der Verteidigung und Vervielfältigung ein für alle Mal feststehender Positionen. Was fehlt, ist das tatsächliche, ergebnisoffene Gespräch miteinander: ein Gespräch nicht nur zwischen einzelnen Menschen, sondern auch zwischen unterschiedlichen Institutionen, Bürokratien oder wissenschaftlichen Disziplinen.

Was weiterhin fehlt, ist die freie Mitte, in der solche Gespräche stattfinden und gelingen können. Zur Freiheit dieser Mitte gehört ihre aktive Gestaltung und die Radikalität, neu anzufangen und mit leeren Händen beginnen zu wollen.

Darin ähnelt unsere Vorstellung vom gemeinsamen Leben – und auch von der Ethik – ein wenig dem Go-Spiel. Auch dieses jahrtausendealte Spiel beginnt mit einem leeren Brett. Man weiß, dass es auf dem Spielfeld zu einer Begegnung unterschiedlicher und widerstreitender Kräfte in Form von schwarzen und weißen Steinen kommen wird. Auf den ersten Blick scheint Go einfacher, weniger komplex und schneller erlernbar zu sein als das Schachspiel. Die Steine gleichen einander und werden auf dieselbe Weise gesetzt, ohne Unterschied oder hierarchische Ebenen zwischen »Offizieren« und »Bauern«. Es gibt nur einige wenige, sehr einfache Regeln. Dennoch wird die Entwicklung von Go, anders als auf dem Schachbrett, wo ab einem bestimmten Kipppunkt des Spiels, ab dem die Figuren und Konstellationen wieder Stück für Stück reduziert werden, ständig komplexer, je länger es dauert. Die Entwicklung unterliegt dabei einem kontinuierlichen Wandel, der immer wieder überraschende Wendungen ermöglicht. Die Kräfteverhältnisse sind dehnbar und lassen sich mit Geduld wandeln. Es gibt, anders als im Schach, kein Ziel in Form von Hauptspielsteinen, also keinen König, den es zu schlagen gilt, um dadurch alles zu entscheiden.[73] Vielmehr bauen sich Einflusszonen und Spannungsverhältnisse auf, in denen sich schwarze und weiße Steine miteinander vernetzen, ein komplexes Beziehungsgeflecht entwickeln und aufeinander angewiesen sind. Während das Spiel Gestalt annimmt, wandelt es sich und mit ihm die Strategien, die angewandt werden können. In jedem Zug bleibt, paradoxerweise, das gesamte Spielgeschehen präsent, obwohl es schwer ist, sich ein genaues Bild davon zu machen, wie das Spiel in 20 oder 30 Zügen genau aussehen wird. Ein fixes Ziel zu bestimmen, ist eine Strategie, die nicht automatisch zum Erfolg führt. Die Kunst besteht eher darin, Prinzipien der Wirksamkeit aus dem konkreten Situationspotenzial heraus zu entwickeln und in weitere Züge zu überführen. Darin ähneln das Go-Spiel und ethische Fragestellungen einander. Keiner der einzelnen Spielzüge – keine einzelne Idee oder Intuition – ist im eigentlichen Sinne heroisch zu nennen. Vielmehr geht es darum, inmitten eines veränderbaren Raumes, inmitten der Gesamtkomplexität des Werdens, symbolisiert durch die Steine und ihre wandelbaren Beziehungen, tragende Faktoren auszumachen. Es gilt, Entwicklungschancen aufzuspüren, gute Positionen zu stabilisieren und Wandlungen zum Besseren zu unterstützen, Zug für Zug, Schritt um Schritt.

Wir beide haben erfahren, wie unmittelbar praktisch und direkt die Philosophie der radikalen Mitte sein kann. Die häufig mit ethischen Problemen verbundene Frage, wie das als gut Erkannte und somit das Modell einer idealen, guten Wirklichkeit als Ziel des Handelns

»umgesetzt« werden könnte, stellt sich nicht.[74] Denn die Praxis hat immer schon begonnen, bevor das Modell oder die Wirklichkeit perfektioniert worden sind. Worauf es ankommt, ist, die Wirklichkeit klug und weise zu gestalten und umzuwandeln – ausgehend von dem, was ist. Die Wirklichkeit lässt sich aufgrund ihrer Komplexität nicht in ein einziges ideales Modell pressen, kein *Eidos* und keine Idee können sie fassen – ebenso wenig wie die Praxis sich nur in einer einzigen idealen Form realisieren kann. Stattdessen geschieht ein ständiges Abweichen. Unberechenbarkeiten und überraschende Phänomene treten auf, die zu erkennen und mit denen flexibel zu arbeiten entscheidend ist. Gerade das Nichtmodellierbare, das wie unser Bewusstsein derzeit niemand vollständig erklären kann, die vielen Varianten, Überraschungen – Fehler eingeschlossen – bilden zusammen mit dem, was unverrückbare Norm zu sein scheint, eine einzige Wirklichkeit, die sich überall, gleichzeitig und zugleich nirgendwo realisiert. Unser Denken simuliert Abhängigkeiten, Ursachen und Wirkungen, die ihrerseits kontingent sind, weil sie von weiteren Ursachen und Wirkungen abhängen. Mit all dem sind wir verbunden, auch in der Ethik, die sich – und darin unterscheiden sich Leben und Ethik von den Spielen – nur scheinbar in universalen Regeln formalisieren und in Codes gießen lässt. Die ethische Urteilskraft selbst ist prinzipiell nicht algorithmisierbar: Das ist eine der Kernthesen dieses Buches. Allerdings verfügen wir im Unterschied zu *technê* und *epistêmê* bis heute über keine Theorie der *metis*, eines praktischen und zugleich komplexen Wissens über die gute Gestaltung dessen, was sich kontinuierlich verändert, mitsamt seinen ungeplanten Nebenwirkungen, Unwägbarkeiten und dem Nichtwissen, das mit jedem neuen Wissen neu produziert wird. Mit François Jullien ließe es sich so formulieren: Es geht nicht darum, endlich eine neue Psychologie oder Technik des Willens zu entwerfen, die uns plötzlich die Kraft verleihen würde, unmittelbar und zwingend umzusetzen, was der Verstand oder ethische Prinzipien diktieren. Vielmehr geht es darum, einen besseren Sinn, ein Gespür für die Phänomenologie der jeweiligen Wirkung zu entwickeln, die sich aus der leeren Mitte jedes noch so alltäglichen Augenblicks ergibt.[75] Ethik beinhaltet in unseren Augen mehr als die willfährige Vollstreckung dessen, was die reine Vernunft erarbeitet, der mathematische Verstand berechnet oder eine Technik exekutiert. Schon die Vernunft weist in sich Antinomien und Widersprüche auf. Insofern erscheint selbst Kants geschätzte Ethik in ihrer stillschweigenden anthropologischen Voraussetzung, dass Vernunft unmittelbar praktisch werden könne, ebenso unrealistisch wie beschwörend – darin ist Hannah Arendt recht zu geben.[76]

Die Vorstellung von fixen moralischen Regeln und Maximen, die durch geschickte Beeinflussung von Gefühlen und Willen nur irgendwie anwendbar gemacht werden müssen, lässt Ethik als ein hochambivalentes, idealistisches und zum Scheitern verurteiltes Geschehen wirken, das je nach Stimmung entweder als heroisch oder tragisch gedeutet wird. Aus der Perspektive einer Philosophie der radikalen Mitte realisiert sich Ethik jedoch als ein Zwischen, ein polares, oszillierendes Feld, das der Vielstimmigkeit der Menschen ebenso wie der Unberechenbarkeit der Dinge gerecht werden muss. Darin gleicht die Ethik der Philosophie.[77] In den Worten des nigerianischen Psychologen Bayo Akomolafe, Berater für die UNESCO und Projektleiter von Imagining Africa's Future (IAF): »Vielleicht ist dies die nächste Grenze: nicht der äußere Weltraum oder der innere Raum, sondern die Räume dazwischen. Keine voreiligen Schlüsse mehr – keine Sprünge mehr von bereits geformten ›Hiers‹ zu ›Dorthins‹, während man die Kraft der Mitte vermeidet! Die Welt besteht nicht aus Dingen, sondern aus fließenden, halb ausgesprochenen Sprüchen, die nie lange genug gerinnen zu einer unabhängigen Ganzheit, die man als getrennt betrachtet könnte […] Gedanken kommen nicht von ›innen‹; sie kommen auch nicht von ›außen‹. Sie entstehen ›dazwischen‹.«[78] Es ist diese Mitte, das Oszillieren zwischen Wissen und Nichtwissen, in dem sich alltagsnah ein uns allen gemeinsamer *Sensus communis* entwickeln und ein Miteinander kultiviert werden und vielleicht sogar eine Weisheit entstehen kann, deren Radius und Einfluss über sprachliche Kommunikation und Begriffsanalyse hinausreichen. Die Praxis der radikalen Mitte nimmt ebenso unmittelbar wie beherzt ihren Ausgang in der Bereitschaft, knifflige Situationen und Widersprüche auszuhalten und zwischen den Stühlen zu sitzen. Doch das gemeinsame und aktive Denken, das wir als Philosophieren verstehen, schafft »einen Raum zwischen den Menschen, in dem Freiheit wirklich ist«, wie Hannah Arendt schreibt. Angetrieben wird dieses Denken von einem »Wind des Denkens«, der allzu Loses wegweht, »gefrorene Gedanken« auftaut und über Begriffe und vorgefertigte Erkenntnisse hinaus wirkt.[79] Am Ende sind ethische Probleme mehr als rein logische, argumentative Probleme. Ethische Entscheidungen sind immer auch ein Sprung ins Ungewisse, denn niemand kann absehen, welche Wellen ein Ereignis schlagen und welche Effekte es zeitigen wird. Corona hat offengelegt, wie groß unser Nichtwissen trotz aller wissenschaftlichen Erfolge ist. Die Pandemie zeigte, dass bereits die Interaktion zwischen einem kleinen DNA-Segment und unserer sozialen Wirklichkeit auf eine Weise komplex sein kann, die unsere Vorstellung sprengt. Dies wissend, bleibt es Ziel ethischer Reflexionsarbeit, uns dabei zu unterstützen, möglichst viele gute Entscheidungen zu treffen: Entscheidungen, die ebenso helfen, uns im Komplexen zu bewähren, wie einander Gutes zu tun, indem wir uns gemeinsam bemühen, nachhaltige, gute Lösungen für unsere existenziellen Probleme zu finden. In unseren Augen ist die Philosophie der radikalen Mitte bereits Teil der Praxis, um die es ihr und uns geht.

Anmerkungen

1 Im Dialog selbst wechseln wir weibliche und männliche Bezeichnungen ab, schließen gedanklich aber alle ein und laden alle Leser*innen ein, es uns gleichzutun.

2 Hannah Arendt, Über das Böse. Eine Vorlesung zu Fragen der Ethik, München 2012 (5. Auflage), S. 71.

3 »Der sicherste Weg für den Verbrecher, niemals entdeckt zu werden und der Strafe zu entkommen, ist das, was er tat, zu vergessen und nicht weiter darüber nachzudenken. Gleichermaßen können wir sagen, daß Reue zuerst darin besteht, nicht zu vergessen, was man getan hat, indem man dahin ›zurückkehrt‹, wie das hebräische Verb ›shav‹ andeutet«: ebd., S. 75.

4 David Hume, Eine Untersuchung über die Prinzipien der Moral. Übersetzt, mit einer Einleitung und Anmerkungen herausgegeben von Manfred Kühn, Hamburg 2003.

5 Maria Kronfeldner, What's Left of Human Nature. A Post-Essentialist, Pluralist and Interactive Account of a Contested Concept, Cambridge/London 2019.

6 David Hume, Dialoge über natürliche Religion. Übersetzt, eingeleitet und mit Anmerkungen herausgegeben von Lothar Kreimendahl, Hamburg 2016, S. 3f.

7 Wie in einem echten mündlichen Dialog üblich, setzen wir uns bisweilen über die sonst in schriftlichen Werken geltenden Gepflogenheiten hinweg. Dies gilt auch für den freieren Umgang mit Zitationen und Verweisen. Von einigen aus unserer Sicht besonders zentralen Ausnahmen abgesehen, verzichten wir auf die Quellenangaben in Anmerkungen und verweisen auf die Literaturliste im Anhang.

8 Gerd Gigerenzer, Peter M. Todd, Bounding Rationality to the World, in: Journal of Economic Psychology 24 (2003),

S. 143–165. Zusammen mit Wirtschaftsnobelpreisträger Reinhard Selten ausführlicher in: Gerd Gigerenzer, Reinhard Selten, Bounded Rationality. The Adaptive Toolbox, Cambridge 2001.

9 Armin Nassehi, Muster: Theorie der digitalen Gesellschaft, München 2019.

10 Niklas Luhmann, Ökologische Kommunikation. Kann die moderne Gesellschaft sich auf ökologische Gefährdungen einstellen?, Wiesbaden 2008 (5. Auflage).

11 Yongey Mingyur Rinpoche, Auf dem Weg. Eine Reise zum wahren Sinn des Lebens, München 2019. Der englische Originaltitel drückt die Sache weitaus besser aus: In Love with the World. A Monk's Journey through the Bardos of Living and Dying, New York 2019. Vgl. dort S. 50, 59, 74, 107f.

12 *Coincidentia oppositorum* (lateinisch; »Zusammenfall der Gegensätze«) ist ein zentraler Begriff im Denken des Philosophen Nikolaus von Kues (Cusanus).

13 Immanuel Kant, Kritik der reinen Vernunft, AA III, S. 86. »Jetzt aber, da wir zu dynamischen Begriffen des Verstandes, so fern sie der Vernunftidee anpassen sollen, fortgehen, wird jene Unterscheidung wichtig und eröffnet uns eine ganz neue Aussicht in Ansehung des Streithandels, darin die Vernunft verflochten ist.« AA III, S. 13 (https://korpora.zim.uni-duisburg-essen.de/kant/aa03/013.html).

14 Hannah Arendt, Das Urteilen. Texte zu Kants Politischer Philosophie. Dritter Teil zu »Vom Leben des Geistes«, aus dem Nachlass herausgegeben und mit einem Essay von Ronald Beiner, München 2020 (5. Auflage), S. 20.

15 Immanuel Kant, Kritik der reinen Vernunft, AA III, S. 86 (https://korpora.zim.uni-duisburg-essen.de/kant/aa03/086.html).

16 Alice Crary, Beyond Moral Judgment, Cambridge 2007.

17 Immanuel Kant, Reflexionen zur Anthropologie, AA XV, S. 392 (https://korpora.zim.uni-duisburg-essen.de/kant/aa15/392.html).

18 Monika Schwarz-Friesel, Judenhass im Internet. Antisemitis-

mus als kulturelle Konstante und kollektives Gefühl, Berlin 2019; Monika Schwarz-Friesel, Jehuda Reinharz, Die Sprache der Judenfeindschaft im 21. Jahrhundert, Berlin, New York 2017.

19 Nico Scaranao, Mauricio Suárez (Hrsg.), Ernst Tugendhats Ethik. Einwände und Erwiderungen, München 2006, S. 54.

20 https://taz.de/Philosoph-Markus-Gabriel/!5714297/

21 https://www.youtube.com/watch?v=meiU6TxysCg. Frans De Waals Forschungsbericht wurde u.a. von Michael Tomasello, dem Direktor des Max-Planck-Instituts für evolutionäre Anthropologie in Leipzig, kritisiert. Tomasello und de Waal stehen seit vielen Jahren auf entgegengesetzten Seiten einer Debatte über die Wahrnehmung von Fairness bei Menschen und Affen. 2011 veröffentlichten Tomasello und seine Kollegen in *Nature* eine Untersuchung, in der sie argumentieren, dass »Kollaboration das gleichberechtigte Teilen bei Kindern fördert, nicht aber bei Schimpansen«. Sie zeigen, dass Kinder im Alter von etwa drei Jahren eine gleichmäßige Verteilung von Ressourcen mit denjenigen anderen Kindern zeigen, die an kollaborativen Aktivitäten beteiligt sind. Schimpansen zeigen jedoch keine solche gleichmäßige Verteilung mit kollaborativen Partnern. Sie bieten dies als Beweis für eine allgemeine Theorie der menschlichen Evolution an: Die einzigartig menschliche Neigung zu sozialen Normen der Fairness und Gleichheit entstand tatsächlich in dieser Form alleine unter den menschlichen Vorfahren, die Ressourcen nach kollaborativer Nahrungssuche teilten. Heute entsteht diese uralte evolutionäre Neigung bereits sehr früh in der Entwicklung von Kindern als eine evolutionär natürliche Eigenschaft. Zur Debatte mit abgeändertem Experiment vgl. Megan van Wolkenten, Sarah F. Brosnan and Frans B.M. de Waal, Inequity Responses of Monkeys Modified by Effort, in: PNAS (November 20, 2007), Vol. 104, No. 47, S. 18854–18859 (doi/10.1073/pnas.0707182104) sowie Katharina Hamann, Felix Warneken, Julia R. Greenberg and Michael Tomasello, Collaboration Encourages Equal Sharing in Children but

not in Chimpanzees, in: Nature (August 18, 2011), Vol. 476, S. 328–331.

22 https://www.moralmachine.net/hl/de.

23 Shoshana Zuboff, The Age of Surveillance Capitalism: The Fight for a Human Future at the New Frontier of Power, New York City 2019.

24 Sven Becker, Frank Hornig, Regieren nach Zahlen, in: Der Spiegel 37 (2014), S. 20–25.

25 »Mit die frühste Form der digitalen, also zählbaren Form der Verarbeitung von Daten war sicher die öffentliche Sozialstatistik, die mit der Etablierung moderner Staatlichkeit entstand.« Vgl. Armin Nassehi, Muster. Theorie der digitalen Gesellschaft, Frankfurt am Main 2019, S. 33.

26 Niklas Luhmann, Gleichzeitigkeit und Synchronisation, in: Soziologische Aufklärung, Bd. 5: Konstruktivistische Perspektiven, Wiesbaden 2005, S. 102.

27 Alice Crary, Inside Ethics: On the Demands of Moral Thought, Cambridge 2016; und dies., Beyond Moral Judgment, Cambridge 2007.

28 Einen guten Überblick über die Grundmotive der Selbstbewusstseinstheorie findet man bei Manfred Frank (Hrsg.): Selbstbewußtseinstheorien von Fichte bis Sartre, Frankfurt am Main 1991. Vgl. zum Verhältnis von Bewusstsein, Selbstbewusstsein und Ich: Markus Gabriel, Ich ist nicht Gehirn. Philosophie des Geistes für das 21. Jahrhundert, Berlin 2015.

29 Boris Groys: Das kommunistische Postskriptum, Frankfurt am Main 2005.

30 Christoph Kucklick, Die granulare Gesellschaft: Wie das Digitale unsere Wirklichkeit auflöst, Berlin 2014.

31 Harry G. Frankfurt, Bullshit, Berlin 2014.

32 Jack Linchuan Qiu, Goodbye iSlave. A Manifesto for Digital Abolition, Illinois 2016.

33 Benedict Anderson, Die Erfindung der Nation. Zur Karriere eines folgenreichen Konzepts, Frankfurt am Main 1996.

34 Cixin Liu, Spiegel. Novelle, München 2017.

35 Niklas Luhmann, Die Politik der Gesellschaft, Frankfurt am Main 2000, S. 84.

36 Torben Lütjen, Amerika im kalten Bürgerkrieg. Wie ein Land seine Mitte verliert, Darmstadt 2020.

37 Michael Friedmann, Harald Welzer, Zeitenwende. Der Angriff auf Demokratie und Menschenwürde, Köln 2020, S. 267–277.

38 Kwame Anthony Appiah, The Lies that Bind. Rethinking Identity: Creed, Country, Color, Class, Culture, New York City 2018.

39 Amartya Sen, Identity and Violence. The Illusion of Destiny, London 2007.

40 Judith Butler, Gender Trouble. Feminism and the Subversion of Identity, New York 1990.

41 Maria E. Kronfeldner, What's Left of Human Nature? A Post-Essentialist, Pluralist and Interactive Account of a Contested Concept, Cambridge 2018.

42 https://taz.de/Philosoph-Markus-Gabriel/!5714297/.

43 Christopher Moore, Ancient Greek Philosophia in India as Way of Life, in: Metaphilosophy, Vol. 51, Nos. 2–3, April 2020, S. 169–186.

44 Kant, Beobachtungen über das Gefühl des Schönen und Erhabenen, AA II, S. 254 (https://korpora.zim.uni-duisburg-essen.de/kant/aa02/254.html).

45 Imre Kertész, Wem gehört Auschwitz?, in: Imre Kertész, Eine Gedankenlänge Stille, während das Erschießungskommando neu lädt. Essays, Reinbek 2002 (2. Auflage), S. 145–154, S. 150.

46 Stanley Cavell, The Claim of Reason: Wittgenstein, Skepticism, Morality, and Tragedy, Oxford 1999.

47 Hannah Arendt, Gershom Scholem, Der Briefwechsel, hrsg. von Marie Luise Knott unter Mitarbeit von David Heredia, Berlin 2010, S. 444 (Brief 133). In »Eichmann in Jerusalem« bemerkt Arendt: »Denn die Lehre solcher Geschichten ist einfach, ein jeder kann sie verstehen. Sie lautet, politisch gesprochen, dass unter den Bedingungen des Terrors die meisten Menschen sich fügen, einige aber nicht. So wie die

Lehre, die man aus den Ländern im Umkreis der ›Endlösung‹ ziehen kann, lautet, dass es in der Tat in den meisten Ländern ›geschehen konnte‹, aber dass es nicht überall geschehen ist. Menschlich gesprochen ist mehr nicht vonnöten und kann vernünftigerweise mehr nicht verlangt werden, damit dieser Planet ein Ort bleibt, wo Menschen wohnen können.« Hannah Arendt, Eichmann in Jerusalem: Ein Bericht von der Banalität des Bösen, München 2011 (2. Auflage), S. 278. Das radikal Böse tritt im Zusammenhang mit einem System auf, in dem alle Menschen gleichermaßen überflüssig sind und zerstört werden, vgl. Hannah Arendt, Elemente und Ursprünge totaler Herrschaft. Antisemitismus, Imperialismus, totale Herrschaft, München 2011, S. 941–942.

48 Franklin Foer, Welt ohne Geist. Wie das Silicon Valley freies Denken und Selbstbestimmung bedroht, München 2018; Yvonne Hofstetter, Das Ende der Demokratie – Wie die künstliche Intelligenz die Politik übernimmt und uns entmündigt, München 2016.

49 Michel Friedman, Harald Welzer, Zeitenwende, S. 242.

50 Hannah Arendt, Was ist Politik? Fragmente aus dem Nachlaß, hrsg. von Ursula Ludz, München 1993, S. 144.

51 Friedrich Schiller, Über Anmut und Würde (Sämtliche Werke, Bd. 5: Philosophische Schriften, Vermischte Schriften), Düsseldorf 1997. https://www.projekt-gutenberg.org/schiller/anmutwde/anmutwde.html.

52 Friedrich Wilhelm Schelling, F. W. J., Philosophische Untersuchungen über das Wesen der menschlichen Freiheit und die damit zusammenhängenden Gegenstände, Stuttgart, Augsburg 1860, VII.

53 François Jullien, Der Weise hängt an keiner Idee. Das Andere der Philosophie, München 2001, S. 31.

54 Gert Scobel, Weisheit. Über das, was uns fehlt, Köln 2011.

55 Helwig Schmidt-Glintzer, Chinas leere Mitte. Die Identität Chinas und die globale Moderne, Berlin 2018, S. 16. »Ob allerdings in China ein solch normativer Raum etwa in Gestalt einer einklagbaren Verfassung im Entstehen ist und eine diese

vertretende Institution sich herausgebildet hat, ist weiterhin eine offene Frage. Dabei ist mit der leeren Mitte ein Bezugsort definiert, auf den sich wie auf einen Versammlungsort eine unabhängige Instanz in Gestalt etwa eines ›Obersten Gerichtshofs‹ als Institution beziehen könnte, zu deren Konstituierung bereits eine Debatte in Gang ist. Eine solche Mitte wäre zum Aushalten von Selbstwidersprüchen in der Lage und fügt sich in eine durch zunehmende institutionalisierte Ordnungen gekennzeichnete Welt« (S. 33).

56 Taigen Dan Leighton (Hrsg.), Das Kultivieren des Leeren Feldes. Praxisanleitung zur Schweigenden Erleuchtung von Zen-Meister Hongzhi Zhengjue (Wanshi Shōgaku, S. 1091–1157), Heidelberg 2009. Ein klassischer Kommentar dazu ist Sheng-Yen, Die Methode ohne Methode. Die Chan-Praxis des Stillen Gewahrseins. Ein Führer zur Praxis des Chan-Buddhismus, Zürich 2008.

57 Laozi, Daodejing. Das Buch vom Weg und seiner Wirkung, Chinesisch/Deutsch. Übersetzt und hrsg. von Rainald Simon, Stuttgart 2009, S. 195 f. sowie Rudolf G. Wagner, Language, Ontology, and Political Philosophy in China. Wang Bi's Scholarly Exploration of the Dark (Xuanxue), New York 2003 (Sagely Politics as Public Performance, S. 199–213). Auch Laozi ging es, wie vielen Politikern und anderen Denkschulen, um das Erreichen von gesellschaftlicher Stabilität und Anti-Fragilität.

58 Edwin Hutchins, Cognition in the Wild, Cambridge 1995.

59 Zu Konzept und Praxis des Nicht-Denkens (japanisch Hishiryo) Gert Scobel, 身心脱落 NichtDenken. Achtsamkeit und die Transformation von Körper, Geist und Gesellschaft, Berlin 2018.

60 Zu einer Herleitung dieser Kritik des Logozentrismus aus dem Heidegger'schen Kontext, der für Derrida wegweisend war, vgl. Markus Gabriel, »Unvordenkliches Sein und Ereignis. Der Seinsbegriff beim späten Schelling und beim späten Heidegger«, in: L. Hühn/J. Jantzen (Hrsg.), Heideggers Schelling-Seminar (1927/28). Die Protokolle von Martin

Heideggers Seminar zu Schellings »Freiheitsschrift« (1927/28) und die Akten des Internationalen Schelling-Tags 2006. Stuttgart, Bad Cannstatt 2011, S. 81–112.

61 Wolfram Hogrebe, Das Zwischenreich (τὸ μεταξύ). Frankfurt am Main 2020.

62 Yongey Mingyur Rinpoche, In Love with the World, a.a.O.

63 Fernando Pessoa, Poesia Inglesa (I), Lissabon 2000, S. 280.

64 Niklas Luhmann, Einführung in die Systemtheorie, Heidelberg 2017 (7. Auflage), Vierte Vorlesung (System als Differenz).

65 Gert Scobel, Weisheit, Koans und das Problem der Komplexitätsbewältigung, in: Michael Hampe, Kai Marchal (Hrsg.), Weisheit. Neun Versuche, Berlin 2021.

66 Chi-i, Stopping and Seeing: A Comprehensive Course in Buddhist Meditation, in: Thomas Cleary, Classics of Buddhism and Zen, Vol. 5: The Collected Translations of Thomas Cleary, Boston 2002, S. 407 f.: »The Middle is the nature of reality … Each form, each scent is all the Middle Way … The Middle Way is itself the extremes, and it is neither extreme nor not extreme. It is all there, nothing lacking.«

67 Vgl. die übersichtliche Einführung in diese Position in Robert B. Brandom, Begründen und Begreifen. Eine Einführung in den Inferentialismus, Frankfurt am Main 2004.

68 Vgl. Stefan Brunnhuber, Die offene Gesellschaft. Ein Plädoyer für Freiheit und Ordnung im 21. Jahrhundert, München 2019.

69 Paul Feyerabend, Wider den Methodenzwang. Skizze einer anarchistischen Erkenntnistheorie, Frankfurt am Main 1976 sowie Paul Feyerabend, Two models of epistemic change: Mill and Hegel, in: Paul Feyerabend, Problems of Empiricism. Philosophical Papers, Vol. 2, Cambridge 1985, S. 65–79.

70 Jean-François Lyotard, Das postmoderne Wissen. Ein Bericht, Wien 1986, S. 185.

71 Jean-François Lyotard, Grabmal des Intellektuellen, Wien 1985, S. 88.

72 Vgl. Markus Gabriel, Freiheit ist die Lösung, nicht das Problem, in: Neue Zürcher Zeitung 22.3.2021.

73 François Jullien, Vortrag vor Managern über Wirksamkeit und Effizienz in China und im Westen, Berlin 2006.

74 Der Philosoph Hans-Georg Gadamer schreibt in *Wahrheit und Methode*: »… die Frage ist nun, wie es von dem sittlichen Sein des Menschen ein philosophisches Wissen geben könne und welche Rolle das Wissen überhaupt für das sittliche Sein des Menschen spielt. Wenn das Gute für den Menschen jeweils in der Konkretion der praktischen Situation begegnet, in der er sich befindet, so muss das sittliche Wissen eben dies leisten, der konkreten Situation gleichsam anzusehen, was sie von ihm verlangt, oder anders ausgedrückt, der Handelnde muss die konkrete Situation im Lichte dessen sehen, was von ihm im Allgemeinen verlangt wird. D. h. aber negativ, dass ein Wissen im Allgemeinen, das sich nicht der konkreten Situation zu applizieren weiß, sinnlos bleibt, ja die konkreten Forderungen, die von der Situation ausgehen, zu verdunkeln droht. Dieser Sachverhalt, der das Wesen der sittlichen Besinnung ausspricht, macht eine philosophische Ethik nicht nur zu einem methodisch schwierigen Problem, sondern gibt dem Problem der Methode zugleich eine moralische Relevanz.« Hans-Georg Gadamer, Wahrheit und Methode. Grundzüge einer philosophischen Hermeneutik, Tübingen 2010 (7., durchgesehene Edition), S. 296.

75 François Jullien, Über die Wirksamkeit, Berlin 1999, S. 165; dazu Kap. VII und VIII.

76 Hannah Arendt, Vom Leben des Geistes. Das Denken. Das Wollen, München 2020 (10. Auflage), S. 377.

77 »Philosophie ist nicht einfach Grenzüberschreitung, Grenzbeschreitung und Oszillationen. Sie brilliert nicht schon dort, wo sie auflöst, was gerade erst seine Form gefunden hat. Der philosophische Gedanke setzt erst dort ein, wo so etwas wie ein Prinzip der Formwerdung weniger formuliert als vielmehr praktiziert werden kann. ›Denken‹ heißt, eine Grenze nicht auf sich beruhen zu lassen. Kaum ist eine

Grenze gezogen, wird gefragt, was diese begrenzt und wovon sie abgrenzt, was sie abgrenzt. Philosophie ist Oszillationen; und wenn es gut geht, zeigt sie, dass dies auch für ihren Gegenstand gilt.« Dirk Baecker, Intelligenz, künstlich und komplex, Leipzig 2019, S. 106.

78 Bayo Akomolafe, These Wilds beyond our Fences. Letters to my Daughter on Humanity's Search for Home, Berkeley 2017, S. 216 f.

79 Hannah Arendt, Zwischen Vergangenheit und Zukunft, Übungen im politischen Denken I, München 2016 (4. Auflage), S. 205, 155 sowie Hannah Arendt, Vom Leben des Geistes. Das Denken. Das Wollen, München 1998, 173 ff.

Mehr Bäume.
Weniger CO_2.
www.cpibooks.de/klimaneutral

MIX
Papier aus verantwortungsvollen Quellen
FSC® C083411
www.fsc.org